PRÉCIS

DE QUELQUES

CAMPAGNES CONTEMPORAINES

PRÉCIS

DE QUELQUES

CAMPAGNES

CONTEMPORAINES

Par E. BUJAC

CHEF DE BATAILLON BREVETÉ AU 144ᵉ RÉGIMENT D'INFANTERIE

II

LA GUERRE SINO-JAPONAISE

PARIS

Henri CHARLES-LAVAUZELLE

Éditeur militaire

11, PLACE SAINT-ANDRÉ-DES-ARTS, 11

—

(Même maison à Limoges.)

PRÉFACE

Sage remise ou vaine attente?

Au fond, il importe peu de savoir si l'heure est ou n'est point venue de publier une relation de la guerre sino-japonaise.

L'auteur n'a pas eu la prétention, s'engageant dans l'affaire, de s'y harper jusqu'au vif. Il s'est borné à rechercher les immédiats enseignements qui se peuvent déduire de certaines situations stratégiques et de quelques épisodes tactiques; il a tenté également de discuter les données du problème — oh ! combien inquiétant — qu'a fait surgir, en Extrême-Orient, l'intervention diplomatique des puissances.

Les trois premières parties du livre exposent ou détaillent les opérations militaires ; — la quatrième partie est plus spécialement consacrée à l'action diplomatique.

Commandant BUJAC.

Bordeaux, 21 janvier 18.° 3.

———

LA CORÉE

CHAPITRE Ier.

Le pays. — Le peuple.

Esquisse géographique. — Ethnographie. — Religion. — Le Hiao. —
Constitution du groupe familial. — Bases de l'organisation sociale. —
Conditions de la femme. — Castes et classes. — Séoul; villes princi-
pales, ports; divisions administratives. — Situation économique. —
Le roi Li-Houi. — L'armée. — Les missions françaises en Corée
interventions de la France.

La presqu'île de Corée — *Tçhao-Sien (Sérénité du matin)*
— souvent comparée pour sa configuration à la péninsule
italienne, est limitée à l'est par la mer du Japon, et à
l'ouest par la mer Jaune; au sud, le détroit de Corée la
sépare de l'île japonaise de Kiuschiu; elle se soude, au
nord, à la Mandchourie, par les montagnes de Feun-Schui-
Ling et de Tchang-Pae-Schang, dont le fleuve-frontière
Yalou (Vert du canard) contourne le glacis.

Le rectangle ainsi découpé mesure une superficie de
218.650 kilomètres carrés (y compris l'île Quelpaert),
englobant une population évaluée de 10 à 13 millions
d'âmes; celle-ci doit en principe être rattachée à la race
toungouse, mais non sans certaines alliances avec la famille
caucasique. M. Georges Bourgarel (*La Vie contemporaine,*
15 août 1894) n'admet pas sans quelques hésitations la
coexistence des deux types, tout en reconnaissant, qu'elle
est dénoncée et par l'anthropologie et par la linguistique :
« La langue coréenne vulgaire tient, en effet, une place
intermédiaire entre le groupe japonais et le groupe tartare;
seule, des langues de l'Extrême Orient, elle possède une

écriture alphabétique, et son système graphique a pu être rapproché par M. Léon de Rosny de l'alphabet choub ou thibétain carré. »

Dans la masse de la population indigène s'égare une dizaine de mille d'étrangers (11.615 d'après le recensement de juin 1893), soit : 9.240 Japonais, 2.205 Chinois et à peine 200 Européens ou Américains.

La carte accompagnant ce chapitre nous dispensera d'un fastidieux empiétement dans l'abstrait domaine de la géographie physique; notons seulement que peu de cours d'eau sont navigables, même à leur embouchure. Remarquons aussi le tracé de l'arête transversale : les deux courbes de cette chaîne, formée de schistes cristallins, découlent d'un massif d'origine volcanique, se dressant à la latitude du golfe de Broughton et ourlant de très près le littoral est, ce qui indique que cette côte doit être mal pourvue de ports et de rades. Par contre, à l'ouest, malgré l'obstruction d'archipels obligeant la navigation à une extrême prudence, les ancrages sûrs ne font pas défaut.

Les bonzes du Thibet ont été, très évidemment, les premiers éducateurs du peuple coréen : en même temps que l'alphabet ils ont enseigné à ces hordes, devenues sédentaires, les dogmes et la civilisation bouddhiques (vers le IV⁰ siècle de l'ère vulgaire).

Mais dans ce bouddhisme, longuement discrédité par le manque de moralité des bonzes et la rustre indifférence des initiés, se sont infiltrés nombre de préceptes du dogme philosophique de K'ong-fou-tse; de sorte que peu à peu, insensiblement, s'est dégagée, à l'usage des lettrés et des classes supérieures — le bas peuple s'en tenant à ses croyances animiste, — une sorte de religion morale définissant la famille base de la société. La piété filiale est le lien de la famille.

Comme le formule si excellemment M. G. Bourgarel, cette religion du *hiao* résume les devoirs sociaux entre le souverain et les sujets, entre les diverses branches de la famille et les divers membres de la société. Ces devoirs commencent et finissent à l'autorité paternelle, absolue, indiscutable, qu'elle s'attache à la personne du souverain, père de ses sujets, ou à celle du chef de famille, père et tuteur des membres qui la composent.

Il est aisé de se rendre compte de ce que peut être l'organisation de la famille ; la domination du père, que rien n'infirme, s'exerce même à l'égard du fils marié, en quelque sorte lui aussi investi d'une parcelle d'autorité.

Quoique la polygamie soit admise, le Coréen sait habituellement se contenter d'une seule femme, à moins, toutefois, que la première union n'ait point été consacrée par la naissance de ce fils qui assurera la perpétuité de la famille et solennisera en des rites funéraires, la religion de la mort, la constante dévotion au culte ancestral.

Dans la maison, la femme — dont la condition n'est aucunement à plaindre — occupe des appartements réservés, mais sans pour cela être tenue à l'écart des communes agitations de la vie. Le soir, après 9 heures, les portes des villes closes, alors que la circulation dans les rues est sinon interdite, tout au moins fort restreinte, les femmes peuvent librement se promener à visage découvert ; l'usage veut que tout homme rencontrant une femme évite de la regarder, détournant le visage du côté du mur ou s'abritant derrière un éventail.

Le vêtement des hommes se compose d'une courte veste avec pantalon de colonnade blanche. Les classes aisées revêtent, en plus, une sorte de robe fendue des deux côtés à partir de la ceinture et se nouant avec des rubans. La coiffure mérite une mention spéciale : « Les chapeaux affectent toutes les formes, ils sont fait surtout en bambous et leur fabrication est la principale industrie de l'île Quelpaert. Ils ont des bords très larges, ronds et plats et sont fixés au sommet de la tête sur un mince tissu en crin qui entoure le crâne, puis retenus par de longs rubans noués au-dessous du menton. Le cône du chapeau recouvre ainsi la tresse de cheveux que les Coréens portent droit, sur le vertex, au contraire des Tartares mandchoux qui portent la longue queue flottante (1). »

Les femmes, la tête chargée d'une épaisse coiffure, vont empaquetées dans de blanches cotonnades, les jupons très haut attachés, les seins le plus souvent à nu sous une courte camisole. Les femmes nobles s'aventurant à pied dans les rues se clochent sous un ample manteau de soie verte, étroitement entr'ouvert sur le visage.

Empruntons encore à M. G. Bourgarel une intéressante page relative à l'organisation sociale :

On ne saurait, par ce que l'on connaît des civilisations chinoise et japonaise, juger les mœurs et les coutumes de la Corée; elles en diffèrent autant que la race coréenne diffère des races voisines. Toute la société est basée sur une division de castes qui rappelle le système prévalant chez les Indous, mais, avec cette différence que la séparation des castes est basée aux Indes sur des principes religieux et en Corée qu'elle n'a qu'une origine politique. Au-dessous du roi, qui exerce le pouvoir le plus absolu, est la classe des nobles qui comprend deux degrés : le noblesse civile et la noblesse militaire.

La première est de beaucoup la plus puissante et c'est chez elle que se recrutent les ministres, les gouverneurs des provinces, les chefs de district, les mandarins des villes importantes, ceux des villages, ceux des bourgs. La noblesse militaire est passée peu à peu au second rang.

Ceux des classes des nobles (mang-pan) ont de tout temps joui des privilèges les plus grands et d'une autorité sans

____

(1) *Vie contemporaine*, 15 août 1894. — En Chine, les sectateurs de Tao portent une coiffure fort semblable à celle des Coréens.

contrôle; ils ne paient aucun impôt, ne fournissent aucun service et ont à leur merci le peuple qu'ils exploitent.

Ils tirent leur illustration et leurs privilèges d'une alliance avec la famille royale, ou bien ses membres sont les descendants de ceux qui ont aidé à fonder la dynastie, de ceux qui se sont illustrés dans l'exercice des fonctions publiques, des anciens chefs de tribus.

Au-dessous de la classe des nobles est celle des demi-nobles, classe peu nombreuse qui est formée par les scribes en général sur lesquels les mandarins se déchargent de leur service; c'est de leur avidité que le peuple a le plus à se plaindre.

Les nombreux privilèges dont la noblesse est pourvue lui ont permis de tout temps d'exercer de telles exactions que le reste de la population a éprouvé le besoin de s'unir pour mieux lutter; des corps de métiers se sont alors constitués et ces corporations ont formé une nouvelle classe; elle est composée par les bonzes, les marchands, les manufacturiers, certains artisans qui se distinguent du peuple par une instruction plus étendue, une éducation meilleure.

La quatrième classe est formée par le peuple. C'est la plus nombreuse, celle qui comprend les paysans, les agriculteurs, les pêcheurs; celle qui peut le moins lutter et qui a le plus à souffrir.

Au-dessous d'elle, mais plus heureuses qu'elle, sont deux classes bien particularisées : la classe abjecte et les esclaves.

« La première, écrit M. G. Bourgarel, formée principalement par les bouchers et les tanneurs, est loin d'être la plus dépourvue d'avantages; elle est méprisée à cause de la profession exercée par ceux qui la composent, mais il appartient au roi d'en élever les membres à un rang supérieur.

» L'esclavage, d'ailleurs bien adouci aujourd'hui, est une

institution particulière à la Corée : nous n'en trouvons la trace ni au Japon ni en Chine. Comme pour les autres classes, les esclaves sont divisés en plusieurs catégories : les plus heureux sont ceux de la couronne qui, exempts de toute taxe directe, chargés seulement de cultiver pour le bénéfice du Trésor royal une partie des terres de la contrée où ils sont placés, se trouvent sous la sauvegarde directe des autorités les plus élevées; ils sont protégés contre les exactions des mandarins et la rapacité des scribes. »

***

Han-Yang, en coréen Séoul (capitale), couvre avec ses 30.000 maisons, enfermant une population de 250.000 âmes (1), une aire de 16.000 kilomètres carrés; ses murailles, développant un circuit de 20 kilomètres escaladent au nord les pentes du Hoa-Chan (120 mètres d'altitude) et atteignent au sud le pied de la colline Nan-Chan (230 mètres d'altitude); des portes monumentales crèvent cette enceinte.

Chaque caste est lotie dans son quartier et, dans la ville même, comme deux autres cités, au pied des montagnes, l'ancien et le nouveau palais royal. «Derrière une porte grandiose de style chinois se trouve la cour d'honneur divisée en huit grandes sections séparées par des bornes de marbre. Au fond est la salle du trône; c'est une construction en bois abritée par une double toiture. L'intérieur est orné de sculptures nombreuses et de peintures d'une couleur très vive. Un second palais, entouré de jardins, comprend les appartements du roi, puis vient un autre palais réservé à la reine, enfin les logements des fonctionnaires, des soldats de service, etc., etc.

---

(1) Population étrangère : 2.000 Chinois, 800 Japonais, 58 Américains 14 Anglais, 10 Français, 8 Européens de diverses nationalités.

» Détail curieux, ce palais est éclairé à l'électricité; le contrat relatif à cet éclairage fut conclu en 1893 par un ingénieur américain et l'installation a coûté 60.000 dollars, qui ont été payés par le gouvernement coréen en poudre et en pépites d'or, provenant, sans doute, des taxes en nature fournies chaque année par les mines situées dans les districts au-dessus de Wonsars. » (G. Bourgarel.)

Le Han-Kiang, dont les multiples rameaux irriguent la capitale, n'est accessible qu'aux plus légères embarcations. Les navires mouillent à l'entrée de la rivière Salée en face de Chemulpo (1) qui sert de port à Séoul; de même qu'à Foussan et à Gensan (2) les Japonais y dominent.

Fousan, à l'embouchure du Nak-Tong, accapare principalement le commerce entre la Corée et le Japon; 5.000 sujets du mikado et environ 7.000 pêcheurs ont pris cette ville pour base de leurs opérations. Le consul japonais, avec son escorte de 300 soldats, en est le réel gouverneur. De plus, les Japonais ont établi en 1887 un dépôt de charbon dans l'îlot Deer-Island.

In-Tschian et Mo-Po sont également deux autres ports ouverts au commerce.

A l'intérieur, bornons-nous à mentionner Kytschen-Fou, proche de la frontière russe, et Ping-Jang, ancienne résidence, n'ayant plus conservé qu'une certaine importance comme centre commercial.

Le royaume est divisé en huit provinces ou To. Au nord : Ping-Jang qui confine à la Chine, et Cham-Kiung, bordant

---

(1) *Tshemoulpo* (*Jen-Tchouan* des Chinois, *Jinsen* des Japonais, au fond d'une vaste baie dite de l'Impératrice, à 32 kilomètres au sud-ouest de Séoul, environ 2.400 Japonais. Importation : cotonnades et métaux; exportation : cuirs, riz, légumes secs et haricots servant à la préparation d'un produit alimentaire connu sous le nom de *soya*; en 1891, entrées 449 bâtiments, sorties 446.

(2) Dans la baie de Broughton sur la côte nord-est; *Gensan* des Japonais, *Yuen-San* des Chinois, *Wun-San* des Coréens.

la province russe; ces deux provinces, sises dans la région montagneuse, sont peu peuplées, mal cultivées, mais abondent en richesses minières. Au centre Tchioung-Tchiong, Kiung-Kei, Kang-Wen et Tschung-Tschong. Au sud : les riches et prospères provinces de Tschoul-La et de Kiung-San avec une population agricole, douce, aimable, honnête, mais aussi très peu communicative et fort défiante.

Les voies de communication reliant à la capitale ces divers centres provinciaux sont plus que précaires : chemins mal tracés, et, sur les cours d'eau, peu ou point de ponts. Aussi pendant la saison des pluies (juillet-août) n'est-il même pas pratique de voyager à pied ou à cheval (1); les transports, auxquels on emploie bœufs, chevaux et ânes, sont absolument impossibles; on y consacre hâtivement la période sèche, notre automne.

On doit conclure qu'en tout temps, les mouvements de troupes sont grevés d'une pénible lenteur même sur les meilleurs chemins, tout au moins réputés tels : sur celui conduisant de Séoul à Sou-Tschoi (590 kilomètres) sur la frontière de Chine ou bien encore sur celui longeant par Gensan (430 kilomètres) la côte orientale pour aboutir en territoire russe. A Gensan, cette dernière voie se bifurque pour s'étendre au nord le long des fleuves Yalou et Tumén, joignant Sou-Tschoi à Kytschen-Fou. Au sud, Séoul se rattache à Fousan (320 kilomètres) et à Mo-Po. Une ligne télégraphique met la capitale en communication avec Fousan et Sou-Tschoi.

On admettra facilement que de semblables conditions dénotent une situation économique laissant passablement à désirer. L'agriculture constitue l'essentielle fortune du pays, mais ne sait satisfaire qu'aux immédiates exigences; les épaisses forêts de chênes, d'ormeaux, de bouleaux,

---

(1) On compte habituellement l'étape moyenne : 22 kilomètres à pied, 28 à 33 kilomètres à cheval.

d'arbres à laque et de magnoliacées revêtant les pentes des montagnes ne sont pas aménagées ; les grandes richesses minières sont à peine exploitées (1); le commerce est exclusivement aux mains des étrangers qui successivement ont passé des traités avec la Corée : Japon en 1876 ; Chine, Angleterre, Allemagne et Etats-Unis en 1883 ; Russie et Italie en 1884 ; France en 1886 ; Autriche-Hongrie en 1892.

L'exportation portait en 1891 sur une somme d'environ 17 millions, l'importation sur environ 28 millions, en très majeure partie (65 p. 100) au profit de l'Angleterre par l'entremise du Japon ; nous relevons, en effet, dans les statistiques de la navigation : Japon 1.355 bâtiments jaugeant 311.754 tonnes, Russie 30 bâtiments avec 19.000 tonnes, Chine 44 bâtiments avec 12.000 tonnes, Allemagne 19 bâtiments avec 7.000 tonnes, etc.

Le budget du royaume se chiffre approximativement à 35 millions ; les ressources principales du Trésor sont fournies par les douanes et la régie du jen-seng ; les dépenses du souverain absorbent à peu près la totalité du revenu, il ne reste rien pour le service de l'Etat.

*
* *

Le roi Li-Houi-Ujy, fils du prince Ha-Lung, faible et craintif, n'est qu'un fantoche drapé dans l'ombre incertaine d'une omnipotente souveraineté ; il est assisté de trois hauts conseillers et de sept ministres, lesquels entrent également dans un Conseil d'Etat comprenant 45 membres.

* *

---

(1) Exploitation autorisée depuis quelques années seulement ; en 1890 : 82 mines d'or, 8 d'argent, 17 de cuivre, 40 de fer, 7 de plomb, 7 de pierres précieuses, plus 8 charbonnages ; la houille abonde.

Malgré les efforts de quelques instructeurs américains pour quelque peu moderniser les troupes coréennes, il n'existe pas, à proprement dire, d'armée.

L'obligation du service étant imposée à tous les hommes en état de porter les armes (de 15 à 60 ans), la horde désordonnée pourrait nombrer, approximativement, de 500 à 600.000 hommes. Mais ces indications, fournies par les autorités communales, sont par trop fantaisistes et on ne pourrait certainement lever plus de 30.000 hommes de milices provinciales pour réprimer une insurrection. En réalité, 10.000 hommes tout au plus sont entretenus, diversement armés d'antiques fusils, de lances, d'arcs et de sabres. L'artillerie de campagne n'existe pas ; l'artillerie de forteresse est misérablement représentée par quelques pièces de vieux style, garnissant, sur des affûts délabrés, des remparts en ruine. Les magasins d'approvisionnement, que l'on suppose aménagés dans la capitale, dans les places frontières et dans les chefs-lieux de quelques provinces, sont depuis longtemps dégarnis, si toutefois ils ont été jadis aménagés. Les services auxiliaires sont ignorés.

Lorsque besoin est de rassembler des troupes, le roi en confie le commandement à un mandarin d'un rang élevé ; celui-ci met les gouverneurs des provinces en demeure de lui amener autant d'hommes qu'il a été possible d'en réquisitionner. Les levées arrivent tant bien que mal dans les camps de concentration avec quelques vivres, puis les bandes pillardes se dispersent. Il ne reste autour des grands étendards que le petit groupe de fidèles attachés à la fortune des mandarins.

Habituellement, les milices ne sont convoquées que par province pour réprimer les insurrections locales ; le gouverneur délègue le commandement des forces à son préfet militaire, et emploie le peu de troupes permanentes dont il dispose habituellement à forcer les faibles volontés et à pourchasser les déserteurs. Les bandes, ainsi poussées-

au combat ne sont même pas capables — comme en témoigne la situation présente — de tenir tête à des rebelles.

Ces milices permanentes — oh combien peu ! — à l'immédiate disposition des gouverneurs de provinces sont dites *Kiouous*; elles sont employées aux plus divers services : gendarmes, agents de police, courriers, plantons et domestiques. On les trouve un peu partout, réparties en petits groupes : 500 à Kang-Oua; 300 à Pington, 2.000 à Séoul, etc.

A Séoul garnisonne, de plus, une force d'environ 3.500 hommes que l'on peut, à la rigueur, considérer comme tant soit peu organisés par les instructeurs américains. Ces soldats, habillés et équipés, armés du Remington et pourvus de cadres, sont aptes à rendre quelques services; ils représentent en quelque sorte une « garde ».

***

La France a montré trois fois son drapeau sur les côtes de Corée; elle y était appelée par le devoir d'intervenir en faveur de ses missionnaires.

L'œuvre des missions en Corée est en effet, essentiellement française.

L'église de Corée a des origines très particulières : elle n'a pas été créée par le zèle des missionnaires comme les églises de l'Annam, du Japon ou de la Chine; des philosophes et des lettrés furent, à la fin du dix-huitième siècle (1784), ses premiers fidèles et ses premiers apôtres.

C'est seulement en 1827 que la congrégation de la propagande, s'adressant à la Société des Missions étrangères, créa le vicariat apostolique de Corée, plaçant à sa tête Mgr Bruguière.

Le prêtre qui s'était joint à l'évêque parvint seul à se glisser furtivement en Corée au commencement de janvier 1836; Mgr Bruguière avait succombé à Py-Li-Kiou, en

Tartarie, aux fatigues d'un voyage qui durait depuis plus de deux ans. Un autre missionnaire, M. Jacques Chastan, ne tarda point à le rejoindre; plus tard, Mgr Imbert fut choisi par Rome pour diriger les missions.

Ces trois premiers apôtres furent aussi les premiers martyrs. La démission du régent qui témoignait à la religion catholique une relative sympathie, compromit la situation jusqu'alors faite aux chrétiens; l'ère des persécutions fut inaugurée. Livrés par un traître, les trois missionnaires furent martyrisés le 21 septembre 1839.

Tardivement, au mois de juin 1846, le contre-amiral Cécile, commandant l'escadre de *Chine*, vint « s'informer de l'odieux attentat commis sur trois Français, Imbert, Chastan et Maubant, honorés dans leur pays pour leur science et leurs vertus ».

« Persuadé, ajoute l'amiral, que pour le moment les ministres ne peuvent promptement me répondre sur le motif qui m'a amené dans ces parages, savoir: la mort infligée par les Coréens à trois docteurs de notre nation, je pars.

» L'année prochaine, des navires français viendront de nouveau chercher la réponse. »

De fait, en août 1847, le capitaine de vaisseau Lapierre se présenta avec la frégate *La Gloire* et la corvette *La Victorieuse*. Fatalement, le 10, les deux bâtiments s'échouèrent, les équipages durent être débarqués dans l'île de Ko-Koun-To, puis furent rapatriés en Chine sur des navires anglais.

Après ce départ, le gouvernement coréen, redoutant de nouvelles visites des barbares, résolut de répondre à la lettre de l'amiral Cécile: fin de non-recevoir.

Le commandant Lapierre répliqua à cette note par la voie du gouvernement chinois; il disait en substance: « Dans les premiers mois de 1848, un navire de guerre français se rendra en Corée pour chercher tout ce qui a été laissé sur l'île Ko-Koun-To. Quant aux raisons alléguées par le gouvernement coréen pour se justifier du meurtre des Français, elles ne sont pas acceptables. Si, à l'avenir, un Français est arrêté en Corée, on devra le renvoyer à Pékin; en agissant autrement, on s'exposerait aux plus grands malheurs. »

Telles furent les premières relations officielles de la France avec la Corée.

Entre temps, le vicariat apostolique de Corée avait été reconstitué : MM. Maistre, Daveluy et Mgr Ferréol qui succomba le 5 février 1853, après dix années de voyages, de privations, de travaux et de souffrances. Un missionnaire de Mandchourie, Mgr Berneux, fut appelé à lui succéder.

L'église prospérait : « Mgr Berneux escomptait pour l'avenir une ère sérieuse de paix, de tranquillité et, par conséquent, de succès abondants. »

Mais, hélas ! à la mort du roi, survenue en 1864, la reine Tcho, l'une des quatre veuves couronnées, s'étant emparée du pouvoir, avait fait transmettre le trône à un faible enfant de 12 ans; le parti conservateur, ou vieux national, dangereusement hostile à l'ingérence étrangère, devenait tout-puissant.

Un incident de politique étrangère, la menace d'une intervention russe (janvier 1866) devait être le prétexte d'une terrible persécution. Mgr Berneux, et avec lui les missionnaires de Bretenières, Beaulieu, Dovie, Pourthié, Petitnicolas, Daveluy, Huin et Aumaître sont couronnés martyrs (8, 11, 30 mars 1866); les catéchistes, traqués en tous lieux, arrêtés en grand nombre, sont tantôt soumis aux plus épouvantables tortures et exécutés publiquement, tantôt étranglés clandestinement dans leurs prisons.

Deux prêtres seulement parvinrent à se soustraire à la persécution : MM. Feron et Ridel; ce dernier put se rendre en Chine pour faire connaître les désastres de la Corée et travailler à y porter remède. En juillet, il rejoint à Tien-Tsin

le contre-amiral Roze, commandant la croisière française
sur les côtes de Chine; dès le mois de septembre, l'amiral
se montre sur les côtes de Corée.

L'île de Kang-Hoa, ville et citadelle, furent enlevées de
vive force; de là, fut adressée à Séoul une sommation qui
réclamait satisfaction pour le meurtre des Français. Exaltés
par l'impunité qui avait suivi leurs précédents attentats, les
ministres dédaignèrent de répondre.

120 hommes furent alors débarqués sur le continent;
insuffisamment outillés, ils échouent à l'attaque d'un petit
fortin dit *Porte de Séoul*, qui commande la tête du chemin
de la capitale; l'amiral ne peut qu'emporter ses blessés, et,
comme il craint de s'engager dans une affaire trop sérieuse
sans instruction du gouvernement, il renonce à pénétrer
avec la flottille dans le fleuve de Séoul; les bâtiments sont
ramenés sur les côtes de Chine.

En 1876, Mgr Ridel et deux autres prêtres reprennent
l'œuvre; arrêté dès le mois de janvier 1877, l'évêque est peu
après reconduit à la frontière de Chine à la suite de démarches faites par le ministre de France à Pékin, démarches
auxquelles s'associe également Mgr Osouf, aujourd'hui
archevêque de Tokio.

Les temps sont changés; la libération de Mgr Ridel faisait espérer une ère nouvelle de tolérance; deux autres
prêtres, MM. Deguette et Liouville, en bénéficient également. Le régent lui-même, l'ancien ennemi acharné des
catholiques, se complait dans une sorte d'indifférence; le
roi donnait au préfet de police l'ordre de ne pas inquiéter
les chrétiens et peu à peu, des sphères gouvernementales,
cette tolérance inspirait la conduite des mandarins de province et pénétrait dans les classes moins élevées.

Le parti du progrès et de la civilisation avait fini par
l'emporter.

La France, à son tour, entreprit de négocier un traité
avec la Corée. M. Bourée, ministre de France à Pékin,

délégua à cet effet M. Dillon, consul à Tien-Tsin; après
avoir arraché, non sans quelques difficultés au tsong-ly-
yamen de Pékin, le document accréditant l'envoyé français auprès du ma-tao-tay (commissaire chinois résidant
à Séoul), M. Dillon, sans tenir aucun compte des satisfac-
tions réclamées pour la prise de Kang-Hoa, arrêtait les
bases d'un traité qui fut signé en 1886 et ratifié l'année
suivante.

Après bien des efforts, M. de Cogordan, alors notre plé-
nipotentiaire, sans obtenir que la présence des missionnaires et leurs prédications fussent explicitement autori-
sées, réussit à faire insérer une clause qu'aucun diplomate
n'avait encore pu imposer à l'obstination jalouse des
Coréens. Il fut stipulé, dans l'article 4 de la convention,
que les Français résidant en Corée pourraient professer
leur religion et obtenir des passeports pour voyager à l'intérieur du pays.

Mgr Blanc (1), le successeur de Mgr Ridel pouvait, dès lors,
se consacrer sans appréhension aucune à l'œuvre de son
vicariat; les années de prospérité qui se succèdent autorisent la création d'un hospice de vieillards, de deux orphe-
linats (180 enfants), d'un séminaire, dont les élèves, regar-
dant le passé, saluent avec une sainte fierté l'héroïque
figure d'André Kim, le premier prêtre coréen.

Puis sont venues les saintes filles de Saint-Paul de
Chartres, fondant ouvroir, asile, atelier, prodiguant leur
dévouement aux affligés et aux malades.

Telle a été en Corée l'œuvre des missions françaises,
toute d'abnégation, toute de dévouement.

La France peut être fière de ses martyrs !

---

(1) Présentement, Mgr Gustave Mutel.

CHAPITRE II

La situation politique.

Le Japon doit à la Corée sa première civilisation. — Droits historiques
de la Chine. — Pages détachées des anciennes annales. — Origine et
formation des partis politiques en Corée. — Le traité de Kokwa, de
1876, avec le Japon. — Li-Hong-Tchang ; son action prépondérante
dans les affaires coréennes. — Emeutes et conjurations ; la conspiration de Kim-Ok-Kiun. — La convention de Tien-Sin ; le condominium
sino-japonais de 1885. — Yuen-Chi-Kaï et le complot de 1886. — Assassinat de Kim-Ok-Kiun. — Insurrection des Hio-Tang. — Le roi de
Corée réclame l'assistance de la Chine. — Débarquement des Japonais à Tchemulpo.

La « Nation Ermite » ne fut pas toujours en l'état précaire où nous la trouvons aujourd'hui. C'est à elle que le
Japon doit en partie sa civilisation.

C'est à deux Coréens, Tasso et Tisso, que revient l'honneur d'avoir initié les habitants du Nippon aux premières
formes de l'industrie, leur apprenant à travailler le bois
et les métaux, à confectionner les vêtements, à fabriquer
le *saké*, la tant bienfaisante liqueur fermentée tirée du riz.

C'est un autre Coréen, l'illustre Wani, venu du pays de
Paiktsé, auquel les Japonais ont décerné le titre de « père
de la poésie », qui, vers l'an 285, leur enseigna l'usage des
caractères (1) idéographiques (*tseu*) et leur divulgua les

---

(1) Il revient également aux Coréens l'honneur d'avoir inventé les
caractères mobiles métalliques. On possède, en effet, une réédition des
Apologies, de Kong-Fou-Tsé, imprimée en caractères mobiles à la
librairie de l'*Unité de distinction*, l'an 1317. C'est un des plus anciens
livres connus.

deux célèbres ouvrages : les *Dissertations philosophiques*
de Kong-Fou-Tsé et le *Livre des Mille mots* (*ts'ien tseu
ouen*).

D'autres moines, issus de la « Sérénité du Matin »,
introduisirent, vers le ive siècle, le bouddhisme dans les
îles; déjà, au siècle précédent, des prisonniers emmenés
de Corée par le prince Satsuma avaient livré le secret de
fabrication de cette céramique, devenue si recherchée.
Enfin, c'est encore par l'entremise de la Corée que, au
ixe siècle, le mikado Taïni reçoit les premiers vers à soie.

**

Chinois et Japonais évoquent tour à tour les lointaines
et vagues annales de la période légendaire pour, même
avant l'époque historique, documenter leurs droits de
suzeraineté sur la Corée.

Mille ans avant l'ère chrétienne florissaient déjà les
trois royaumes de Cho-San, de Fou-You et de Ko-Koraï.
En nous reportant aux manuscrits chinois qui, dès le
viiie siècle, présentent quelques garanties, nous relevons
la conquête, par la Chine, du royaume de Cho-San; cette
occupation s'affirme, l'an 107 avant Jésus-Christ. Vers la
même époque, des émigrés chinois fondent le royaume de
Chin-Ra sur la côte est, tandis que, d'autre part, la petite
principauté de Hiak-Saï, jetée sur la côte ouest en 194
par un prince fugitif de l'ancien Cho-San, prend de la
consistance, englobant une bonne partie des terres coréennes.

Au résumé, et pour ne pas trop s'attarder dans ce brouillard matinal, nous constaterons, jusqu'au xe siècle, la
coexistence de trois royaumes :

Le *Ko-Raï* (*Komé* des Japonais, *Kao-li-en* des Chinois) au
nord;

Le *Chin-Ra* (*Chiriaki* ou *Sin-lo*) au sud-est;

Le *Hiak-Saï* (*Koudara* ou *Pe-tsi*) au sud-ouest.

Au xr^e siècle, le roi du Ko-Raï, — Ouang-Kien, — aidé par la Chine, absorbe les deux autres principautés et constitue l'unité de la Corée.

Plus tard, en 1392, le prince *Ni-Taïjo* ou *Taï-Tso* renverse, avec l'assistance de la Chine, les descendants de Ouang-Kien et fonde la dynastie actuelle des Tsi-Tsien ; c'est lui qui transféra la capitale de P'ing-jang à Séoul, adopta comme officielle la langue chinoise et rendit obligatoire l'usage du calendrier chinois.

Déjà, très anciennement, vers l'an 203, l'expédition de la reine Zingu illustre les origines du conflit entre Japonais et Coréens. Mais ce sont plus particulièrement les successeurs de Taï-Tso qu'affectent de fréquents démêlés avec le Japon. A la fin du xvie siècle, les Japonais interviennent concurremment avec les Chinois dans les querelles intestines qui révolutionnent le royaume : ainsi, en 1592, le célèbre Taïko-Sama porte en Corée une formidable armée qui s'empare de presque tout le pays et l'aurait définitivement conquis sans la mort du chef de l'expédition (1598).

La paix signée en 1615 laisse au Japon, comme pied à terre, le port de Fou-San ; la Corée s'engageait également à payer un tribut.

Néanmoins, un traité intervenu en 1637 affirmait péremptoirement les droits de suzeraineté de la Chine.

** **

L'histoire de la Corée se réduit, en quelque sorte, à de lamentables banalités : triomphe et chute des partis, incessantes révoltes populaires. M. F. Amouretti, dans la *Revue bleue*, conte quelques-uns de ces épisodes ; nous les lui emprunterons à notre tour.

Sous le règne du roi Sien-Tjyong (1567-1592), une querelle s'élève entre deux nobles du royaume, au sujet de la dignité conférée à l'un d'eux et à laquelle l'autre prétend également avoir droit. Des clients qu'ils groupent autour d'eux naissent deux partis ennemis, les *Tong-in* et les *Sey-in* (orientaux et occidentaux); puis surviennent les septentrionaux et les méridionaux; d'ultérieures scissions produisent les *No-ron* et les *Syo-ron*; finalement, les *tang* se réduisent à quatre : les *No-ron*, les *Syo-ron*, les *Syo-Pouk* et les *Nam-in*. Après bien des luttes et d'alternatives chances, ces fractions s'affaiblissent et se désagrègent pour céder la place aux *Ni* et aux *Min*, autrement dit aux *progressistes*, attachés à la famille du roi, favorables aux Européens, et aux *conservateurs*, qui prennent leur mot d'ordre dans l'entourage de la reine.

Tels sont les deux groupes gouvernementaux en quelque sorte reconnus; pourtant, dans la masse du peuple, s'est constituée plus ou moins clandestinement une troisième et puissante faction ralliant tous les mécontents, tous les déclassés : c'est ce parti des *Hio-tang*, excellent instrument aux mains des agitateurs, quels qu'ils soient, Chinois ou Japonais, dont la révolte a motivé la double intervention en Corée des Japonais et des Chinois, par suite, la rupture des relations entre les deux pays.

Il nous faut, avant de préciser cet épisode final, relater les origines du condominium sino-japonais de 1885.

* *** *

Li-H'ong (1), le roi actuel, le vingt-quatrième de la dynastie, est le second fils d'un personnage connu sous le titre de Taï-Won-Kiun, adopté, nous l'avons déjà dit, par la reine Tchouo-Tai-Pi, veuve du dernier roi. A son avènement en 1864, la régence fut exercée par son père, dont l'attitude vis-à-vis du Japon, auquel il refuse le tribut accoutumé, motive la rupture de 1875.

L'envoi d'une mission spéciale — Kuroda-Kiyotaka —

----

(1) *Revue de Paris*, 15 août 1894, Ed. Chavannes.

et une démonstration navale suffisent, toutefois, pour amener la Corée à composition et obtenir des avantages sérieux garantis par un traité signé à *Kokwa,* le 26 février 1876.

L'article 1er de ce traité stipulait l'*indépendance absolue* de la Corée. Le Japon se faisait reconnaître le droit de maintenir un représentant diplomatique à Séoul, et exigeait l'ouverture à son commerce des ports de Gensan (1er mai 1880) et de Tchemoulpo (1er janvier 1883).

Ce traité de Kokwa rompt les barrières derrière lesquelles l'Etat Ermite s'isolait avec un soin jaloux (*Revue de Paris*). Les Japonais en profitent pour de continuelles interventions, soit pour réclamer de nouveaux privilèges ou des mesures de protection en faveur de leurs nationaux, soit pour protester contre les empiètements de la Chine.

Li-Hong-Tchang (1) qui, comme surintendant des ports du nord, a, dans ses attributions, les relations avec la Corée, n'avait cessé, en effet, de manœuvrer en profond et astucieux politique, cherchant à définir la suzeraineté de la Chine et à établir par des faits que la Corée n'était pas seulement *tributaire* mais *vassale* (2). N'ayant pu s'opposer à

---

(1) Né le 16 février 1823 dans la province de Ngan-Houï; fils d'un humble lettré, commence à se faire remarquer au moment de l'insurrection des Taï-P'ing, qu'il combat à la tête d'une petite troupe; sa belle conduite et son entente des choses militaires lui valurent l'emploi de secrétaire du commandant militaire des provinces de Kouang-Tong et de Kouang-Si. En 1861, l'appui du marquis Tseng, dont on a connu le fils à Paris où il était ministre de Chine, fit obtenir à Li-Hong-Tchang le poste de gouverneur de Sse-Tchouan, qu'il eut tout d'abord à reprendre aux rebelles; il reçut, en récompense, le titre honorifique de tuteur ou gouverneur du prince impérial, et la noblesse de troisième rang. Depuis, son influence ne fit qu'augmenter; il devint successivement : haut commissaire chargé de la défense des frontières du nord, surintendant du commerce, membre du conseil impérial et, enfin, vice-roi de Petchili.

(2) De fait, l'ancienne conception asiatique du *tribut* n'a plus de signification; rappelons-nous la situation faite à l'Annam et à la Birmanie.

la rupture des scellés, tous ses efforts tendent à no pas permettre aux Japonais d'être seuls à bénéficier de la situation acquise; il mettra donc en pratique la maxime « que
pour régner il faut diviser ».

Le Japon ayant traité directement avec la Corée, Li-
Hong-Tchang provoquera et interviendra dans des négociations avec d'autres puissances : avec les Etats-Unis en
1882, avec l'Angleterre et l'Allemagne en 1883, avec la
Russie en 1884, avec la France en 1886.

Il tentera même, lors de la discussion du traité américain, de faire insérer une clause par laquelle la Corée
reconnaît être vassale de la Chine; cette prétention n'ayant
pas été admise, il saura se contenter d'une lettre autogra-
phe que le roi adresse au président des Etats-Unis,
s'avouant tributaire du Céleste-Empire.

D'autres procédés sont encore efficacement employés.

En 1883, profitant de ses embarras financiers, la *China
Merchants Steamship Company*, dont le patron est Li-Hong-
Tchang, prêtera à la Corée 200.000 taëls (environ un mil-
lion de francs) avec garantie du revenu des douanes, déjà
en partie hypothéqué par la *Japanese Specie Banks;* sous
le couvert de cet arrangement, l'inspecteur général des
douanes impériales, Sir Robert Hart, rattache aussitôt à
son service la surveillance des trois ports ouverts, et y
organise le fonctionnement des douanes, dont la direction
est déléguée à M. Mollendorf, avec le titre de conseiller
étranger du roi.

Plus tard, en novembre 1885, et quoique une concession
privilégiée ait déjà été accordée au Japon, établissement
d'un câble reliant la chine à Séoul et à Fou-San.

Enfin, de plus en plus contrairement aux traités, n'octroyant à aucune nation des privilèges spéciaux, la Chine
s'attribue le monopole de l'exportation du *jen-seng* (1).

---

(1) *Panax quinque folium*, dont la racine est un des produits les
plus recherchés de la pharmacopée chinoise.

Pour plus d'efficacité encore, la Chine et le Japon en arrivent au petit jeu des émeutes.

C'est la Chine qui, à son profit, inaugure ce mode (juillet 1882) en soutenant une rébellion des troupes contre le surintendant des grains *Min-Kyom-Ho*, oncle de la reine. Le clan des *Min*, inféodé à la cause japonaise, est exposé aux plus extrêmes périls ; puis, comme il convenait, les insurgés courent sus aux Japonais et attaquent la légation. Des excuses durent être faites au gouvernement du mikado avec indemnité de 5.000 dollars ; de plus, le Japon acquit le droit de faire garder sa légation par une escorte entretenue aux frais de la cour de Séoul.

La Chine, qui, très certainement, avait espéré tirer mieux de cette aventure, crut devoir en imputer l'insuccès au Taï-Won-Kium, lequel, gravement compromis au début, faiblit alors que nulle hésitation n'était permise, découvrant les réels instigateurs de l'émeute ; un tel personnage devenait par trop encombrant, aussi, un beau jour, se vit-il enleve par des officiers chinois et transporté à Pao-Ting-Fou, la capitale du Tché-Li, où Li-Hong-Tchang le séquestra pendant trois ans.

Deux années plus tard, le Japon prépare sa riposte en suscitant la conspiration de Kim-Ok-Kiun.

Le 4 décembre 1884 (1), les principaux membres du gouvernement coréen, les représentants des Etats-Unis et de l'Angleterre, M. Mollendorf et autres notabilités célébraient en un banquet l'inauguration de l'hôtel des postes. Tout à coup, vers les 10 heures, un inconnu pénètre dans les salons criant : « Au feu »! Le prince Min-Yong-Ik sort précipitamment ; mais à peine a-t-il franchi les portes de l'hôtel, qu'il tombe frappé de sept coups de sabre ; M. Mollendorf, également accouru, reçoit dans

____

(1) *Revue de Paris.*

ses bras le prince tout sanglant. Les meurtriers s'enfuient, les convives s'esquivent ; pendant la nuit, M. von Mollendorf transporte le prince dans sa propre maison pour le préserver d'un second attentat.

L'âme de la conspiration était un certain Kim-Ok-Kiun, ancien envoyé de Corée au Japon. Il agissait à l'instigation du Japon, comme on en eut la preuve le lendemain même.

Le 5 décembre, en effet, ce personnage, admis auprès du roi, l'intimida si étrangement qu'il réussit à lui dicter ses volontés. Le ministre de la guerre, au sortir d'une audience, tombe au seuil du palais sous le poignard des conjurés ; dans la nuit, sept autres victimes et des plus considérables. Un nouveau ministère est formé, à la tête duquel siège Kim-Ok-Kiun.

Le moment avait été habilement choisi. La Chine se débattait dans les difficultés du Tonkin ; elle était incapable d'intervenir dans les affaires de la Corée ; mais les conjurés avaient compté sans l'énergie de l'officier qui commandait le petit poste chinois cantonné à Séoul : *Yuen-Che-K'ai* se fit le promoteur d'une contre-révolution. En quelques jours, le nouveau ministère était renversé, ses principaux partisans massacrés ou réduits à l'impuissance. Trois seulement des chefs de la conjuration parviennent à s'échapper, et, parmi eux, Kim-Ok-Kiun, qui trouva refuge sur un bâtiment de la marine japonaise ; il put ainsi atteindre, sain et sauf, le Japon ; on l'y interna, dit-on. En réalité, il fut pensionné par le gouvernement dont il n'avait été que l'agent.

A la suite de ces événements (1), Li-Hong-Tchang paraît avoir éprouvé un moment de faiblesse que, depuis, il a bien dû regretter. Il s'engage avec le Japon, par le traité de Tien-Tsin, à une politique d'abstention : les deux nations

(1) *Revue de Paris.*

doivent aider le roi de Corée à organiser une armée capable de maintenir l'ordre dans le royaume ; provisoirement, elles se réservent le droit d'intervenir avec leurs troupes, mais conjointement avec des moyens de même valeur.

M. Mollendorf fut remplacé par un Américain, M. Denny, qui, n'ayant aucune raison de favoriser la Chine plutôt que le Japon, entreprit de faire goûter aux Coréens les bienfaits du *self gouvernement*.

Pourtant — et c'est là une ombre au tableau — *Yuen-chi-K'ai*, dont l'opportune intervention avait fait avorter la conjuration, fut nommé résident à la cour de Séoul ; comme on devait s'y attendre, une lutte de tous les instants s'engage aussitôt entre M. Denny et le représentant de la Chine.

Yuen ouvrit les hostilités.

En octobre 1885, le *Taï-Wôn-Kiun*, assagi par sa résidence forcée à Pao-ting-Fou et complètement gagné à la cause chinoise, était rentré à Séoul. Yuen, lui faisant entrevoir la possibilité d'une reprise de régence, — le roi détrôné tant remplacé par son fils, — ourdit fort habilement un complot dans lequel se trouvèrent impliqués diverses hautes personnalités, entre autres ce prince Min-Yong-Ik, celui-là même qui avait eu si fort à souffrir des assassins à la solde du Japon. Un cadeau de 3.000 taëls devait encore contribuer à asservir le prince au parti chinois ; mais Min-Yong-Ik, l'argent touché, n'eut rien de plus pressé que d'aller dénoncer l'affaire au roi, puis sachant par expérience combien les vengeances sont aisées, courut implorer l'assistance du consul russe, M. Wéber, pour être embarqué à destination de Hong-Kong.

L'avortement de ce complot aurait dû entraîner pour la Chine les plus néfastes conséquences ; Li-Hong-Tchang, par l'habileté de sa diplomatie, réussit presque complètement à détourner le péril.

Néanmoins, le roi, à l'instigation de son conseiller amé-

ricain, tenta de faire reconnaître son indépendance par
les nations étrangères en leur envoyant des représentants
diplomatiques : *Pâk-Tyeng-Yong* fut nommé ministre pour
les Etats-Unis et *Tchouo-Tch'en-Hi* pour l'Europe.

Aussitôt s'engage entre Séoul et Pékin un échange de
notes ; elles aboutiront, non sans quelques difficultés, à un
résultat inattendu, témoignant une fois de plus de l'extrême
ingéniosité des négociateurs chinois : la Corée a prétendu
affirmer son autonomie, son complet affranchissement ;
elle proclamera sa vassalité.

Les conditions suivantes sont en effet admises :

1º L'envoyé coréen, à son arrivée dans une capitale,
s'adressera au ministre chinois pour être introduit, sur sa
présentation, auprès du ministre des relations extérieures.

2º Dans les cérémonies publiques, le ministre de Chine
prend rang avant le représentant de Corée.

3º L'envoyé coréen soumettra toutes les affaires importantes au ministre de Chine.

Le crédit de M. Denny succomba à cette lamentable
déconfiture des ambassades coréennes ; le 15 avril 1890,
son contrat expiré, il quittait Séoul. Après lui, s'avanouis-
sait pour toujours, le rêve chimérique de l'indépendance
de la Corée. (*Revue de Paris.*)

Entre temps, le résident Yuen avait, et avec *usure*, rega-
gné le terrain perdu ; il ne tarda pas à trouver une nouvelle
occasion d'affirmer son autoritaire influence.

Au commencement de juin 1890, la vieille reine *Tchouo-
Tai-Pi* s'éteignait âgée de 80 ans. Pour transmettre au
roi les condoléances de l'empereur, *Li-Hong-Tchang* exi-
gea et obtint qu'on suivît de point en point le cérémonial
réglé par les rites qui concernent les peuples tributaires.
Dans la première semaine de novembre, deux mandarins
de haut rang, Tchang-Lo et Hiu-Tchang quittèrent Tien-
Tsin pour se rendre à Séoul. Le roi vint à leur rencontre, se prosterna humblement devant la missive im-

périale et traita les deux envoyés en représentants d'une puissance suzeraine.

La situation politique de la Corée, son état de vasselage ne pouvaient être établis d'une façon plus éclatante ; la démonstration est formelle.

Les Japonais, malgré leur affectation de plus en plus accusée de considérer la Corée comme une *dépendance économique* de leur empire, ne peuvent ni contester, ni tenir pour non avenus les droits que *Li-Hong-Tchang* a su renouveler et confirmer pendant ces dernières années.

* * *

Cependant, comme tous les condominium, celui de Tien-Tsin n'avait été accepté par les deux parties contractantes que comme un expédient. Le premier incident devait inévitablement le compromettre.

Rappelons-nous que parmi les complices de *Kim-Ok-Kiun* se trouvait le directeur des postes de Séoul ; arrêté par des soldats chinois, il paya de sa vie sa félonie. Son père et ses plus proches parents se tuèrent ; plus sagement irrespectueux des coutumes, un membre de sa famille, du nom de Hong-Tjyong-Ou, conçut le projet de réhabiliter les siens en assassinant *Kim-Ok-Kiun*. Il se rendit tout d'abord en 1889 à Tokio, puis de là en Europe, séjourna quelque temps à Paris, où il noua des relations avec M. Rosny et M. Hyacinthe Loyson, puis, en 1893, il retourna au Japon.

« Le 24 mars 1894, écrit M. Chavannes, quatre passagers portant le costume japonais débarquaient à Shanghaï et descendaient dans un hôtel japonais de la concession anglaise. C'étaient Kim-Ok-Kiun avec son domestique et Hong-Tjyong-Ou avec Ou-Po-Jen, interprète de la légation de Chine à Tokio. Une invitation authentique ou supposée de Li-Tsing-Fang, fils adoptif de Li-Hong-Tchang et, récemment ministre de Chine au Japon, avait attiré Kim-

Ok-Kiun dans le piège. Le mercredi 28, vers 3 heures de l'après-midi, Kim et Hong se trouvaient seuls dans une chambre d'hôtel du premier étage, Kim était couché; Hong saisit un revolver et tira deux coups sur son compagnon; le malheureux eut la force de se précipiter hors de la chambre, mais, au haut de l'escalier, une troisième balle le frappa dans le dos et il tomba baigné dans son sang.

« Dans la même nuit du mercredi, un attentat analogue était dirigé, mais sans succès, contre Po-Young-Hiao, coreligionnaire politique de Kim-Ok-Kiun; l'un des assaillants fut arrêté sur-le-champ, les deux autres se réfugièrent dans la légation de Corée. Le gouvernement japonais mit en demeure le représentant coréen de leur livrer les coupables; après quelques tergiversations, le chargé d'affaires, craignant qu'on ne pénétrât dans sa légation par la force, dut céder; il pria les Japonais de retirer leur sommation afin qu'il ne parût pas agir par contrainte, puis il mit ses deux compatriotes à la porte; dès qu'ils eurent franchi le seuil, la police les saisit.

» Les trois inculpés déclarèrent hautement qu'ils avaient obéi à un commandement exprès de leur roi. Peu après, le chargé d'affaires quittait précipitamment Tokio, sans prendre congé de l'empereur et sans donner aucune raison de cette brusque rupture diplomatique. »

A Sanghaï, Hong-Tjyong-Ou fut livré au consul de Corée et embarqué, avec le corps de sa victime, sur une corvette chinoise qui, le 7 avril, appareilla pour Tchemoulpo. Le cadavre de Kim-Ok-Kiun fut coupé en six morceaux et ces débris humains attachés à des perches, promenés dans les provinces pour inspirer au peuple une salutaire terreur.

Quant à Hong-Tjyong-Ou, on n'ignore pas qu'il a été royalement récompensé.

Toute cette tragique histoire avait provoqué au Japon une émotion considérable; la presse dénonce avec indignation le guet-apens de Schanghaï, indiquant la complicité de la Chine en vertu de cet axiome : « *Is fecit cui prodest* ».

L'opinion publique, de plus en plus surexcitée, se prononce déjà en faveur d'une action énergique en Corée, d'autant plus opportune qu'en ce moment même, — prétextant la disette qui, au printemps de chaque année, sévit en Corée, — les Il'io-Tang (*Tong-Haks* ou *Toga-Kuto*) s'agitent, réclamant impérieusement des réformes économiques.

Provoqués par l'exposition macabre des débris de Kim-Ok-Kiun, par les excès d'insolente rigueur dont les mandarins ont cru pouvoir user à cette occasion, les mécontents s'insurgent dans la province de Tschul-La.

La révolte gagne de proche en proche, les rebelles pillent les établissements étrangers dans les ports et outragent, à Séoul même, le ministre du Japon.

Le gouvernement du Mikado, auquel incombe le devoir de protéger ses nationaux et de faire respecter sa légation, exige de la cour de Séoul une prompte et énergique répression, menaçant d'une directe intervention si satisfaction ne lui est point accordée.

Le roi de Corée, réduit à une complète impuissance, s'est déjà tourné du côté de la Chine, qui, sans hâte, renforce les garnisons et concentre ostensiblement des troupes à Moukden et à Takou.

Le Japon, n'ayant plus de ménagements à garder, débarque, le 12 juin, à Tchemoulpo, un corps de 6.000 hommes, et prétend — en vertu même de la convention de 1885 — interdire à la Chine de faire pénétrer en Corée un corps d'un effectif supérieur.

En réalité, il est dès lors superflu de chercher à préciser les points de droit. Les Japonais, qui de longue date se préparent à en finir — une fois pour toutes — avec cette histoire de Corée, sachant que leurs adversaires sont pris au dépourvu, profitent des avantages du moment pour rendre le conflit inévitable.

Ils font attaquer, le 25 juillet, sans déclaration préalable, le transport *Kao-Scheng* qui, sous pavillon anglais, amène des renforts au poste chinois d'Asan (1).

(1) Au fond du golfe du Prince Jérôme, découvert et nommé en 1846 par l'amiral Guérin.

LES BELLIGÉRANTS

CHAPITRE III

Les forces chinoises.

Difficulté de se renseigner sur la puissance militaire de la Chine. — *A.* Les troupes mandchoues ou armée des Huit-Etendards ; *B.* Les troupes chinoises : les *Lou-Ying*, ou armée de l'Etendard-Vert ; les *Liang*, communément dits *Yong* ou Braves : organisation de ces troupes, leur aptitude. — Evaluation numérique ; rendement approximatif. — La marine chinoise. — Défense des côtes. — Les forces agissantes ; leur répartition sur le théâtre des opérations ; l'escadre.

Il est extrêmement malaisé, — alors même qu'on réussit à posséder d'utiles données, — de se former une idée exacte des forces militaires de la Chine.

Nombreuses sont les raisons excusant cette défaillance : les documents chinois, tels que nous les désirerions, font défaut ; la laborieuse interprétation de ceux que nous parvenons à nous procurer n'est aucunement rémunératrice ; peu d'étrangers ont pu pénétrer dans l'empire et en rapporter de précises notions. Puis, combien sont gênantes, pour une appréciation d'ensemble, les aptitudes si différentes de cette immense population de 400 millions d'âmes (1) ; enfin, par suite du reculement des frontières, les réformes réalisées dans la capitale, à Tien-Tsin, à Fou-Tchéou, à Shang-Haï, n'ont encore été que faiblement ressenties aux extrémités de l'empire, d'autant plus que l'ini-

---

(1) Dont 21 millions pour les Etats tributaires : Mandchourie, Mongolie, Thibet, Dzongarie et Turkestan.

tiative de ces réformes, — due à Li-Hung-Thang, le vice-roi
de Pé-Tchi-Li — est de date relativement récente.

* * *

Il conviendra, pour une plus commode exposition, de
répartir les forces de l'empire en deux groupes principaux :

A) Les troupes mandchoues ;
B) Les troupes chinoises.

A) *Les troupes mandchoues* (*jakon-gosa* en langue mandchoue) forment l'armée dite des Huit-Etendards (*Pa-K'i*) ;
elle se composait, à son origine, il y a deux siècles, de Mandchous et de Mongols appartenant exclusivement à des
familles militaires ; avec le temps, ces grandes maisons,
sans complètement renoncer à leur destination héréditaire, ont perdu leur qualité caractéristique. Ont été également admis sous les bannières des *Han-Kiun* ou Chinois
mandchourisés, descendants des colons établis en Mandchourie avant la conquête et qui se joignirent aux hordes
mandchoues lorsqu'elles envahirent la Chine en 1642.

Les trois provinces de la Mandchourie devraient fournir,
sur le pied de paix, 200.000 hommes, ainsi répartis :

1° A Pékin et aux entours de la capitale, environ 100.000
hommes, fort diversement aptes au service de guerre. Une
très majeure partie de ces troupes est abandonnée à la plus
miséreuse et indolente inaction. Une autre fraction détient
des emplois spéciaux : chasseurs aux tigres, gardes du
palais d'été (*yuen-ming-yuen*), gardes des mausolées, gardes des chasses (*weitchang*) ; nous classerons encore, dans
cette fastidieuse catégorie, la garde impériale (*ts'in-kiun*),
modelée sur celle des empereurs mandchous (dite *Bayara*),
dont elle conserve et les vieillottes traditions et l'armement suranné ; cette garde est organisée en trois corps de

7 à 8.000 hommes chacun commandé par un *nei-ta-chin* (grand officier du palais) et fractionné en avant-garde, corps principal et arrière-garde.

De toute cette masse, il n'est guère possible de distraire, pour faire campagne, qu'un groupe de 10 à 12,000 hommes (*tchen-tsi-in*), armés, équipés et quelque peu formés à l'européenne.

2º Une cinquantaine de mille hommes (*ljan-bin*), tenant garnison dans les chefs-lieux des provinces et gardant la nouvelle ligne frontière (*Ili-Dzongarie-Kaschgarie*); ces troupes, solides et relativement bien armées, sont sous les ordres immédiats de leurs généraux (*dsjan-tong*) par divisions de 4.500 à 5.000 hommes.

3º Comptons encore : dans les provinces de la Mandchourie, une cinquantaine de mille hommes de la milice sédentaire et une vingtaine de mille de Mongols, incorporés dans l'armée des Huit-Etendards. Ces derniers fournissent une excellente cavalerie; ils sont peu propres, — montés sur de maigres poneys, — à une action sur le champ de bataille; par contre, se comportant admirablement dans les embuscades et escarmouches. Ils sont braves et se rendent fort utiles pour harceler les flancs et les derrières de l'ennemi, inquiéter ses convois et inspirer des craintes sérieuses à une colonne en marche.

Ces Huit-Etendards, se différenciant chacun par une couleur distincte, correspondent en quelque sorte à de grands commandements. Le *tou-tong* ou général de division, est assisté d'un adjoint (*fou-ou-tong*) et de quelques autres officiers; régulièrement l'Etendard comporte huit subdivisions (*tso-ling*), se ramenant dans la pratique à trois ou quatre groupes. Sur le pied de guerre, l'armée des Huit-Etendards devrait lever 600.000 hommes avec 2.600 officiers.

B) Les *troupes chinoises* se partagent en deux grandes et essentielles catégories :

1° Les *lou-ying*, ou armée de l'Etendard-Vert ;

2° Les *liang* ou *lieun-kiün*, ou troupes mercenaires.

I. Les *lou-ying* sont — établissons-le de suite — des troupes *provinciales* figurant par à peu près l'*armée nationale*, tandis que les hordes mandchoues des Huit-Bannières représentent très exactement une *armée dynastique*, garde cubiculaire assurant, dans la ville tartare et dans le voisinage de la capitale, la sécurité du Fils du Ciel, maintenant son autorité au loin dans les dix-huit provinces de l'empire.

L'administration de ces provinces est confiée à des gouverneurs généraux ou vice-rois (*tsoung-tou* ou *tong-doc* des Annamites) auxquels s'attribue dans la hiérarchie chinoise (*pinn*) le rang immédiatement au-dessous de celui de ministre. C'est de ce haut fonctionnaire que relèvent toutes les affaires civiles et militaires ; il dispose d'un cabinet militaire (*ying-vou-tch'ou*, bureau des affaires des *ying*) dirigé par un colonel (*tchoung*) que secondent des adjoints (*ou-siunn-pou*) ; ce bureau est réparti en sections correspondantes à celles du ministère de la guerre.

Revenons maintenant à l'organisation même des troupes de l'Etendard-Vert pour encore distinguer et spécialiser :

1° Les troupes de campagne, dites *chen-ping*, ou soldats exercés ;

2° Les milices sédentaires dites *cheou-ping*, ou soldats chargés de la garde des places.

Dans l'une et l'autre de ces catégories, la durée du service est normalement fixée à trois ans ; mais, dans la pratique, les soldats, dépourvus de tout autre moyen d'existence, s'éternisent dans le rang ; d'autre part aussi, les *yong-ting* (hommes adultes), désignés dans chaque commune comme recrues éventuelles, trouvent tout à fait pratique de se payer, à titre de remplaçant, un soldat sur le point d'être congédié.

L'unité base d'organisation est le *ying* (campement) que

nous ferons correspondre à la compagnie; il est commandé par un *ydou-ki* ou *tou-sieu* et se subdivise lui-même en *sieu;* ceux-ci se dénomment : avant-garde (*ts'ienn*), centre *tchoung*), manche droite (*yeou*), manche gauche (*tso*) et arrière-garde (*heou*); l'avant-garde et l'arrière-garde disparaissent fréquemment.

Cinq, quatre ou trois *ying* se soudent à leur tour en un bataillon (*hié*); le chef de ce corps porte le titre de *piao.*

Cette armée de l'Etendard-Vert est presque exclusivement formée d'infanterie (*pou-ping*); la cavalerie (*ma-ping*) n'est représentée que par quelques médiocres escadrons; l'artillerie (*pao-ping*) figure seulement dans les places sauf les exceptions spécifiées d'autre part.

Si l'effectif du *ying* est essentiellement variable, le nombre en est demeuré constant depuis l'édit de 1812 servant de base à l'organisation de l'armée (*tchoung tch'ou tcheng kao*); il est fixé à 1,192 (1). Le *ying* étant théoriquement de 125 hommes, l'ensemble devrait produire 1.400.000 soldats; dans la réalité, l'effectif n'atteint pas 600.000 hommes, encore le général von Krahmer — comme nous le verrons par la suite — le réduit-il encore de moitié.

D'une façon générale la qualité de ces troupes est plus que médiocre; il nous suffira, pour mettre l'appréciation en bonne forme, d'emprunter aux savantes études de M. le capitaine Chapès un extrait du rapport fourni en 1885 par le gouverneur du Hou-Nann.

« Nous avons, en comptant l'armée des Huit-Etendards mandchous et celle de l'Etendard-Vert, un effectif total d'environ 770.000 hommes, pour la solde desquels nous dépensons plus de 10 millions de taëls (70 millions de francs); et, chose étrange, aucune de ces troupes n'a con-

---

(1) 1197, en y comprenant les cinq *ying* de gendarmerie à Pékin, seuls représentants dans la capitale des troupes de l'Etendard-Vert.

tribué à la répression de la rebellion des *Miao-Tseu* et des *Houéi-Houéi* (mahométans) aux longs cheveux.

» Chaque fois qu'il s'est agi d'exécuter une opération de guerre sérieuse, nous avons été obligés d'avoir recours aux services des volontaires ou irréguliers (*young*) dont l'entretien coûte fort cher.

» Mais les germes de rébellion n'étaient point étouffés. Il a donc fallu conserver ces mercenaires, même après les opérations; de sorte qu'aux dépenses normales de l'armée impériale viennent s'ajouter celles des volontaires.

» D'autre part, pour ne pas accroître les charges de la population, on n'a pas augmenté l'ensemble des crédits afférents à l'armée. Comme la solde des irréguliers est de beaucoup plus élevée que celle des soldats des Huit-Etendards et de l'Etendard-Vert, c'est celle de ces derniers qui a dû forcément diminuer.

» Mal payés, mal nourris, les soldats de l'armée de l'E-tendard-Vert sont incapables de faire aucune besogne utile; même avec leur solde complète, c'est à peine s'ils seraient en état de subvenir à leurs besoins; on ne peut vraiment pas les empêcher de se livrer à une autre industrie pour faire vivre leur famille.

» Aussi leur instruction est-elle dérisoire et tout mouvement de troupes inopiné est impossible avec le système actuel; comment pourrait-il en être autrement? »

« Le gouverneur — poursuit M. le capitaine Chapès — proposait alors de licencier les volontaires et de réduire les effectifs de l'armée de l'Etendard-Vert, afin de donner aux soldats maintenus sous les drapeaux une solde qui leur permît de subvenir complètement à leurs besoins. Suit un projet de réorganisation d'après lequel il lui semblait rationnel de diviser les 10.000 hommes les mieux instruits de sa province du Hou-Hann en vingt *yings* de 500 hommes chacun, etc.

» Il proposait comme modèle pour ses troupes l'orga-

nisation de celles de la province d'An-Houei ; elles sont —
ajoutait-il — peu nombreuses mais bien instruites.

» Le conseil privé (*nei-ko*) de l'Empereur qui examine
sommairement tous les rapports émanant des représentants du pouvoir central en province, se borna à faire
inscrire au-dessous de celui du gouverneur du Hou-Nann
la mention : « Renvoyé au *ping-pou* (ministère de la
» guerre) qui lui donnera la suite qu'il comporte. »

» Une enquête sérieuse fut réclamée par l'Impératrice,
que les défaites de ses armées du Tonkin avait fortement
impressionnée. Le courroux de la souveraine fit des mécontents, mais ne fut suivi d'aucune sanction pratique. Nous
sommes du moins autorisés à l'admettre par la publication,
en 1888, dans la *Gazette de Pékin*, du factum d'un certain
Ouang-Ouènn-Chao, dans lequel celui-ci attaquait le gouverneur du Hou-Nann et s'efforçait de démontrer le peu de
solidité de ses arguments. Le parti *vieux chinois* triom-
phait. »

Cependant, en dépit même de toutes ces entraves, quelques gouverneurs de province, usant de leur relative indépendance, prenaient l'initiative d'intelligentes réformes ;
ainsi, comme il a été dit ci-dessus, dans la province de
An-Houei, puis aussi, d'après une note qui nous a été
remise par M. Ly-Chao-Pee (1), dans les provinces de
Hou-Pe et de Kouang-Si, à Formose et dans le Turkestan (2) ; Li-Hung-Tchang, le vice-roi de Pe-Tchi-Li et Tso-
Tsong-Tang, le vice-roi de Nankin — le vainqueur de Ya-
coub-Bey — se sont spécialement appliqués, avec un zèle

---

(1) Le très aimable interprète attaché à la mission d'instruction en
France.

(2) Troupes réorganisées par Léou-Ming-Tchouan, le même qui a
dirigé contre nous la défense de Formose : 10.000 fusils à répétition, 50
pièces d'artillerie ; instructeurs choisis dans les rangs de l'armée de
Li-Hong-Tchang.

très louable et de persévérants efforts, à modifier cette organisation vicieuse.

Ils ont su doter, en partie tout au moins, leur infanterie d'armes de provenance européenne ou américaine, ont fait acquisition de batteries Krupp et de canons à tir rapide de fabrication américaine, enfin ont appelé à leur aide des instructeurs étrangers (1).

Li-Hong-Tchang a pu de la sorte créer une armée de près de 100.000 hommes avec 580 pièces d'artillerie, à laquelle servent de corps d'instruction plusieurs régiments fort régulièrement organisés à quatorze compagnies, six batteries de campagne, trois batteries de montage et quelques escadrons.

L'instruction des officiers (*ou-kouann*) a été également modernisée par la création d'écoles à Tienn-Tsinn et à Canton (2), transformant le mode étrange d'accession et d'avancement encore suivi dans les provinces rebelles au progrès ; là, le grade est acquis soit par achat ou hérédité, soit à la suite d'un examen, véritable panathle, portant exclusivement sur l'équitation, le tir à l'arc, les exercices physiques et des mouvements individuels de pas et de saut. Il serait superflu d'insister.

---

(1) Ces instructeurs étrangers s'en tiennent évidemment aux procédés les plus élémentaires, « les chefs militaires chinois ayant sagement restreint les manœuvres à celles qui sont absolument nécessaires pour les mouvements simples de formation, et l'on rapporte que ces mouvements sont assez bien exécutés par la majorité des régiments ». (Capitaine C.-B. Norman, de l'armée des Indes : *Le Tonkin ou la France dans l'Extrême-Orient*, p. 261.)

(2) La première, créée après 1800, reçoit de 80 à 100 élèves de 15 à 25 et même 30 ans ; celle de Canton, de date plus récente, est aménagée pour 70 élèves. Ces écoles admettent soit des officiers de l'armée, soit des jeunes gens pourvus de certains diplômes universitaires. Jusqu'à présent les résultats obtenus ont été peu satisfaisants.

* ** *

Arrivons maintenant à parler des *liang* ou *lieun-kiün*, ou encore *lieun-ping*, soldats irréguliers et mercenaires; leur organisation n'a pas été prévue par les digestes de 1812; les circonstances seules ont peu à peu imposé leur création.

Ces troupes, communément dénommées les Braves (*Tchouang-Yong*), sont casernées, nourries, habillées et amplement soldées.

Les Braves n'ont été, à l'origine, que de simples miliciens inscrits sur les registres communaux (*yong-ting*), et ayant pris les armes pour leur propre défense, à l'époque de la terrible rébellion des *Taï-Ping* (ou *Tchang-Mao*), ils substituèrent au caractère *ping*, tracé sur le morceau de toile au dos du vêtement, deux autres caractères signifiant *brave;* après la répression de l'insurrection, plusieurs de ces corps, qui s'étaient particulièrement distingués, furent maintenus par les gouverneurs.

L'institution des *yong* s'est ainsi conservée tout en se transformant de « gardes nationales mobiles » en « mercenaires »; actuellement, ils se recrutent de préférence dans les provinces du centre de la Chine : An-Hoéi, Hou-Pé, vallées du Yang-tse-Kiang, du Hou-Nann et du Yuenn-Kiang.

M. Ly-Chao-Pee nous dit, en une de ses notes, comment il est procédé à ce *raccolage*, ne différant en rien de celui usité anciennement en France et non sans de marquantes analogies avec la *presse* encore de nos jours pratiquée en Angleterre.

Le *tytou*, chef militaire de la province, lance tout d'abord une proclamation et nomme à des commandements de bandes. Les officiers ainsi désignés se rendent dans les villes et bourgs pour recueillir les engagements. Une

solde mensuelle, variant avec l'importance de la levée (1),
est acquise aux volontaires; les avantages de la profession
militaire sont pompeusement étalés; de plus, la guerre
étant imminente ou en cours, des primes sont offertes
en récompense de toute action d'éclat (2).

Une fois incorporés, les Braves sont groupés en *ying*,
commandés par un *ying-tsoung*, auquel est adjoint un
tchong-kiun; le *ying*, comptant de 125 à 250 hommes, est
divisé en quatre sections (*sieu*) avec un *tsieu-tsoung*, un
pa-tsoung (chef adjoint ou sous-lieutenant) et des sous-
officiers diversement dénommés suivant leur classe : *ouaï-
auci-tsieu-tsoung, ngé-ouaï-ouaï-oueï* et *che-tchang* (caporaux);
la plupart de ces charges sont attribuées à l'élection.

On nombre 150 à 160 *ying*.

Les Braves se trouvèrent pour la première fois engagés
au Tonkin contre des « barbares étrangers » (1884-1885).

« L'administration chinoise, — écrit (3) M. le capitaine
Chapès, — peu versée dans les choses de la grande guerre,
se borna, faute de mieux, à suivre les traditions; on racola
des vagabonds dans le Kouang-Toung, dans le Kouan-Si,
et, de force, on en fit des « Braves » sans omettre surtout
de les estampiller des deux caractères *tchouang* et *young*,
l'un sur le dos, l'autre sur le plastron de leur uniforme (4).

---

(1) En temps ordinaire, 3 taëls 1/2; au moment d'une guerre, alors
que les besoins sont urgents, de 6 à 7 taëls.

(2) Prise d'un drapeau, d'un canon; officiers ennemis prisonniers ou
tués. Ainsi, une proclamation affichée à Canton en août 1884 offrait :
pour un colonel tué, 6.500 francs; pour un capitaine, 3,225 francs; pour
un soldat, 650 francs, etc. Il en était de même à Formose. (Capitaine Garnot, p. 96.) Inutile d'ajouter qu'en maintes circonstances ces
racoleurs se livrent à de scandaleuses violences; l'édit royal du 25 août
1738, condamnant au carcan et aux galères ceux qui feraient des recrues par fraude ou par force, n'a pas encore été traduit du français en
chinois.

(3) *Revue du Cercle militaire*, numéro du 13 mai 1894.

(4) Uniformes : le *kéo* rouge, bordé de velours noir pour les troupes

» Ces recrues, armées pour la plupart de fusils européens (1)
furent acheminées sur la frontière et exercées au maniement des armes, à la charge et aux manœuvres pendant
les étapes. Ils dévastèrent sur leur passage toutes les loca-
lités du Kouang-Si et arrivèrent à Loung-Tchéou (à deux
marches de Lang-Son), non sans avoir laissé en route une
foule de malades, de traînards et de déserteurs.

» Mais les 10.000 « Braves » du Hou-Pé qu'à grands frais
on avait fait venir par terre du Yang-Tse à Loung-Tchéou
— de vrais « braves » ceux-là — refusèrent d'ouvrir leurs
rangs à ces nouveaux venus que, dans leur fierté militaire,
ils refusaient de reconnaître comme leurs égaux.

» Pour amalgamer cet ensemble disparate et rendre en
quelque sorte solidaires les soldats du Hou-Pé des re-

---

du Yunnan, bleu avec même bordure pour celles du Kouang-Si ; comme
chaussure, des sandales en corde tressée et des molletières en cotonnade
bleue ; un chapeau de paille, le plus souvent pendu dans le dos. (Sous-
lieutenant Normand, *Lettres du Tonkin*, p. 183.)

« Les troupes que nous avions devant nous provenaient généralement du Fokien et du Pé-Tchi-Ly ; elles étaient les meilleures de l'armée chinoise. Les hommes, grands et vigoureux, portaient un uniforme
en toile bleu foncé ; large pantalon asiatique, descendant jusqu'à mi-
jambe, et casaque rehaussée d'un large écusson écarlate, dans lequel
étaient inscrits en noir les caractères portant indication du bataillon et
de la compagnie. Par les temps froids ou les pluies, une ou plusieurs
casaques ouatées ou rendues imperméables au moyen de colle de pois-
son complétaient l'habillement. Les jambes étaient enveloppées de bandes molletières et les pieds chaussés du soulier chinois avec semelles
en feutre. L'équipement était de fabrication européenne, généralement
du modèle allemand. Il consistait en un ceinturon et deux cartouchières,
tellement semblables aux nôtres du modèle 1882, que les zéphirs échan-
gèrent, après les combats de mars, les leurs contre celles que l'ennemi
avait abandonnées. Un porte-épée complétait l'équipement. Pas de havre-
sac. » (Capitaine Garnot, *l'Expédition française de Formose*, p. 138
et 139.)

(1) Remington, Mauser (C. B. Norman, ancien capitaine de l'état-major
du Bengale) ; Martini-Henry, Mauser, Winchester, Spencer, Peabody
(L. L. Normand, *Lettres du Tonkin*) ; Mauser, Remington, Lee, carabine Hotchkiss, armes de fabrication américaine et cartouches portant
la marque : Société anonyme de Bruxelles (capitaine Garnot).

crues du Kouang-Si et du Kouang-Toung, le général en
chef chinois forma ces derniers en bataillon et leur donna
comme officiers et cadres subalternes des « braves » du
Hou-Pé. Malheureusement une autre difficulté se présenta
que l'on n'avait pas prévue : les « braves » du Hou-Pé igno-
raient la plupart le maniement des nouveaux fusils dont
beaucoup de recrues étaient armées.

» Il fallut alors avoir recours aux instructeurs européens
ou américains (1), qui s'étaient seulement engagés à accom-
pagner les recrues sur la frontière et qui devaient rega-
gner Canton par le Si-Kiang. On les paya fort cher naturellement et ces aventuriers, « outlaws » de tous les pays,
consentirent à porter les armes contre la France. Ils
devaient, pendant le combat, prendre la direction du feu ;
pendant le stationnement, ils devaient inspecter les armes,

---

(1) « Le commandement était organisé de manière à assurer l'ensemble nécessaire aux opérations. Il était exercé par des chefs qui souvent
ont mis à profit des circonstances favorables, dont beaucoup, très cou-
rageux, ont su maintenir leur troupe en position sous un feu mour-
trier quand il y avait lieu de le faire et, à l'occasion, l'ont entraînée
résolument en avant. Il semble qu'il était renforcé par des étrangers
assez nombreux, placés généralement près des commandants de bataillons et des chefs supérieurs pour les aider de leurs conseils. » (Capitaine Carteron. *Souvenirs de la campagne du Tonkin*, p. 95.)

« Nous avons eu plusieurs fois l'occasion d'apercevoir à côté des officiers chinois à cheval, précédant de quelques pas les troupes, des cavaliers certainement étrangers les accompagnant sans doute pour les
aider de leurs conseils. Ils s'en distinguaient de loin par leur costume
blanc et leur casque analogue aux nôtres, qui contrastaient avec les
vêtements aux larges manches des Chinois. A la lunette, les selles chinoises, si reconnaissables, contrastaient aussi avec le harnachement
simple usité en Europe, qu'employaient les étrangers. » (*Id.*, note page
110.)

« Au nombre des morts laissés par les Chinois le 1er février 1885,
aux abords de la position de la Table (Kélung), on releva le cadavre
d'un étranger blond avec ceinture tricolore, que l'on supposa être un
Américain de Shang-Haï. » (Capitaine Garnot, *l'expédition française
de Formose*, p. 134.)

On trouva dans les ruines du fort du Nord (Pescadores) le journal
d'un Anglais qui avait dirigé la défense. » (*Id.*, page 193.)

veiller à la distribution des munitions, opération fort déli-cate, étant donnée la multiplicité des systèmes d'armes mis entre les mains des soldats.

» L'administration, la surveillance intérieure et la discipline des unités restaient aux officiers chinois. »

Il ressort très nettement de cette citation — intentionnellement développée et commentée par des notules — combien est diversement accidentée l'instruction des troupes chinoises : d'une part, des bandes encores fidèles au vieux jeu chinois (1); d'autre part, des bataillons pourvus

-----

(1) M. le capitaine Chapès expose minutieusement, dans la *Revue du Cercle militaire* (13 mai 1894), la pratique de ce système; résumons : des pavillons nombreux tracent l'alignement du front des troupes, ligne de bataille que tous tiendront à honneur de ne pas abandonner; l'engagement commence par le feu des *gingols* ou fusils de rempart qui se portent en avant de la ligne par quatre en files, les deux premiers tirent, les deux de derrière viennent ensuite se placer à leur hauteur, etc.; c'est ensuite au tour des mousquetaires disposés sur deux files de cinq tireurs et se remplaçant alternativement pour charger et faire feu. La ligne de feu solidement établie, les *gingols* rechargés, tout le gros, jusqu'alors resté en arrière de ses drapeaux, gagne avec un grand bruit de cornes, de trompes et de gongs, l'alignement des mousquetaires; les drapeaux sont de nouveau plantés. Le cadre de cette manœuvre n'a pas plus de 400 à 500 mètres; les bonds sont environ de 50 à 60 mètres. Bientôt commence le tir des flèches. Plus près, à 200 mètres, les « tigres de guerre » se montrent sur les flancs, cherchant à épouvanter l'ennemi par leurs contorsions et leurs grimaces effroyables, exécutant des moulinets avec le sabre qu'ils portent dans chaque main. Dans la phase finale, lorsque les deux lignes adverses sont sur le point de s'aborder, les soldats armés de piques et de grappins, qui jusque-là se sont tenus derrière les archers, se portent sur la ligne de combat qui présente alors, sur huit ou quatre rangs de profondeur, une succession d'hommes armés de mousquets, de gingols, d'arcs, de piques et de crocs. Seuls, les « tigres de guerre », en avant des ailes, défient en combat singulier les plus braves du parti adverse. Puis la mêlée suit, dans un épouvantable charivari.

Le capitaine Carteron, le sous-lieutenant Normand et le capitaine Garnot signalent également ces lignes de pavillons multicolores, jalonnant les positions de combat, ou surmontant les parapets des ouvrages.

L'abus du pavillon semble ainsi s'être maintenu, par tradition, dans le *ying* modernisé.

d'armes perfectionnées, plus ou moins initiés aux procédés élémentaires de la tactique moderne.

Le jugement à porter sur la valeur de ces troupes, prises dans leur ensemble, est aisé à formuler : elles ne peuvent se mesurer dans des opérations régulières, avec un adversaire européen; elles ne peuvent recueillir de problématiques et stérilessuccès que dans les opérations de la petite guerre.

Les soldats chinois sont forts, parce qu'ils sont nombreux, parcequ'ils peuvent marcher sans se fatiguer, et parce qu'ils ont des besoins très restreints; mais ils ne pourront jamais livrer une bataille rangée. Toute leur tactique consistera à harasser l'ennemi, à l'empêcher de se reposer par des surprises nocturnes (1), à l'affaiblir en l'obligeant au heurt de positions formidablement retranchées et vaillamment défendues. En un mot, attitude purement défensive, susceptible de rompre l'élan d'une attaque insuffisamment préparée ou outillée, mais incapable de violenter la fortune par une énergique contreriposte.

Quant à la bravoure du soldat, elle ne saurait être suspectée. Le lieutenant-colonel Bertaut-Le Villain l'apprécie en ces termes : « Il est brave au-dessus de toute mesure et tient jusqu'à la dernière extrémité; l'assaut seul peut avoir raison de son opiniâtreté (2) ». Le sous lieutenant Normand écrit qu'individuellement il fait des choses renver-

---

(1) Les Chinois pratiquent très volontiers les escarmouches de nuit et les agressions contre les sentinelles qu'ils cherchent à harponner au moyen de longs crochets. (Exemple cité par le capitaine Garnot, page 121.) Ils ne redoutent même pas le combat de nuit, qu'ils recherchent pour compenser par le nombre l'infériorité de leur armement; il ne s'agit pas de *surprise*, mais bien d'*attaque brusquée* accompagnée de coups de feu, de cris, du bruit étourdissant d'instruments, etc., etc. Exemple à mentionner : l'attaque dans la nuit du 31 janvier au 1er février 1885 de la position de la Table (Kélung) occupée par le 3e bataillon d'Afrique. (Capitaine Garnot, page 133.)

(2) Capitaine Garnot, ouvrage cité, page 139.

santes (1); le capitaine Carteron (2) — nous le savons déjà
— louange l'opiniâtre attitude « des hommes de trempe »
qui, sur divers théâtres, ont été le nerf de la lutte.

****

Le lecteur voudra certainement conclure du précédent
paragraphe que l'armée chinoise, défectueusement organisée, mal outillée, mais composée d'hommes auxquels
on ne conteste pas une certaine valeur individuelle, ne
peut, que par le nombre, être forte et redoutable; elle écra-
sera par la seule inertie de sa masse ou broyera comme
entre les mors d'un formidable étau.

Pourtant, à bien peser, même cette puissance du nombre
ne saurait être attribuée aux armées du Céleste-Empire.

Reprenons d'abord les chiffres de-ci de-là égarés, il nous
sera plus aisé ensuite d'en discuter la valeur :

	Hommes.		Hommes.
Troupes mandchoues (Huit-Etendards)...............	600.000	Indication contenue dans le rapport du gouverneur du Hou-Nann...............,	770.000
Troupes chinoises (Etendards-Verts)....................	600.000		
Troupes chinoises (Braves ou mercenaires,..............	300.000	Estimation fournie par l'Américain J.-B. Forster de la mission militaire de Nankin....................	20.000
	1.500.000		850.000

A ajouter en quelque sorte comme *troupes de complément* :

	Hommes.		Hommes.
Première levée à fournir par les trois provinces de Mandchourie à l'armée des Huit-Etendards.............:.....	150.000	Evaluation donnée par un agent russe.............	100.000
A fournir par les mêmes provinces (population mixte) à l'armée des Etendards-Verts	30.000		
Troupes de réserve organisées dans lesdites provinces en 1888.............................	43.000		
Irréguliers à armer par les tribus nomades de la Mongolie.......................	100.000	Evaluation moyenne déduite de diverses relations de voyage.........	20.000
Ensemble..............	1.823.000		970.000

(1) *Lettres du Tonkin,* page 185.
(2) *Souvenirs de la campagne du Tonkin,* page 95 (voir note citée)
et page 348.

Ce total, de près de deux millions de soldats, correspond à peu près à l'effectif sur le papier du *T'ouan-lien,* ou garde nationale sédentaire, que nous signale M. Ly-Chao-Pee, dans les notes intéressantes qu'il a eu la gracieuseté de nous confier.

. Mais ces soldats sont-ils réellement des combattants, sont-ils disponibles, plus ou moins tardivement, pour une sérieuse action offensive?

Nous savons déjà en quelle médiocre estime le gouverneur du You-Nann tient la presque totalité des hommes incorporés dans les troupes des Huits-Etendards et des Etendards-Verts ; il nous faudra encore, pour trouver l'effectif utilisable, modifier beaucoup plus radicalement nos premières réductions et adopter le décompte arrêté par le général von Krahmer (1), savoir :

Troupes mandchoues...................	56.277 hommes.
Troupes chinoises....................	308.898 —
Troupes de réserve en Mandchourie........	43.576 —
Quelques contingents de la Chine occidentale.	20.000 —
	428.751 hommes.

Notons, en dernier lieu, que, par suite de la dissémination des forces et de l'extrême difficulté des communications, par suite aussi de la convenance de ne pas dégarnir la capitale, la Chine ne peut réellement, dans le cas qui nous intéresse, opposer à l'armée japonaise que les divisions fournies par la Mandchourie avec quelques emprunts aux troupes occupant les approches de la capitale et de Tien-Tsin ; le paragraphe final de ce chapitre ébauchera, tant mal que bien, l'ordre de bataille de ces forces.

*** *

La flotte chinoise est répartie en quatre escadres, dont

---

(1) *Militar-Wochenblatt* n° 18 (1894).

la composition numérique est donnée dans le tableau ci-après :

	BATIMENTS EN ACIER ou mixtes.				BATIMENTS en bois.				TOTAUX.			
	Cuirassés.	Croiseurs.	Canonnières.	Transports.	Canonnières.	Transports.	Bat. divers.	Torpilleurs.	Bâtiments.	Canons.	Officiers.	Matelots.
Escadre du Nord (Pé-Yang).	2	7	6	»	»	3	3	12	33	203	301	2,820
Escadre du Sud (de Shangaï ou de Nankin),...........	»	6	1	»	2	4	2	1	16	104	163	1,845
Escadre de Fou-Tchéou.....	»	2	4	»	1	3	2	»	12	96	114	1,060
Escadre de Canton..........	»	»	7	»	»	»	»	20	37	86	80	700
	2	15	28	»	3	10	7	33	98	4,805	658	6,425

Quoique un édit impérial du 15 octobre 1885 ait institué un ministère spécial devant connaître de toutes les affaires maritimes, l'impulsion directrice ne se fait que médiocrement sentir et chaque escadre relève en quelque' sorte exclusivement du vice-roi ou gouverneur général des provinces littorales, pour la protection desquelles ces escadres ont été créées.

C'est à ce vice-roi qu'incombe le soin d'entretenir et d'accroître cette escadre au moyen des revenus de ses provinces; s'il en dispose en quelque sorte à son gré, il ne peut guère, par contre, compter sur l'assistance des autres escadres.

Ainsi, pendant la dernière campagne franco-chinoise, c'est l'escadre de Fou-Tcheou, une des moins importantes, qui a dû soutenir la lutte contre nos cuirassés; après sa destruction par l'amiral Courbet, le pouvoir central lui substitua l'escadre voisine de Shan gaï, faible également et de beaucoup inférieure à la belle escadre du Nord, tranquillement mouillée dans le golfe du Pe-Tchi-li.

Celle-ci, comme en témoignait en mai 1894 une correspondante du *Times* datée de Tché-Fou, mérite de réels éloges, et pleine justice doit être rendue aux efforts de Li-Hung-Tchang, au zèle de son collaborateur le capitaine Lang, de la marine anglaise (1).

Les bâtiments composant cette escadre sont d'un excellent modèle et bien armés ; le vice-roi prodigue ses soins à l'instruction des équipages ; les matelots chinois, dressés par le lieutenant Bourchier, de la marine anglaise, s'assimilent promptement les connaissances qu'on leur enseigne.

Reconnaissons — pour ne pas avoir à y revenir — les bonnes qualités de l'armement et du matériel, l'excellence des équipages, de bons muscles ; mais il reste encore à s'enquérir de l'état de l'organisme.

Hélas ! à peu près, comme dans l'armée de terre, quelle navrante morbidité !

Des officiers incapables, tant soit peu adonnés à tous les vices, arrogants au point de rendre intolérable aux étrangers employés sur les bâtiments leur situation d'instructeur.

L'insuffisance, l'inaptitude technique et professionnelle des officiers grèvent la marine chinoise d'un dam si considérable, qu'il y aurait, ce nous semble, « témérité à vouloir prédire ce dont cette marine serait capable, dans certaines périlleuses circonstances (2) ».

*
* *

De très considérables travaux ont été, de longue date, entrepris, pour assurer, dans de bonnes conditions, la défense des frontières maritimes.

---

(1) A quitté le service du Céleste-Empire en 1890.

(2) Article du *Times*, analysé dans la *Revue du Cercle militaire* (29 juillet 1894).

Deux places importantes : Port-Arthur et Weï-Haï-Weï, gardent le seuil du golfe du Po-Tsi-Li, ce vestibule donnant accès au cœur même de l'Empire.

Port-Arthur, à l'extrémité méridionale de la presqu'île de Liao-Tong, est l'œuvre — entre toutes — chère à Li-Hung-Tchang. Protégée au large par deux récifs et, plus près, par deux promontoires, la baie de Liou-Choun était tout indiquée pour servir de quartier général à l'escadre du Nord.

Les docks, achevés en 1890, par la compagnie française concessionnaire, ont coûté plus de 5 millions de francs ; d'autres établissements, également de grande valeur, donnent à la station une importance de premier ordre ; fâcheusement, ses défenses n'ont point été complétées !

Le capitaine Khittel von Bialopier, commandant la frégate *Zriniy*, de la marine austro-hongroise, qui, tout récemment, a visité Port-Arthur, en détaille comme suit les ouvrages établis sous la direction du major allemand von Hannecken :

1º Sur le front de mer : à droite en entrant dans le port, c'est-à-dire à l'ouest, fort cote 350 (pieds) : armement, quatre pièces Krupp de lourd calibre ; fort cote 266 : Armement, trois pièces Krupp de lourd calibre, batterie en l'île Tigers-Tail avec deux pièces Krupp. — Sur la gauche : quatre forts dont l'armement n'a pu être exactement déterminé, un cinquième fort à la cote 459 avec trois canons Krupp de gros calibre et une batterie de six pièces de campagne pour le service courant de la rade. Tous ces forts sont reliés entre eux par des chemins couverts avec quelques emplacements pour pièces légères dans les intervalles ; l'entrée du port est obstruée par un réseau de torpilles mouillées.

2º Sur le front de terre, à environ 3 kilomètres au nord, enserrant le terrain de manœuvres et le baraquement de la garnison, un mur léger auquel sont adossés quelques médiocres ouvrages et de faibles batteries.

La place aurait dû être pourvue de soixante-dix canons de gros calibre, de cinquante pièces de campagne et de trente canons à tir rapide. Sa garnison, normalement fixée à 8.000 hommes, s'élevait tout au plus à moitié.

Weï-Haï-Weï, à la pointe de la presqu'île Schan-Tuang conjugue son action avec Port-Arthur. Cette place, également des plus importantes comme station navale, est protégée sur le front de mer par de nombreux ouvrages que l'on prétend armés de soixante-dix pièces ; la défense sur le front de terre est plus qu'insuffisante ; la garnison doit compter environ 7.000 hommes. Tche-Fou, qui se prête à un débarquement pouvant compromettre Weï-Haï-Weï, est mal gardé.

Niou-Tchouang, au fond du golfe de Liaou-Tung, à l'embouchure du Liaou-Ko, est un point d'un réel intérêt stratégique permettant d'atteindre la route de Moukden (172 kilomètres nord-ouest). Un fort, armé de dix pièces Krupp (sans compter celles démodées), a été élevé sur la rive gauche du fleuve ; un second ouvrage est en construction sur la rive droite. Garnison prévue : 6.000 hommes.

Le port, ouvert en 1860, quoique obstrué par les glaces pendant quatre à cinq mois, est un centre commercial important.

Chan-Haï-Kouan affecte sérieusement la Mandchourie ; des travaux de défense y ont été improvisés, en ces derniers temps.

Peï-Tang, à l'embouchure du Tchao-Tché, où les alliés débarquèrent en août 1860 ; de Peï-Tang ils gagnent Sing-Ho (12 août), tournant ainsi les défenses du fleuve ; le 14, attaque de Tang-Ho, puis, le 21, manœuvre pour forcer l'évacuation des forts de la rive gauche. Les vieux ouvrages ont été réfectionnés et armés de pièces modernes.

Ta-Kou, sur les deux rives du fleuve Pei-Ho, à 5 kilometres de son embouchure; deux petits forts sur la rive gauche, un plus considérable sur la rive droite. On s'occupe activement d'améliorer ces défenses couvrant les approches de la capitale.

***

Nous allons chercher maintenant, pour terminer ce chapitre et en manière de conclusion, à nous renseigner — oh, combien difficilement! — sur le mode de répartition des forces chinoises au moment de la promulgation de l'édit impérial portant déclaration de guerre au Japon (1er août) (1).

---

(1) Nous, Kouang-Ssu, pas la volonté du Ciel, empereur de toute la Chine, considérons que la Corée est notre vassale. Depuis plus de deux cents ans, elle accomplit annuellement ses devoirs envers Nous; ce qui est connu *dans le monde entier*.

Depuis une dizaine d'années, ce royaume est souvent troublé par les insurrections. Par notre devoir, maintes fois nous y envoyons des troupes pour le pacifier. Et nous avons placé des diplomates dans sa capitale pour le protéger.

Cette année, au printemps, une grande insurrection y éclata de nouveau. Le roi nous demanda du secours militaire; ses paroles étaient pressantes. Aussitôt nous ordonnons à Ly-Hong-Tchang d'y envoyer des troupes. Dès que celles-ci arrivèrent au lieu dit Ya-Chan (au nord-ouest de Séoul), les rebelles se dispersèrent.

Mais les Japonais, *sans motif*, augmentant les troupes, entrèrent soudain à Séoul; de plus, avec plus de dix mille soldats, ils forcèrent le roi de Corée de changer son administration gouvernementale.

Nous, qui protégeons nos vassaux de tout temps, nous leur avons laissé la liberté d'agir dans leurs affaires intérieures.

Le Japon, qui fit des traités avec la Corée, à plus forte raison n'avait pas droit d'opprimer et de forcer ce roi dans ce qui le regarde, surtout avec des troupes.

Toutes les puissances de l'Europe ont blâmé la conduite du Japon, et ont fait des efforts afin qu'il retirât ses troupes et s'arrangeât avec Nous.

Mais la cour du Japon, par arrogance, n'écouta point ces conseils, et l'entente n'eut pas lieu. De plus, elle envoya encore d'autres troupes. Le peuple coréen et les colons chinois eurent beaucoup à craindre.

C'est pourquoi nous envoyâmes des troupes pour les protéger. Celles-

A) Division du général Yeh-Chik-Chao, de l'armée de Pé-Chi-Li, transportée de Takou à Asan du 8 au 11 juillet. L'effectif de cette division devait être de 12.000 hommes; elle en comptait à peine moitié. A la fin d'août, le général Yeh et le général Nieh, qui lui était adjoint, rallient sous Ping-Yang l'armée de Mandchourie.

B) Armée de Mandchourie ou armée principale concentrée sur la rive droite du fleuve Yalou, que son avant-garde franchit le 10 août. Cette armée, à l'effectif nominal de 23.500 hommes d'infanterie, 13.800 cavaliers et onze batteries, comprenait : la division de Moukden, sous les ordres du général Tso-Pao-Kuei; la division de Tien-Tsin, commandée par le général Weï-Ju-Kuei; la division de cavalerie mandchoue du général tartare Ting-An venue de Kirin; quelques contingents — infanterie et cavalerie — des provinces de Schen-Tsing et de Ljao-Tong. Commandant en chef : général Tso, puis général Sung.

C) Armée de réserve dont la concentration, entre Pékin et Tien-Tsin, commence dès le mois de septembre; à cet effet, les troupes immédiatement disponibles sont appelées de toutes les provinces : Shang-Si, Schang-Tung, Hu-nan, etc. Cette armée doit compter approximativement de 100 à 150.000 hommes; c'est à elle que sont réservées les armes

---

ci étant arrivées au milieu du chemin rencontrèrent soudain de nombreux vaisseaux japonais, qui attaquèrent notre transport.

Les fourberies des Japonais sont inconcevables; ils ont violé des traités et le droit international.

Nous annonçons tout cela au monde entier, afin qu'il sache que nous leur faisons la guerre *par la force des choses*. Nous ne faisons que défendre nos droits.

En conséquence, nous ordonnons à Ly-Hong-Tchang d'envoyer une armée d'expédition afin de détruire promptement ces Japonais et de protéger le peuple coréen.

Nous ordonnons aussi à tous les maréchaux, vice-rois et généraux de tout le littoral de s'apprêter à s'attaquer contre tous les vaisseaux de guerre japonais, sans aucune remise.

Nous ordonnons tout cela.

Respectez ceci.

et les munitions achetées en Europe et aux États-Unis ;
l'Allemand Hanneeken est chargé de son organisation par
le Tsong-Li-Yamen, qui a toujours pensé que Pékin serait
l'objectif final de l'offensive des Japonais.

D) La garnison de Port-Arthur, de 12 à 16.000 hommes,
composée pour moitié au moins de recrues.

E) Diverses garnisons à Weï-Haï-Weï, Teng-Tschou-Fou
et Schan-Haï-Kwan.

Toutes ces forces relèvent directement de Li-Hung-
Tchang (1), dont le quartier général demeure à Tien-
Tsin ; au-dessus de lui, s'institue le comité de défense pré-
sidé par le prince Kong, oncle de l'empereur, tout récemment encore tenu en disgrâce.

L'escadre est commandée par l'amiral Ting, auquel le
capitaine Lang décerne un excessif éloge : « La flotte
chinoise est imbattable avec ce chef, car il a sa confiance » ;
elle s'appuie sur Port-Arthur et Weï-Haï-Weï ; nous en
donnons ci-après l'exacte composition (2) :

Ting-Yuen, cuirassé à barbette de 7.430 tonnes et 6.000 chevaux,
construit à Stettin en 1881. Vitesse, 14,5 nœuds ; armement principal :
4 canons de 305 ; porte pavillon amiral.

Chen-Yuen, du même modèle, construit en 1882 à Stettin ; porte le
pavillon du vice-amiral Lin-Taï-Tsan, commandant en second ; capitaine de vaisseau, M. Gillen.

King-Yuen, croiseur cuirassé de 2.850 tonnes et 5.700 chevaux,
construit en 1887 à Stettin. Vitesse, 15,5 nœuds ; armement principal :
3 pièces de 210.

Laï-Yuen, du même modèle.

Ping-Yuen, garde-côte cuirassé de 2.220 tonnes. Vitesse, 10,5 nœuds ;
armement principal : une pièce de 260.

Ching-Yuen, croiseur protégé de 2.300 tonnes et 7.600 chevaux,
construit en 1886 chez Armstrong. Vitesse à l'essai, 18 nœuds ; armement principal : 3 pièces de 210.

---

(1) Disgracié fin décembre et remplacé par Liu-Kun-Yi, l'ancien vice-
roi de Nankin.

(2) Cette escadre, après son désastre, fut reconstituée à Weï-Haï-Weï
sous la direction du capitaine Mac-Luse, de la marine marchande
anglaise.

Tschi-Yuen, semblable au précédent.

Tsi-Yuen, croiseur à tourelle de 2.355 tonnes et 2.800 chevaux, construit en Angleterre en 1883. Vitesse 15 nœuds; armement principal : 2 pièces de 210.

Tschao-Yung, croiseur de 1.350 tonnes et 2.400 chevaux. Vitesse, 16,5 nœuds; armement principal : 2 pièces de 200, Armstrong 1881.

Yuang-Ouei, semblable au précédent.

Kuang-Ki, aviso de 1.030 tonnes, date de 1891. Vitesse, 16,5 nœuds.

Kuang-Ting, semblable au précédent.

6 torpilleurs de haute mer.

7 transports (vapeurs nolisés).

CHAPITRE IV

Les forces japonaises.

Armée de terre : recrutement, commandement, divisions territoriales ;
infanterie, cavalerie, artillerie, génie, train, gendarmerie, milices ;
tenue et armement. Les divisions actives : effectifs ; divisions de réserve et armée territoriale. Les officiers, écoles militaires, missions
françaises et allemandes. — L'armée de mer : les bâtiments, les équipages, écoles et établissements de la marine. — La défense des côtes. —
La situation économique. — Les masses agissantes : les trois armées
et l'escadre.

Au mois de juin 1869, la guerre civile, provoquée par
la révolution de palais du 3 janvier 1868, aboutissait au
triomphe définitif du mikado (1) et à la disparition des
derniers vestiges du régime féodal.

Cette transformation dans le domaine politique motivait
forcément une complète réorganisation militaire ; la milice héréditaire des *Samouraï* est remplacée par une armée
nationale, modelée sur celles des grandes puissances européennes et constamment appliquée à la recherche du progrès.

Il nous suffit ainsi, dans ce chapitre, pour caractériser
les forces japonaises, d'enquêter le présent état des armées
de terre et de mer.

La première loi régulière de recrutement, calquée sur
la loi française de 1873, date de 1875 ; elle a été successivement complétée ou partiellement modifiée en 1879, 1883
et 1889.

---

(1) Le mikado Mutsuhito, l'empereur actuel.

Le service militaire, personnel et obligatoire, affecte tous les citoyens de 17 à 40 ans, savoir : 3 ans d'activité (gen'eki), 4 ans de première réserve (yôbi), 5 ans de deuxième réserve (kôbi); finalement 8 ans dans l'armée territoriale (ko ku min gun).

Le volontariat d'un an (siganhei) et des cas nombreux d'exemptions ou de dispenses tempèrent la rigueur du principe. Ces atténuations sont commandées non seulement par des considérations sociales, mais encore par des raisons économiques, le rendement du contingent dépassant de beaucoup les besoins annuellement nécessaires à l'entretien d'un effectif de 71.179 hommes. Ainsi, en 1891, le contingent nombre 322.627 jeunes gens (1), non compris 38.795 des classes antérieures. Le service actif n'incorpore que 18.907 recrues. 121.138 appelés d'une part, 86.089 d'autre part, sont attribués directement à la réserve ou à l'armée territoriale; enfin, 82.330 jeunes gens bénéficient de l'exemption.

En principe, les réservistes de la première catégorie sont assujettis à deux appels annuels (sho shin) : l'un, d'un jour au plus, pour une simple revue; l'autre, pour une période d'instruction de trente jours.

Le Daï Nippon est partagé en six divisions territoriales correspondant chacune à une division d'infanterie, la division de la garde se recrutant sur l'ensemble du territoire; l'île de Ezo constitue un commandement spécial. La division territoriale (gunkau) comprend à son tour deux subdivisions (shikan); chacune d'elles est constituée à quatre circonscriptions de recrutement.

L'influence de l'école allemande, déjà sensible dans cet organisme territorial, se manifeste avec plus de précision encore dans les hautes sphères du commandement.

---

(1) Population, d'après le recensement du 31 décembre 1892 : 20.752.366 hommes, 20.337.574 femmes; total 41.080.940.

Le commandement suprême est exercé par le souverain. Un conseil supérieur de la guerre intervient dans l'examen des questions intéressant la défense nationale.

Le ministère de la guerre (rikou gunsho), entièrement distinct de l'état-major général, est formé — outre le cabinet du ministre — de cinq divisions ; il emploie normalement : 4 officiers généraux, une trentaine d'officiers supérieurs, 100 et quelques officiers subalternes.

Le maréchal comte Oyama, qui détenait depuis de longues années le portefeuille, ayant été chargé du commandement de la 2º armée, le département de la guerre est actuellement géré par le comte Saïgo, ministre de la marine (1).

L'état-major général occupe une quarantaine d'officiers en un cabinet, deux bureaux et une section de correspondance générale. Le service géographique constitue un organe distinct.

Le maréchal prince Arisugawa, oncle de l'empereur et président du conseil supérieur de guerre, était investi de ces hautes fonctions de chef d'état-major général ; décédé au cours de la campagne (2), le maréchal prince Komatsu devait être désigné, fin janvier, pour le remplacer.

Le général Kawakami tenait l'emploi de sous-chef d'état-major.

Relevant du ministère, une inspection générale permanente ayant à sa tête un général de division (général Mioshi) assisté, pour chaque arme, par un colonel.

Dépendent également du ministère de la guerre les divers comités, la commission d'examen des écoles militaires, le

---

(1) Qui dirigea l'expédition de Formose, en 1874.

(2) Le vainqueur de la grave insurrection de Satzouma, dernière manifestation de l'esprit féodal et à la tête de laquelle se plaça le maréchal Saïgo, commandant en chef l'armée japonaise (20 février 1877). Cette lutte sanglante, qui n'avait pas coûté aux impériaux moins de 6.490 tués, 10.523 blessés et 200 millions de francs, se termina le 24 septembre, près de Kagoshima, par la défaite et la mort de Saïgo Takamori, le grand Saïgo.

service géographique, les directions du génie, de l'artillerie et de nombreux établissements militaires.

L'état-major de la division, dont le chef est un colonel,
comprend de 12 à 18 officiers; dans ce nombre, les chefs
des divers services et les membres permanents du conseil
de guerre.

La division d'infanterie constitue — on s'en est déjà
rendu compte—l'unité, base d'organisation de l'armée japonaise; elle se compose, en principe, de : 4 régiments d'infanterie, 1 régiment de cavalerie, 1 régiment d'artillerie,
1 bataillon du génie et 1 bataillon du train.

Nous ne saurions nous dispenser d'examiner d'un peu
plus près chacune de ces armes.

L'*infanterie* fournit 28 régiment desquels 4 de la garde;
le régiment de ligne a 3 bataillons (70 officiers 3 officiers
comptables, 6 médecins, 160 sous-officiers, 1.440 soldats).
Celui de la garde a 2 bataillons (48 officiers, 2 officiers
comptables, 4 médecins, 125 sous-officiers, 1.440 soldats);
le bataillon est formé à 4 compagnies.

L'arme construite par le colonel Mourata est du calibre
de 11^{mm} et à répétition (1); l'équipement est du modèle
généralement en usage dans les armées européennes.

La force de l'armée japonaise réside essentiellement dans
son infanterie; le soldat, quoique de petite taille (1^m,50 à
1^m,55), est très vigoureux, fort résistant, vif, alerte. Quant
au courage, quant au sentiment de l'honneur, quant
au respect de la discipline, si la nouvelle législation a
supprimé la peine du harakiri, qui consistait à s'ouvrir le
ventre sur un simple ordre du chef et sans laisser échapper
la moindre plainte, la classe des Samouraïs — où ce genre
de supplice se pratiquait avant la révolution — n'en a pas
moins légué ses vertus guerrières au soldat qu'elle a en-
gendré et façonné à son image.

---

(1) Arsenal de Tokio. Modèle 87.

La cavalerie est représentée par 7 régiments à 3 esca-drons, l'un de la garde et 6 de la ligne. Le régiment est à l'effectif de : 18 officiers, 1 officier comptable, 2 médecins, 2 vétérinaires, 48 sous-officiers et 387 cavaliers ; soit au total 512 hommes et 462 chevaux.

La cavalerie de ligne est armée de la carabine et du sabre ; celle de la garde porte la lance.

Les chevaux manquent généralement de qualités et sont d'un dressage difficile.

L'artillerie comporte des régiments de campagne et des régiments de forteresse.

Les régiments d'artillerie de campagne se comptent 7 : 1 de la garde à 2 groupes, chacun de 2 batteries ; 6 de la ligne à 3 groupes (2 de campagne, 1 de montagne).

Les 4 régiments d'artillerie de forteresse comportent 3 groupes, normalement à 4 batteries.

Effectifs : Régiment d'artillerie de campagne de la garde : 21 officiers, 2 officiers comptables, 2 médecins, 2 vétéri-naires, 64 sous-officiers, 188 soldats, soit 493 hommes (y comprenant un certain nombre d'ouvriers) et 294 chevaux ; régiment d'artillerie de campagne de la ligne : 34 officiers, 3 officiers comptables, 3 médecins, 2 vétérinaires, 83 sous-officiers et 576 soldats, soit 725 hommes et 311 chevaux ; régiment d'artillerie de forteresse : 70 officiers, 3 officiers comptables, 3 médecins, 164 sous-officiers, 1.404 soldats, soit 1.686 hommes.

L'artillerie de campagne attelle des pièces de 7^{cm} prove-nant de la fonderie de Osaka ; la poudre est fournie par les établissements d'Itabaschi et de Iwachan.

Le génie est fort de 7 bataillons : 1 de la garde à 2 com-pagnies (13 officiers, 1 officier comptable, 2 médecins, 33 sous-officiers, 220 soldats ; 6 de la ligne à 3 compa-gnies (18 officiers, 44 sous-officiers, 330 soldats).

Les outils sont du modèle de ceux en usage dans l'armée austro-hongroise.

Le train est formé à 7 bataillons de 2 compagnies : le bataillon de la garde compte 470 hommes et 240 chevaux ; ceux de la ligne sont à l'effectif de 612 hommes et 298 chevaux.

La gendarmerie est organisée en 6 légions avec 50 officiers ou assimilés, 234 sous-officiers et 800 soldats.

Les milices insulaires de Tsoushima (1) et de Ezo (colonie militaire du Hokkaïdo) doivent également être rattachées à l'armée active.

La milice de Tsoushima comprend deux petits corps, l'un d'infanterie (4 officiers, 98 hommes), l'autre d'artillerie (5 officiers, 117 hommes).

La milice de Ezo fournit quatre bataillons d'infanterie, un escadron de cavalerie, une compagnie d'artillerie et une compagnie du génie.

Leur organisateur, le général Nagayama, s'est inspiré des colonies de Cosaques visitées par lui en Sibérie.

L'armée japonaise est vêtue en drap bleu, tunique avec shako, ou vareuse avec casquette. Les armes se différencient par la couleur du col, du parement, des bandes et passepoils : rouge pour l'infanterie, jaune pour la cavalerie, bleu pour l'artillerie, vert pour le génie.

L'infanterie chausse un soulier avec guêtre, la cavalerie la botte.

Les officiers portent un dolman noir et la casquette avec visière.

La troupe est également pourvue de la capote ou du

---

(1) Le groupe de Tsoushima est composé de deux îles situées au nord-est de l'île Kioushiou, l'une des quatre grandes îles qui constituent le Japon proprement dit ; leur situation entre la Corée et le Japon leur donne une réelle importance, et, en 1861, les Russes furent sur le point de les annexer.

La colonie militaire du Hokkaïdo est établie dans l'île d'Ezo, la plus élevée vers le nord des quatre grandes îles japonaises. Une partie est encore habitée par des tribus autochtones, les Aïnos, à peine soumises aux Japonais. On a souvent prêté aux Russes, déjà maîtres de l'île Saghalien, des vues sur Ezo. (Pierre Lehaucourt, *L'armée et la marine japonaises*.)

— 65 —

manteau avec capuchon; en été, vêtements de toile et couvre-nuque; à l'intérieur des casernes, pour les corvées, se porte communément le kimono national.

Voyons, maintenant, comment les différentes armes dont nous avons détaillé la composition se répartissent dans les divisions :

NUMÉROS DES DIVISIONS.	BRIGADES.	EMPLACE-MENTS des ÉTATS-MAJORS	Nᵒˢ DES RÉGIMENTS d'infanterie.	EMPLACE-MENTS.	EMPLACE-MENTS DES ARMES autres que l'infanterie.
GARDE. (Général prince Komatsu.)	»	Tokio	»	Tokio	Tokio.
Iʳᵉ, Tokio. (Général baron Yamaji.)	1ʳᵉ	Tokio	1ᵉʳ	Tokio	1ʳᵉ, Tokio.
			16ᵉ	Takasaki	
	2ᵉ	Sakoura.....	2ᵉ	Sakoura.....	
			3ᵉ	Tokio	
IIᵉ, Sendaï. (Général baron Sakuma.)	3ᵉ	Sendaï	4ᵉ	Sendaï	2ᵉ, Sendaï.
			16ᵉ	Shibata......	
	4ᵉ	Aomori......	5ᵉ	Aomori......	
			17ᵉ	Sendaï	
IIIᵉ Nagoya. (Général Katsura.)	5ᵉ	Nagoya......	6ᵉ	Nagoya......	3ᵉ, Nagoya.
			18ᵉ	Toyohashi...	
	6ᵉ	Kanazawa...	7ᵉ	Kanazawa...	
			19ᵉ	Nagoya......	
IVᵉ, Osaka. (Général prince Kitashira Kawa)	7ᵉ	Osaka	8ᵉ	Osaka	4ᵉ, Osaka.
			9ᵉ	Otsou	
	8ᵉ	Himeji	10ᵉ	Himeji	
			20ᵉ	Osaka	
Vᵉ Hiroshima. (Général Nodzu.)	9ᵉ	Hiroshima...	11ᵉ	Hiroshima...	5ᵉ, Hiroshima
			21ᵉ	Hiroshima...	
	10ᵉ	Matsouyama.	12ᵉ	Matsouyama.	
			22ᵉ	Marougam...	
VIᵉ, Koumamoto.	11ᵉ	Koumamoto.	13ᵉ	Koumamoto.	6ᵉ, Kouma-moto.
			23ᵉ	Koumamoto.	
	12ᵉ	Kokoura.....	14ᵉ	Kokoura.....	
			24ᵉ	Foukouoka ..	

La division, amenée sur le pied de guerre par l'appel des réservistes, doit arriver à l'effectif normal de 17.000 hommes (non compris les convois desservis par les coolies), savoir :

12 bataillons d'infanterie...............	11.500	hommes.
6 batteries.........................	900	—
2 escadrons de cavalerie.............	300	—
2 compagnies du génie...............	500	—
Services auxiliaires.................	3.800	—
	17.000	hommes.

Nous obtenons ainsi — en tenant compte des dépôts et
des unités non-endivisionnées :

Infanterie	89.712 hommes	avec	2.016	officiers et assimilés.
Cavalerie	3.129	—	232	—
Génie	1.015	—	66	—
Artillerie	6.622	—	250	—
Train	3.290	—	126	—
Services divers.	»		»	

En chiffres ronds : 104.000 hommes et 2.750 officiers ou
assimilés.

Six divisions de réserve (1), parfaitement encadrées,
peuvent être organisées à peu près aux mêmes effectifs,
de sorte qu'il est permis d'évaluer à 200.000 hommes la
valeur numérique de l'armée japonaise, encore sans faire
intervenir des formations territoriales, pour lesquelles
(d'après le *Résumé statistique de l'empire du Japon*) 106.000
hommes sont disponibles.

Cette armée est, nous l'avons dit, composée d'excellents éléments; son outillage est des meilleurs; son instruction et son éducation sont confiées à un corps d'officiers qui tend à se former rapidement aux exigences de
la situation actuelle.

Il faut convenir, en effet, que les besoins d'une immédiate réorganisation — d'une radicale évolution — ont
fatalement entraîné dans la composition du corps d'officiers, à son origine, des éléments d'une très contestable
valeur : anciens Samouraï pourvus d'un emploi dans les
armées provinciales des daïmio, ayant épelé les fameux
classiques chinois Sunzu, Unse et Sema, ou parvenus
forçant la carrière pendant la campagne de Formose (1874)
et l'insurrection de Satsuma.

Les premiers instructeurs de l'armée japonaise ont été
des officiers français appelés, dès son avènement, en 1867,

---

(1) C'est à ces divisions que sont affectées les anciennes armes des
modèles Remington, Sniders et Martiny en dépôt à Tokio et Osaka.

par l'empereur Moutsouhito. La mission était sous les ordres du capitaine d'état-major Chanoine, assisté des lieutenants Brunet, Descharmes, Dubousquet, Mesurot et Jourdan (1). Après la guerre, vers 1872, d'autres missions (2), plus importantes encore, furent mises à la disposition du mikado. Malgré les services considérables rendus par nos officiers à l'armée japonaise, les intrigues allemandes parvinrent peu à peu à nous écarter pour substituer à nos instructeurs des professeurs; vers 1889, la situation étant devenue particulièrement difficile, notre dernier officier, M. le commandant Berthaud, fut rappelé en France; le lieutenant-colonel von Meckel (3), les majors von Wildenbruck et Greitscheider purent alors librement quintessencier les hautes sciences militaires.

La critique de la présente campagne établira combien peu cet enseignement élevé a été profitable à l'état-major japonais; la théorie spéculative des scoliastes allemands n'a été que mauvaise conseillère; seul, le métier a rendu dans l'application, métier à la pratique duquel les vainqueurs furent initiés par nos instructeurs.

Le Japon possède présentement :

Une école préparatoire militaire quelque peu analogue à notre prytanée ; environ 220 élèves ; durée des cours : trois ans ;

Une école spéciale militaire admettant dans les trois

---

(1) M. Chanoine, aujourd'hui général, commande la 1re division d'infanterie; M. le lieutenant Brunet, de l'artillerie de la garde, commande la 48e brigade d'infanterie; M. le lieutenant Descharmes, des dragons de l'impératrice, commande la 2e brigade de cuirassiers; M. le lieutenant Masselot, du 20e bataillon de chasseurs à pied, a été tué sous Metz; M. le lieutenant du Bousquet, du 31e d'infanterie, est mort au Japon en 1882 après avoir joué un rôle des plus considérables dans ce pays.

(2) Colonels Marquerie, Munier et le commandant actuel du 11e corps, M. le général Vosseur.

(3) Aujourd'hui général-major, auteur d'un traité tactique des mieux réputés.

cents élèves (infanterie et cavalerie) ; durée des cours : dix-huit mois ;

Une école d'application d'artillerie et du génie, une école d'application de cavalerie ;

Une école militaire (sous-officiers), une école d'administration, une école de médecine ;

Une école de tir, une école de topographie ;

Enfin, une école de guerre fréquentée par une soixantaine de lieutenants ; durée des cours : trois ans.

Ajoutons encore que, depuis un grand nombre d'années, le gouvernement japonais envoie à l'étranger de jeunes officiers, soit pour suivre les cours des écoles, soit pour accomplir un stage dans les corps de troupe ; ainsi le général Osaka, qui a suivi les cours de Saint-Cyr au lendemain de la guerre 1870-71 ; ainsi encore le maréchal Yamagata, à diverses reprises à la tête des missions envoyées en France, en Allemagne et en Russie.

La marine s'est jalousement associée aux constants progrès de l'armée de terre.

La flotte comprend les divers bâtiments ci-après :

A. — Navires cuirassés.

Fu-So, cuirassé à réduit central, date de 1877, construit en Angleterre ; déplace 3.777 tonnes ; vitesse, 13 nœuds ; armement principal : 4 pièces de 24cm.

Hi-Yei, croiseur, date de 1877 ; déplace 2.284 tonnes ; vitesse, 13 nœuds ; armement principal : 2 pièces de 17cm.

Kon-Go, même type.

Tschiyoda, croiseur rapide (19 nœuds), construit à Glasgow, date de 1889 ; déplace 2.439 tonnes ; armement principal : 10 canons de 12cm à tir rapide.

B. — Navires non cuirassés.

Hashidate, garde-côte protégé, construit à Yokosuka, date de 1891 ; déplace 4.278 tonnes ; vitesse, 17,5 ; armement principal : 1 pièce de 30cm et 10 de 12cm à tir rapide.

Itsuku-Shima, garde-côte protégé, construit à la Seyne, date de 1889; déplace 4.278 tonnes; même vitesse, même armement que ci-dessus.

Matsu-Shima, garde-côte protégé, construit à la Seyne, date de 1890; déplace 4.278 tonnes; même vitesse, même armement que ci-dessus.

Akitsu-Shima, croiseur protégé, construit à l'arsenal de Yokosuka, date de 1892; déplace 3.150 tonnes; vitesse, 19 nœuds; armement principal : 1 pièce de 30^{cm} et 11 pièces de 12^{cm} à tir rapide.

Yoshino, croiseur protégé, construit à Elswick, date de 1892; déplace 4.216 tonnes; vitesse, 22,6; armement principal : 4 pièces de 15^{cm} et 8 pièces de 12^{cm}.

Naniwa, croiseur protégé, construit en Angleterre, date de 1885; déplace 3.709 tonnes; vitesse 18,5; armement principal : 2 pièces de 15^{cm}.

Takatchio, croiseur protégé; même type.

Tsukushi, croiseur protégé, date de 1883, déplace 1.372 tonnes.

Kai-Mon, corvette, date de 1882, déplace 1.367 tonnes.				
Kasuga,	—	—	1863	—	1.289	—
Katsuragi,	—	—	1885	—	1.502	—
Musashi,	—	—	1886	—	1.502	—
Takao,	—	—	1888	—	1.787	—
Ten-Riu,	—	—	1883	—	1.547	—
Tsukuba,	—	—	1851	—	1.978	—
Yamato,	—	—	1885	—	1.502	—
Yayeyama,	—	—	1889	—	1.609	—

8 canonnières; celle de plus récente construction, *Oshima* (1890) déplace 640 tonneaux; puis 4 du modèle 1886-87 déplacent 622 tonnes, etc.

26 torpilleurs; 1 aviso, *Tatta* (1894, 875 tonneaux);

17 torpilleurs de 1re classe (1889-93), de 35 mètres de longueur;

4 torpilleurs de 2e classe (1879), de 30 mètres de longueur;

3 torpilleurs de haute mer (1891), de 40 à 42 mètres, et un ancien torpilleur, *Kotaka*, datant de 1886, de 50 mètres de longueur.

Négligeons 5 bâtiments-écoles, et, sur les chantiers (1), 2 grands cuirassés et plusieurs croiseurs, pour nous en tenir simplement à l'énumération des bâtiments réellement utilisables; ajoutons, toutefois, que la puissante compagnie maritime *Nippon-Yusen-Kaischa* peut encore fournir une soixantaine de bâtiments appropriés aux divers transports.

Le service des bâtiments prélève environ 6.000 matelots sur un personnel de 10.500 hommes se répartissant comme suit :

---

(1) Un cuirassé en Angleterre; les autres bâtiments à Yokosukha.

	Activité.	1re Réserve.	2e Réserve.
Officiers généraux	9	21	»
Officiers	1.138	127	93
Officiers mariniers	256	16	35
Sous-officiers	689	147	»
Matelots, chauffeurs, mécaniciens, etc.	8.124	1.558	451
Élèves des écoles	150	»	»
	10.366	1.869	570

Les équipages se recrutent soit par voie d'engagements volontaires, soit par prélèvement sur le contingent (environ 500 hommes); la durée du service actif est de quatre ans.

Les officiers n'ont plus aujourd'hui qu'une origine unique, l'école navale d'*Etajima*; les mécaniciens et les ingénieurs des constructions navales se forment à *Yokosuka*. A l'Ecole supérieure de la marine, à Tokio, sont également annexées les Ecoles de médecine et du commissariat. Notons, enfin, à *Yokoska,* l'Ecole des canonniers et l'Ecole des apprentis pour constructions navales, puis, à *Nagouara* (près de Yokoska), l'Ecole des torpilleurs.

Du ministère de la marine à *Tokio* relèvent trois préfectures maritimes, établies à : *Yokoska* (baie de Tokio), *Kuré* (mer Intérieure, près de Hiroshima), *Sasébo* (île de Kiushu, près de Nagasaki); deux autres doivent être créées plus ou moins prochainement : l'une à *Maizourou* (mer du Japon), l'autre à *Mouroran* (île de Yezo, près de Hakodate).

Les principaux établissements dépendant de la marine sont :

L'arsenal de Yokoska, que dirigeait l'amiral Ito avant de prendre le commandement de l'escadre. Cet important établissement a été fondé en 1867 par des ingénieurs français; MM. Verny, Dupont et Thibaudier ont ainsi été les maîtres et les premiers éducateurs de la marine moderne au Japon;

L'arsenal de Kuré avec ses ateliers annexes à Kobé;

L'arsenal de l'artillerie de marine à Tokio.

Quoique produisant déjà beaucoup dans ses établissements nationaux, le Japon est encore partiellement tributaire de l'étranger pour la fourniture du gros matériel.
Les pièces armant les bâtiments proviennent en majeure
partie des usines Armstrong et Canet (1); tout récemment
encore, les forges et chantiers de la Méditerranée exécu-
taient une importante commande de canons de 12 et de
27 centimètres.

Le capitaine anglais Ingles, qui a été pendant six ans
conseiller près de l'amirauté de Tokio, et le contre-amiral
G.-E. Belknap (lettre au *New-York-Sun*, 17 novembre
1894) de la marine des Etats-Unis, qui a suivi de très près
le développement de la puissance navale de l'empire du
Levant, témoignent fort élogieusement de l'excellence du
matériel et des grandes qualités du personnel de la marine
japonaise.

---

(1) Ce matériel s'est supérieurement comporté pendant la bataille
navale à l'embouchure du fleuve Yalou. Voici, du reste, des extraits
d'une lettre, tout au moins officieuse, adressée au directeur de notre
grand établissement industriel :

« Tokio, 20 septembre 1894.

» Monsieur Canet,

» Au sujet de la bataille navale qui a eu lieu dans la mer Jaune, la
flotte chinoise se composait de quatorze navires et six torpilleurs, et la
flotte japonaise consistait en onze navires de guerre et un paquebot
converti en croiseur, à bord duquel se trouvait l'amiral Kabayama.

» La bataille commença à 1 heure moins le quart de l'après-midi et
dura jusqu'à la tombée de la nuit, quand il devint impossible de diriger
efficacement les canons.

» Dans cette flotte se trouvaient le *Matsushima*, portant le pavillon
du vice-amiral Ito, commandant en chef, avec le *Itsukushima* et le
Hashidate.

» Vos trois canons Canet se comportèrent parfaitement pendant toute
la bataille.

. . . .

» Heureusement, nous n'avons pas perdu un seul navire.

» Le *Matsushima* paraît avoir souffert le plus, mais la grosse pièce
Canet est indemne, sauf le choc d'un éclat qui a atteint la culasse sans
la détériorer. Un des canons de 12 centimètres a été cintré par un projectile. »

L'homme, à l'esprit éveillé, industrieux, alerte, se façonne aisément et devient en peu de temps un fort bon marin, s'entendant parfaitement au service compliqué de la machinerie. Les officiers sont pour la plupart, très instruits et méritent la qualification de bons manœuvriers; la discipline à bord est remarquable.

Et l'amiral n'hésite pas à déclarer, en manière de conclusion, qu'à forces égales, dans une rencontre entre Anglais et Japonais, les chances seraient absolument les mêmes, car il n'y a, navire pour navire, aucune marine du monde supérieure à celle des Japonais. (Lettre du 29 décembre 1894 à l'*Army and Navy Gazette* de New-York.)

* * *

Le paragraphe que nous avons à consacrer à la défense des côtes sera naturellement des plus écourtés, les Japonais ayant acquis le double bénéfice de l'initiative politique et de l'offensive stratégique (1).

Pourtant, par mesure de prudence, des torpilles flottantes avaient été disposées obstruant les chenaux et gardant le seuil des rades (2); puis, les postes et l'armement de sûreté avaient été fournis à certains ouvrages conformément au plan de défense prévu dès 1886.

Ce plan — rappelons-le en quelques mots — intéresse essentiellement la défense de la baie de Tokio et la fermeture de la mer Intérieure.

En ce qui concerne la baie de Tokio : ouvrages commandant le goulet que verrouillent au large les batteries de l'île Oshima; protection de Yokohama et de Yokosuga.

---

(1) « Il y a longtemps que je m'aperçois que le meilleur moyen de défendre et de protéger, c'est d'attaquer et de faire redouter à l'ennemi les maux dont lui-même nous menace. » (Lettre du maréchal Bugeaud au duc d'Aumale, 9 février 1843.)

(2) Ces torpilles ont été levées dans les premiers jours de novembre; la navigation a alors été déclarée libre.

La fermeture de la mer Intérieure — s'étalant entre les îles Hondo, Shikoku et Kiushiu — est assurée par l'obstruction des passes. A l'est, entre Hondo et Shikoku, s'étire le petite île Awaji, dont les pointes nord, sud, et est sont garnies de fortes batteries ; Kuré est spécialement protégé. A l'ouest, l'étroit chenal de Hiku se barricade aisément. Seul, le détroit au sud, entre les îles Shikoku et Kiushiu, est à surveiller par l'escadrille des torpilleurs soutenue en arrière par le formidable barrage d'îlots essaimés en un confus archipel.

La confiance — du reste très justifiée — que les Japonais placent dans leur force navale motivait l'adoption d'un système défensif aussi sommairement caractérisé.

***

La préparation complète à la guerre réclame non seulement une armée et une flotte outillées avec la plus minutieuse précaution, mais encore des ressources financières pour faire face aux dépenses exceptionnelles d'une mobilisation.

En telle éventualité, les Etats recourent habituellement à l'emprunt, dont le mode seul suffit à caractériser la prospérité ou le désarroi de la situation financière.

Le Japon, lui aussi, a dû se soumettre à ce critérium ; il a pu le faire sans aucune appréhension, mettant en évidence, à cette occasion, la prudence et la sagesse de ses théories économiques.

Le décret impérial du 15 août 1894 a annoncé l'émission d'un emprunt de guerre pour la somme de 50 millions de yen (1), avec des obligations de 100 yen portant intérêt de 6 p. 100 et au-dessous, payable en juin et décembre jusqu'à complet remboursement, lequel est fixé à cinquante années, à partir de la sixième année de l'émission de

---

(1) Le yen d'argent vaut nominalement 5 francs, à vue 2 fr. 73.

l'emprunt. Encore, pour cette première année, le gouvernement réduit sa demande à 15 millions, l'immédiate souscription étant fixée à 3 millions, dont l'intérêt a été fixé par le ministre des finances au taux de 5 p. 100. L'obligation de 100 yen peut être payée en dix acomptes, du 20 septembre 1894 au 30 juin 1895.

D'après le rapport, en date du 14 septembre, de la Banque japonaise, le montant des souscriptions de cette première émission s'est élevé au chiffre de plus de 70 millions de yen.

Il est à conclure encore, d'une étude des mieux documentées publiée par l'*Economiste français* (10 novembre 1894), que le gouvernement japonais n'a usé de l'emprunt que par simple mesure de prudence; il disposait d'un côté d'une somme d'au moins 10 millions de yen provenant des recettes de certaines industries exploitées par l'Etat; il lui était facile d'autre part de se procurer des ressources extraordinaires en élevant le taux de l'impôt de quelques principaux articles de consommation intérieure.

Ainsi, le *saké* (vin fait avec le riz fermenté), dont la fabrication est actuellement frappée d'un droit de 4 yen par kokou (180 litres); l'Etat, en se bornant à atteindre le *saké purifié*, consommé par les classes riches et aisées, pouvait aisément, par une augmentation de l'impôt, se procurer un revenu de 9 millions de yen par an.

Enfin, le gouvernement aurait pu s'adresser à la Banque japonaise, en lui octroyant l'autorisation d'élargir la limite de l'émission de ses billets; le droit d'émettre est actuellement fixé à 85 millions, mais peut, sans inconvénients, être porté à 137 millions. La Banque, disposant ainsi de près de 42 millons, était à même de fournir un emprunt de 10 à 20 millions.

Mais ce ne sont là qu'expédients auxquels l'Etat a très sagement fait de renoncer, préférant émettre des obligations auxquelles tout le monde est d'autant plus facile-

ment admis à souscrire qu'elles sont divisées en faibles
coupures ; ce mode ne profite donc pas seulement aux
capitalistes, mais aussi aux petits rentiers, soucieux de
faire fructifier leurs modestes économies.

Dans de telles conditions, l'emprunt de guerre revêt la
forme d'une véritable souscription nationale.

Il a déjà été dit avec quel patriotisme la nation s'était
empressée d'y participer.

***

Il nous reste, pour terminer ce chapitre, à nous rendre
compte du rendement des forces militaires du Japon; à déterminer la composition et l'effectif des masses agissantes
au moment des décisifs efforts.

Le Dai Nippon a su mettre sur pied trois armées et une
escadre.

A. — Première armée.

Le noyau en a été formé par la 9º brigade, immédiatement transportée à Chemulpo; elle est commandée par le
général Oshima. Puis débarquent à Fusan et à Gensan la
2º brigade de la 5º division (général Nodzu) et la 3º division
(général Katsuna).

Le maréchal Yamagata (1) prenait alors (premiers jours
de septembre) le commandement de cette armée, à l'effectif
d'environ 22.000 hommes, non compris la brigade du
6º corps constituant le corps d'occupation en Corée (5.700
hommes).

Le général Oshima Yoshnuana, un des meilleurs élèves
du colonel von Meckel, âgé de 43 ans, a fait ses études
militaires à l'ancienne école d'Osaka; il appartient à l'arme
de l'infanterie, a été attaché militaire à Saint-Pétersbourg

---

(1) Remplacé en décembre par le général Nodzu et que le correspondant berlinois du *Standard* a eu la fantaisie de faire passer pour
l'archiduc Jean (15 avril).

au moment de la guerre russo-turque et a pris part, à la tête d'un bataillon du 8ᵉ régiment, à la guerre civile de 1877; il fut ensuite adjoint à l'inspecteur général de l'armée.

Le maréchal Aritomo Yamagata descend d'une des plus illustres familles du clan Choshin. Il participa activement à la restauration de 1867-68 et accompagna le prince Saigo dans le voyage d'études que celui-ci entreprit en Europe ; il assista le prince Arisugava dans la répression de l'insurrection de Satouma (1877), puis se consacra pendant dix ans à l'œuvre d'organisation de l'armée. En 1888, il devint premier ministre, poste qu'il occupa pendant trois ans ; il fut alors nommé président du conseil privé.

B. — Deuxième armée.

Destinée à opérer dans la presqu'île de Kouang-Toung (l'Epée du Régent) et à s'emparer de Port-Arthur, la deuxième armée comprenait la 1ʳᵉ division (général Yamagi) (1ʳᵉ brigade général Noghi, 2ᵉ brigade général Nishi) et la brigade mixte Hasegawa (12ᵉ brigade).

Au total 16.564 hommes, 24 canons de campagne, 24 canons de montagne, 36 pièces de siège (mortiers de 15ᶜᵐ, de 9ᶜᵐ et canons de 12ᶜᵐ), plus 4 à 5.000 coolies (nidzokou).

L'armée est commandée par le maréchal Oyama, ministre de la guerre, qui, après avoir fait toutes ses études en France, a laissé parmi nous les plus durables sympathies.

C. — Troisième armée.

Presque simultanément, c'est-à-dire fin octobre, se rassemblait à Hiroshima une troisième armée, tout d'abord tenue en réserve, mais ne devant pas tarder à être dirigée sur le théâtre des opérations.

Cette armée a dû renforcer les troupes d'occupation en

Corée, et a contribué à la formation du corps auquel est
revenue la tâche de se saisir de Weï-Haï-Weï.

D. — L'escadre.

L'escadre, aux ordres de l'amiral Ito, comprenait douze
bâtiments et quatre torpilleurs.

Gardes-côtes protégés : *Matsu-Shima* (portant pavillon du vice-ami-
ral Ito), *Itsuku-Shima, Hashidate.*
Cuirassé : *Fuso.*
Croiseurs cuirassés : *Hi-Hey, Tschiyoda.*
Croiseurs protégés : *Yoshino, Naniwa, Takatchio, Akitsu-Shima*
Canonnière : *Akagi.*
Bâtiment affrété de la Nippon Yushen Kaisha Compagnie : *Saikio-
Maru* (portant pavillon du contre-amiral Kabayama).

Les matelots japonais professent à l'égard de leur *kai-
goune-taïsho-ousoui* une adoration et une confiance à toute
épreuve, sentiments rappelant ceux que l'amiral Courbet
avait su inspirer à son escadre.

Dès le début des opérations, le quartier général de l'empereur et des délégations des divers départements s'étaient
rendus à Hiroshima.

C'est également à Hiroshima qu'eut lieu une session extraordinaire du Parlement, que le souverain ouvrit, le 18
octobre, par un discours dans lequel nous relèverons les
passages suivants, parce qu'ils complètent et commen-
tent la déclaration de guerre insérée le 3 août au *Journal
officiel* :

« Nous regrettons que, la Chine, oublieuse de ses devoirs, ayant refusé de coopérer avec le Japon à maintenir
la paix en Orient, il en soit résulté le présent conflit ; mais,
l'épée ayant été tirée, il ne faut pas que les hostilités cessent avant que le but de la guerre soit atteint.

» C'est notre ardent désir que nos fidèles sujets se consacrent, dans l'union et l'harmonie, au développement des

intérêts de **notre** empire et, en assurant le triomphe complet et définitif de **nos** armes, amènent le prompt rétablissement de la paix en Orient et mettent en lumière la gloire de notre nation. »

IIIᵉ PARTIE

—

LA CAMPAGNE

CHAPITRE IV

Les forces japonaises.

Armée de terre : recrutement, commandement, divisions territoriales ;
infanterie, cavalerie, artillerie, génie, train, gendarmerie, milices ;
tenue et armement. Les divisions actives : effectifs ; divisions de réserve et armée territoriale. Les officiers, écoles militaires, missions
françaises et allemandes. — L'armée de mer : les bâtiments, les équipages, écoles et établissements de la marine. — La défense des côtes. —
La situation économique. — Les masses agissantes : les trois armées
et l'escadre.

Au mois de juin 1869, la guerre civile, provoquée par
la révolution de palais du 3 janvier 1868, aboutissait au
triomphe définitif du mikado (1) et à la disparition des
derniers vestiges du régime féodal.

Cette transformation dans le domaine politique motivait
forcément une complète réorganisation militaire ; la milice héréditaire des *Samouraï* est remplacée par une armée
nationale, modelée sur celles des grandes puissances européennes et constamment appliquée à la recherche du progrès.

Il nous suffit ainsi, dans ce chapitre, pour caractériser
les forces japonaises, d'enquêter le présent état des armées
de terre et de mer.

La première loi régulière de recrutement, calquée sur
la loi française de 1873, date de 1875 ; elle a été successivement complétée ou partiellement modifiée en 1879, 1883
et 1889.

---

(1) Le mikado Mutsuhito, l'empereur actuel.

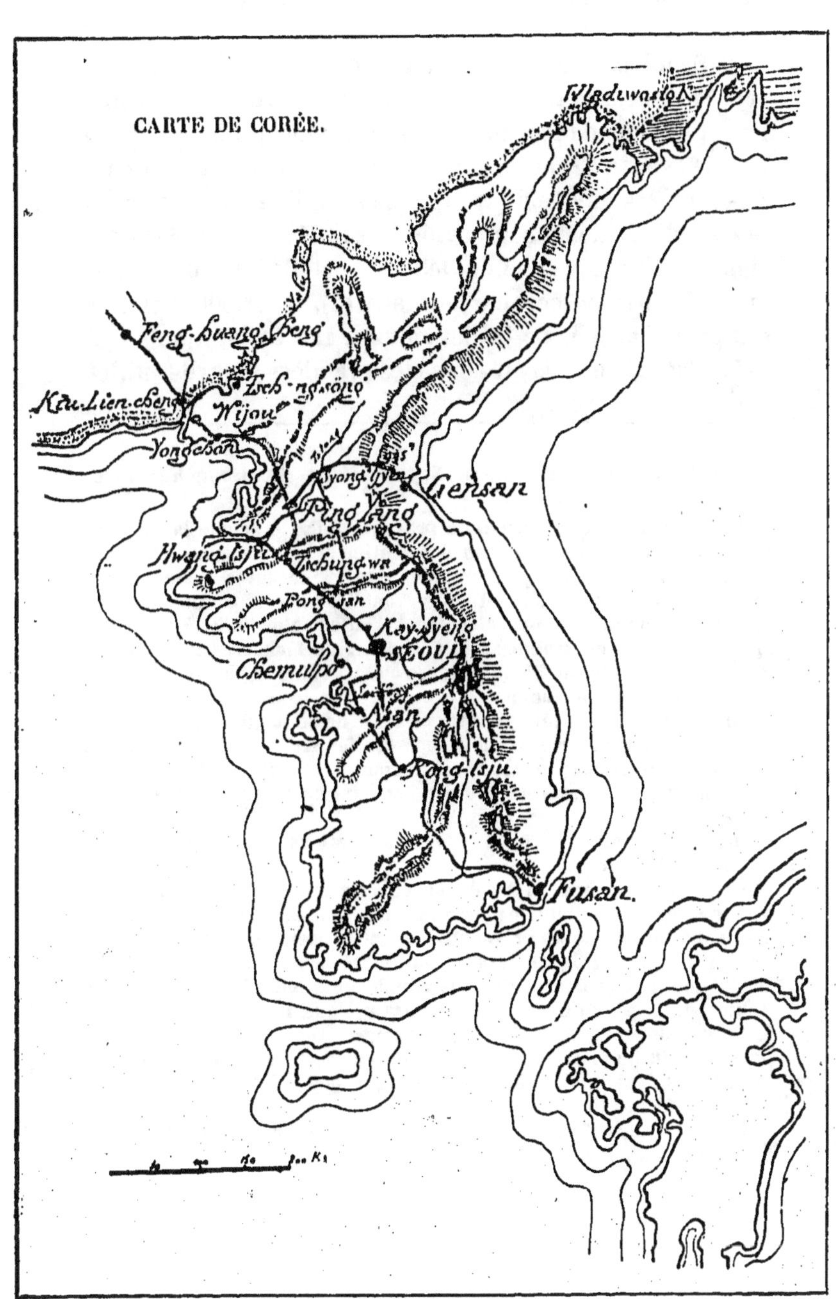

CARTE DE CORÉE.
Wladiwostok
Feng-hoang-Beng
Kiu-Lien-cheng
Tch'ing-tong
Wijoue
Yong-san
Syong-tjyen
Gensan
Ping-Yang
Hwang-tsjou
Tchung-wa
Pong-san
Kay-syeng
SÉOUL
Chemulpo
Song-tsju
Fusan

l'ouest de Quelpart, couvrant les transports de troupes èt de matériel.

A Séoul même, M. Otori, tenant le gouvernement co-réen en quelque sorte captif, arrache au roi une déclara·tion d'indépendance, suivie d'une dénonciation de tous les traités avec la Chine et d'un pressant appel aux Japonais Dès lors, les envois de troupes se succèdent sur les trans-ports nolisés de la compagnie Yusen-Kaisha (1). Sans que rien en soit soupçonné au dehors, — tellement est sévère la censure imposée aux journaux (2), — 12.000 hommes ont été débarqués fin juillet à Fusan et à Chemulpo.

La Chine, de son côté, dans les premiers jours de juillet,

---

(1) Bâtiments : *Mikawa-Maru*, *Sagami-Maru*, *Takasaga-Maru*, etc., etc.

(2) La réforme intérieure qui a provoqué chez le peuple japonais un état d'âme curieux, la floraison des sentiments patriotiques, etc., etc., ont contribué bien plus puissamment que les mesures restrictives à imposer à la presse une attitude servant les vues du commandement. Il y a là, pour nous, un enseignement d'autant plus utile à recueillir que nous avons eu maintes fois à déplorer de fâcheuses indiscrétions de presse. On sait combien précieuse a été à l'état-major allemand certaine indication fournie par le *Temps*; Napoléon, malgré le décret rendu à Troyes le 4 février 1814, ne cesse de se plaindre dans des lettres à Savary (10 février) et à Joseph (24 février) des indiscrétions et des maladresses des journaux, contrariant ses efforts pour dérober des mouvements de troupes ou induire l'ennemi en erreur sur l'effectif de ses corps.

De Moltke avait su, presque sans modifications, faire appliquer le fameux article 3 de ce décret.

Au Japon, — comme en Occident et en Amérique, — la presse a su s'élever au rang d'une véritable puissance, mais puissance réfléchie et modérée, n'abusant pas de ses prérogatives; à citer parmi les principaux journaux politiques : l'*Osaka Asahi*, dont le rédacteur en chef, M. Takahashi Kenro, bénéficie d'une très grande notoriété; le *Jiji* (Temps de Tokio), qui a pour directeur M. Fukuzawa, que l'on a souvent appelé le Katkof japonais; le *Niti Niti* (le Jour), organe officieux; le *Nippon*, le *Kokumin* (la Nation), le *Hochi* (le Courrier), le *Kokkai* (le Parlement), le *Chin Tchoya* (le Gouvernement populaire), le *Jiyri* (la Liberté) le *Tehuo* (le Centre).

Le *Soleil Levant* d'Osaka tire à peu près à 40.000 exemplaires, le *Jiji* à 30.000 exemplaires.

transporte de Takou à Asan la division du général Yeh, laquelle est concentrée le 12 juillet à Sü-Won (SeikWang), à environ 60 kilomètres au sud de Séoul; d'autres renforts doivent suivre encore, pendant que le gros des forces se groupe sur la rive droite du fleuve Yalu.

Et cependant se poursuivent les négociations diplomatiques entamées à Pékin par les bons offices de puissances amies. Le 19 juillet le cabinet anglais télégraphiait à ses ambassadeurs à Paris, Berlin, Saint-Pétersbourg et Rome de demander aux gouvernements près desquels ils étaient accrédités d'instruire leurs représentants à Pékin et Tokio en vue d'assister les négociateurs anglais dans leurs efforts pour éviter la guerre. Fâcheusement, aux six propositions formulées par la cour de Pékin, les Japonais opposent vingt-cinq réclamations, que la Chine rejette à son tour, fixant au 20 juillet les délais d'acceptation et menaçant ensuite de faire agir ses forces.

Or, ces procédés furent considérés à Tokio comme équivalant à une déclaration de guerre; le 22 juillet le ministre du Céleste-Empire réclamait ses passeports, abandonnant à la légation des Etats-Unis la protection des résidents chinois (1).

Les relations diplomatiques ainsi rompues, le gouvernement japonais se réservait le droit de s'opposer par la force à tout mouvement des troupes chinoises.

Déclaration qui n'est pas vaine et qui ne doit pas tarder à être suivie d'exécution.

***

Le 25 juillet, un convoi chinois sorti de Takou et gagnant Asan s'engageait entre la côte coréenne et l'île de *Toung-Po*

---

(1) D'après Heffter, le rappel des ambassadeurs ne constitue pas nécessairement un acte de commencement d'hostilités.

ou *Sho-Pai-Oul*. En tête, les croiseurs *Tsi-Yuen* (capitaine Fong), *Kuang-Hi, Tsao-Kiang* et *Tchen-Yuen;* en arrière, les transports *Irène, Feiching* et *Kowshung;* à l'étranglement du chenal attend la division japonaise formée des croiseurs *Yoshimo, Naniwa* et *Hiyei.*

Le *Yoshimo* pour appuyer les signaux (7 heures) tire à 300 mètres un coup de canon à blanc. Le *Tsi-Yuen*, après avoir perdu pas mal de temps à se mettre en état, riposte par une torpille. Les croiseurs chinois rétrogradent, délaissant le convoi; ils sont suivis lentement par les bâtiments japonais, que le feu des pièces de chasse tient en respect; le transport *Kowshung* s'enfonce dans une baie, espérant ainsi se dérober.

La destruction de ce transport, épisode essentiel de la rencontre, a été diversement relatée. Voyons d'abord le rapport rédigé sur la déposition du major von Hannecken par le consul anglais à Tschi-Fu et publié par le *Times :*

« Il était environ 8 h. 30 du matin lorsque le *Tsao-Kiang*, abandonnant le *Kowshung*, s'éloigna à toute vapeur dans la direction de l'ouest. Peu de temps après, nous vîmes apparaître les navires de guerre à la recherche du *Tsao-Kiang*. L'un d'eux, apercevant le *Kowshung*, se dirige sur nous, tandis que les deux autres suivent le *Tschi-Yuen* et le *Kuang-Yi.*

» L'amiral japonais s'étant approché du *Kowshung* — qui, comme je l'ai dit, transportait 1.600 hommes de troupe — lui signifia de s'arrêter. Nous dûmes jeter l'ancre, confiants dans la protection du drapeau anglais qui nous couvrait.

» Le croiseur japonais *Naniwa* envoya alors à notre bord un détachement, dont le chef, après sommaire examen de nos papiers, déclara que nous étions de bonne prise.

» La communication de cette décision provoqua parmi les troupes une inquiétante agitation; je cherchai de nouveau

à négocier avec l'officier japonais insistant sur cette double
raison que nous naviguions sous pavillon anglais et que
nous avions quitté les côtes de Chine avant la déclaration
de guerre, si toutefois encore elle était survenue; je deman-
dai à être ramené en Chine.

» Il fut répondu à cette déclaration par une nouvelle et
dernière sommation d'avoir à abandonner le *Kowshung*.
Comme nous délibérions encore, cherchant à calmer les
esprits et à faire rentrer les mutins dans l'obéissance, la
Naniwa, qui s'était reculée de quelques centaines de mètres, nous lança une torpille et fit feu de toute sa bordée.

» Dans l'extrême confusion qui régna à bord du *Kowshung*,
un grand nombre de soldats chinois se défendent par le feu
de mousqueterie et quelques coups de canon. Cependant
le navire, dont les chaudières ont fait explosion et qui a
reçu 18 obus, commence à sombrer, la poupe s'enfonçant
tout d'abord. A cet instant, un certain nombre de soldats se
jettent à l'eau, mais la plus grande masse s'obstine à ne pas
quitter l'épave.

» Un canot japonais monté par des hommes armés fit feu
sur les naufragés se débattant dans les flots; je déclare qu'il
ne fut fait aucune tentative pour sauver la vie de ces malheureux. 150 soldats chinois seulement parvinrent à gagner un rocher où ils furent ensuite recueillis. »

A cette déclaration se joignent les dépositions faites et si-
gnées par le commandant du *Kowshung* et par son second
au cours de l'enquête officielle :

« Le *Kowshung* (1) avait été affrété par le gouvernement
chinois à l'effet de transporter des troupes à Asan, environ
1.100 hommes de renfort; il quitait Takou le 23 juillet.

» En vue des côtes de Corée, menacé par une croisière
japonaise, il chercha à pénétrer dans une baie, mais il y

---

(1) De la compagnie Matheson de Londres, 1.354 tonnes, 75 hommes
d'équipage dont 7 Anglais.

fut suivi. La *Naniwa*, ayant fait signe au *Kowshung* de stopper, s'éloigna à nouveau pour suivre avec les autres bâtiments japonais un des navires de guerre chinois. Le capitaine Galsworthy demanda alors par signaux l'autorisation de reprendre sa route, mais il lui fut répondu par la menace de le couler s'il ne demeurait immobile. La *Naniwa*, posté à petite distance, détacha ensuite une embarcation qui vint aborder le *Kowshung*. Malgré les explications données à l'officier japonais, celui-ci voulut entraîner à son bord le capitaine Galsworthy, ajoutant que le *Kowshung* serait conduit au Japon. Le capitaine après avoir énergiquement protesté déclara se soumettre à la contrainte.

» Après le départ de l'officier japonais, le capitaine Galsworthy mit les officiers chinois au courant de la situation qui lui était faite; ceux-ci déclarèrent que, eux et leurs hommes refusaient de se rendre et qu'ils allaient courir aux armes.

» Le capitaine Galsworthy fit rappeler l'officier de la *Naniwa* auquel il rendit compte des dispositions des Chinois; cet officier rentré à son bord signala au capitaine « Quittez sur-le-champ votre bâtiment avec tous les Européens ». Le capitaine Galsworthy, après avoir inutilement tenté de faire mettre une embarcation à la mer et de réunir autour de lui le personnel européen, dut signaler à son tour « Impossible, les Chinois s'opposent par la force à notre départ ».

» Peu d'instants après la *Naniwa* ouvrit le feu et lança une première torpille qui n'atteignit pas le *Kowshung*; mais le capitaine et ses officiers comprenant qu'il était dans les intentions des Japonais de couler le bâtiment se jetèrent à l'eau; les soldats chinois leur tirèrent dessus. Une seconde torpille venait de toucher le bâtiment, qui commença à sombrer.

» Le capitaine Galsworthy, le lieutenant Tamplin et quelques autres furent recueillis par les embarcations de la *Naniwa*.

» Ils sont d'accord pour déclarer que c'est par la faute des Chinois que les Européens ont été empêchés de quitter le *Kowshung* (1). Aucun d'eux n'a vu de soldats japonais faire feu sur les Chinois se sauvant à la nage. »

Ce récit, fait par des officiers anglais, dont la responsabilité était en quelque sorte directement engagée, semble beaucoup plus impartial (2) que celui de l'officier allemand, depuis de nombreuses années au service de la Chine.

D'autre part encore, le commandant de la canonnière allemande *Iltis*, comte von Baudissin, qui se trouvait alors à Chémulpo avec le croiseur anglais *Archer*, le croiseur russe *Koretz* et la canonnière *Lion*, a recueilli quelques renseignements sur l'engagement entre le *Tsi-Yuen* et le *Yoshino*, publiés par lui dans la revue *Marine-Rundschau*. Cet officier, après avoir secouru, à l'île Takshan, 120 naufragés qu'il rapatria à Chefoo, put visiter à Port-Arthur le *Tsi-Yuen*.

Il ressort des dépositions que le bâtiment chinois n'était pas prêt au moment où il reçut les premiers boulets japonais ; les officiers durent intervenir, revolver au point, pour forcer l'obéissance et maintenir chacun à son poste ; le *Tsi-Yuen*, passablement avarié, ayant à son bord 3 offi-

---

(1) Les officiers du *Kowshung* furent ensuite transportés à Sasebo et de là, le 4 août, à Tokio, pour être remis au capitaine de Lisle de la canonnière anglaise *Alacrity*.

(2) Le *Times* lui-même, qu'on ne suspectera pas de partialité, est amené à reconnaître que la déposition du second lieutenant, M. Tamplin du *Kowshung*, infirme absolument la déclaration du capitaine von Hanneeken, d'après laquelle les Japonais auraient tiré sur les Chinois qui cherchaient à se sauver à la nage.

C'est le contraire qui est vrai : « J'étais déjà depuis quelque temps à l'eau, a dit M. Tamplin, lorsque les Japonais m'ont recueilli ; ils ont été vraiment bons et m'ont prodigué tous leurs soins. Les soldats chinois du *Kowshung*, en revanche, ont tiré sur moi lorsque je me suis jeté à l'eau, tandis que les Japonais, aussi loin que je pouvais voir, faisaient feu sur les soldats chinois qui s'étaient emparés des embarcations et continuaient les hostilités. »

ciers tués, 13 hommes tués et 19 blessés, s'était réfugié à
Wei-Hai-Wei.

En Angleterre, lord Kimberley réclama une enquête sur
l'incident du *Kowshung*; le Japon, de son côté, s'étant
montré fort conciliant, — tout en faisant accepter l'exac-
titude du rapport de ses officiers, — l'entente fut aisée à
établir; le gouvernement du Mikado consentit à payer
750.000 dollars, tant pour perte du navire que pour indemnité aux familles des Européens victimes de la catastro-
phe.

Ainsi, les premières hostilités avaient précédé la déclaration de guerre!

Nous n'aurons pas la naïveté d'en témoigner la moindre
surprise; sur mer, les Anglais ont plus d'une fois procédé
de la sorte, et il n'en a pas été autrement en 1866 (1).

L'amiral japonais a fait preuve de décision en saisissant
l'occasion qui lui était offerte d'agir dans l'esprit des instructions de son gouvernement; il ne peut qu'en être
loué.

Nous avons laissé la brigade du général Oshima (2),

---

(1) En 1778 et en 1792, l'Angleterre — sans déclaration préalable —
fait main-basse sur tous les bâtiments de commerce français mouillés
dans les ports.

Le 15 juin 1866 le cabinet de Berlin fait produire par ses représentants à Dresde, Hanovre et Cassel, une note invitant la Saxe, le Hanovre
et la Hesse électorale à remettre, sans délai, leurs troupes sur le pied
de paix et à adhérer au projet de réforme électorale élaboré par la
Prusse.

Le 16 au matin, les troupes prussiennes franchissent les frontières;
le général Vogel de Falkenstein occupe le Hanovre avec les divisions
Gœben et Manteuffel; le général Beyer entre le 19 à Cassel; le 16 au
matin le général Herwarth de Bittenfeld pénétrait en Saxe.

(2) 6 bataillons à 800 hommes des 11e et 21e d'infanterie; 1 escadron
de cavalerie (120 hommes); 2 batteries de montagne; 1 compagnie du
génie. Services.

s'établissant solidement autour de Séoul, comme en une sorte de triangle : *Port-Mapou* (à 8 kilomètres), village de *Young-houa-chiou* (3 kilomètres en aval) et la *Passe-de-Pékin* (1.800 mètres), à l'endroit ou la route du nord débouche dans la plaine ; le quartier général est assis au pied de la colline du sud (Nan-chan).

Cette position, reliée à Chemulpo, est couverte au nord par des postes établis sur le fleuve *Im-tschin*, au sud par des grand'gardes poussées vers *Iong-in*, à peu de distance des forces chinoises toujours immobiles à Sü-won (Seik-wang).

La présence du général *Yeh-Chih-Chao* au sud de Séoul, interceptant les communications avec Fusan et servant d'appui aux rebelles a été tolérée, — quoique difficilement, — aussi longtemps que le conflit semblait encore pouvoir être écarté.

Mais la rupture des négociations est survenue modifiant cette situation instable ; les instructions envoyées le 23 de Hiroshima autorisent le général japonais à brusquer les choses et à entamer les hostilités. Il se décide, sans plus tarder, à attaquer les Chinois.

Après avoir campé le 25 à *Kasan*, le 26 à *Lui-hen-Foo*, la brigade japonaise arrive le 27 à *Seeny* à une quinzaine de kilomètres de l'*An-Song*, sur la rive gauche duquel est postée l'avant-ligne chinoise.

Les renseignements, très difficilement recueillis en route, étant donnée l'attitude hostile de la population, sont aussitôt complétés par des reconnaissances, lesquelles, renouvelées dans la matinée du 28, provoquent sur tout le front un simulacre d'engagement.

Le général Oshima est néanmoins à peu près fixé sur la configuration de son champ de bataille. La vallée marécageuse de l'An-Song ne se laisse traverser que sur les chaussées. Au centre, la route principale, conduisant de *Sosadzio* à *Seikwan*, — véritable digue surplombant les rizières, — a été rendue impraticable par la destruction des deux ponts d'*Andzio*; le hameau même, juché sur un tertre, est organisé défensivement; plus en arrière (sud), dans une sorte d'ensellement, le village fortifié de *Seik-wan*, dominé à droite et à gauche par des ouvrages garnissant les crêtes. La position, toutefois, semble pouvoir être tournée : à droite (est), s'offre, jusqu'à la naissance de l'estuaire, le chemin allant de *Kemakou* à *Tchin-Tziou*; à gauche (ouest), s'ébranche de *Sosadzio* une autre voie donnant accès sur les hauteurs.

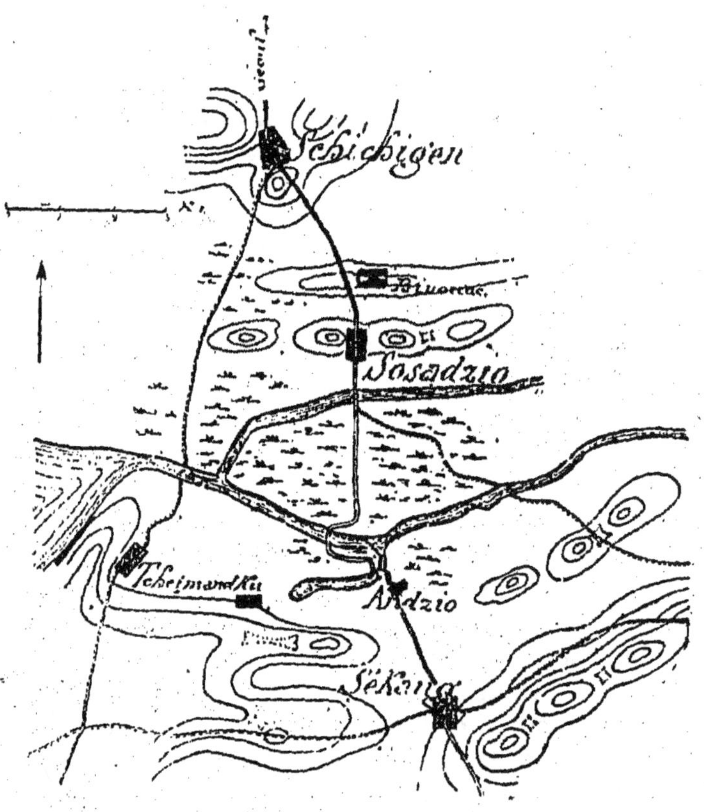

Combat de Seikwan.

Au dire d'un espion, le général Yeh est accouru avec toutes ses forces (4.000 hommes) au secours de son avant-ligne.

Dans de telles conditions, avec des forces à peu près équivalentes, mais tous les avantages d'une défensive solidement organisée étant acquis à l'ennemi, n'est-il pas en quelque sorte indiqué de recourir à l'expédient d'une attaque de nuit ?

Les dispositions préliminaires sont aussitôt arrêtées dans l'esprit du général Oshima; il porte tout d'abord son bivouac, dans la journée du 28, de *Seeny* plus proche de *Sozadzio*, afin de limiter à 6, 7 kilomètres la longueur de la marche d'approche; il charge ensuite le lieutenant-colonel Taketa et son chef d'état-major — seuls officiers auxquels il se soit ouvert — de procéder en personne à une reconnaissance immédiate qui sera répétée dans la soirée même, afin de familiariser avec l'apparence nocturne du terrain les officiers qui auront à guider les colonnes; enfin, il réveille à 11 heures son bivouac et donne l'ordre.

Deux colonnes agiront. A droite, sur la chaussée même d'Andzio, simplement chargé d'un rôle démonstratif, le lieutenant-colonel Taketa, du 21° d'infanterie, avec un bataillon de son régiment et la compagnie du génie. A gauche (est) la colonne principale — trois bataillons du 11° d'infanterie, deux batteries, un escadron — avec mission de gagner les hauteurs dominant le village de Seikwan. Le bataillon disponible (1) laisse deux compagnies au bivouac et fournit à chaque colonne une compagnie de flanc-garde à laquelle est adjointe une patrouille de cavalerie.

Partie de son bivouac le 29 à minuit un quart, c'est seulement à 5 h. 1/2 que la colonne de gauche parvient à se dépêtrer et à mettre les pièces en batterie sur un groupe de mamelons à l'est du hameau d'Andzio; cinq heures ont été ainsi employées à ce pénible cheminement. L'infan-

----

(1) Le 6° bataillon de la brigade était resté à Chemulpo.

terie, aux premiers coups de feu, débordant son artillerie, se jette plus à gauch e encore, avec deux bataillons en première ligne; elle escalade les hauteurs et, à 7 h. 1/2, sonne l'assaut.

La mise en route du détachement de droite (ouest), auquel était assigné un itinéraire moins long et plus facile, avait été retardée de deux heures. L'avant-garde seule fut engagée; l'épisode mérite d'être détaillé.

Le lieutenant Tamada, chef de la section de pointe, après avoir franchi la branche sud de l'*An-Song*, a été forcé d'abandonner la chaussée complètement détruite pour suivre à travers la rizière un dédale d'étroites digues. La boussole dont il se sert lui permet bien de se maintenir en direction, mais il ignore à quelle distance il peut se trouver des avant-postes ennemis. Encore quelques pas et, à sa grande surprise, apparaît, vaguement estompé dans l'opaque brouillard, un groupe de maisons. Les éclaireurs du lieutenant Tamada heurtent aux portes pour réveiller les habitants et réquisitionner un guide. Soudain, une salve déchire l'angoissant silence de cette nuit; l'avant-garde japonaise est dans Andzio même aux prises avec un poste chinois. Aux coups de feu, le capitaine Matsoozaka — qui n'a pas laissé perdre les distances — accourt avec le reste de la compagnie et l'entraîne en pleine rizière la baïonnette en avant. Cependant, les Chinois opposent une furieuse résistance, couvrant de feux désordonnés le tertre escaladé par la compagnie Matsoozaka; la scène se prolonge et menace de devenir critique. C'est l'inévitable crise psychologique.

Heureusement, le lieutenant-colonel Taketa, ayant fait serrer la compagnie Tanaby — tête du gros — ne tarde pas trop à intervenir; sur les indications du capitaine Matsoozaka, le lieutenant Tokiyama (de la compagnie de renfort) menace avec sa section les derrières de l'ennemi, tandis que les deux compagnies s'élancent hors de leurs couverts et pénètrent dans la partie sud du village. Il est alors un peu plus de 4 heures. Les vainqueurs comptent sept tués et dix-huit blessés au nombre desquels le capitaine Matsoozaka et le lieutenant Tamada.

Peu après, le lieutenant-colonel Taketa rassemblait son détachement à *Andzio*, attendant pour agir sur le flanc gauche des Chinois l'engagement de la colonne principale.

La compagnie du génie du capitaine Azeezatva, placée derrière l'avant-garde, avait su, par quelques rapides travaux, faciliter l'écoulement du gros et éviter ainsi l'éparpillement de ce bataillon ; il lui restait à compléter sa tâche en assurant le passage des convois appelés dans la journée à rallier la colonne du général Oshima.

Quelques heures de repos sont accordées aux troupes ; puis aussitôt le lieutenant-colonel Taketa est de nouveau jeté, dans la direction d'Asan, à la poursuite des Chinois. Il y arrive à 4 heures de l'après-midi, ramassant les traînards et recueillant les quelques débris que toute troupe en retraite sème derrière elle.

Le général Oshima l'y rejoignait dans la matinée du lendemain (30), puis se décidait — la poursuite n'étant pas productive — à ramener sa brigade à Séoul.

En somme, pour les Japonais, victoire relativement aisée ; pertes ne se chiffrant pas à une centaine d'hommes, mais aussi peu de trophées (quatre canons, un petit nombre de prisonniers) et, se dérobant, un adversaire qui n'a pu être sérieusement entamé.

De fait, le général Yeh n'avait pas voulu s'exposer à un combat dont il n'aurait pu — même victorieux — retirer le moindre bénéfice. Un échec ramenait simplement les Japonais sur Séoul, leur base d'opérations, d'où, à l'aide de renforts, ils ressaisissaient une nouvelle et plus efficace offensive. Vaincu, il perdait toute faculté de manœuvrer et était irrémédiablement séparé du gros des forces chinoises se concentrant autour de Ping-Yang. Sa défaite devait aussi fâcheusement influencer l'attitude des populations de plus en plus gagnées à la révolte des Tong-Haks.

Dans de telles conditions, conserver sa liberté d'action, refuser la bataille et marcher pour rejoindre la division Sheng.

En conséquence, le général chinois ne livre à son adversaire qu'une arrière-garde, rideau à l'abri duquel il s'esquive dans la journée du 28. 800 à 1.000 hommes, tout au plus, sont laissés à la disposition du général Nieh : deux ying (environ 200 hommes) à Andzio, une égale force sur les hauteurs dominant Seikwan, et une réserve de quatre ying dans le village même.

Nous avons pu constater avec quelle habileté le général mandchou avait su jouer son rôle de plastron. Sa retraite est non moins astucieuse. Il attire vers Asan la poursuite du vainqueur pour complètement dégager le gros de sa division qui se replie par Hong-Tsju sur Tschon-Tsju (125 kilomètres plus au sud).

Avec l'assistance de la population qui lui fournit vivres, guides et moyens de transport, le général Yeh entreprend, à partir de ce dernier point (Tschon-Tsju), une randonnée aventureuse — côtoyant le versant est de la chaîne dorsale — pour aboutir fin août, après vingt-quatre journées de marche, à Ping-Yang.

Observations — 1. La décision prise par le général Oshima de recourir à l'expédient d'une manœuvre de nuit est parfaitement justifiée. Il croit avoir, devant lui, dans une position fortement organisée, un adversaire à peu près d'égale force : il peut admettre que la défense sera vigoureuse et il lui sera alors extrêmement pénible de forcer à travers les obstacles sous le feu de l'ennemi ; les ténèbres favoriseront au mieux cette difficile marche d'approche, ce dangereux déploiement. Les dispositions adoptées sont correctes et prudentes, à une exception près fidèlement conformes aux enseignements. — A noter : le soin avec lequel il est procédé, par les officiers qui auront à guider les colonnes, à une double reconnaissance, de jour et de nuit; l'attention avec laquelle est gardé le secret de l'opération, les ordres n'étant donnés qu'au moment même de l'exécution; observons aussi que le général ne commet point l'erreur de compter sur la coopération de la colonne de droite ; seul le détachement principal avec lequel il marche doit décider l'action; on critiquera seulement — sans avoir la prétention de dire comment elle aurait pu être constituée — l'absence d'une réserve.

2. Le général Yeh a su habilement jouer de l'arrière-garde, usant, pour tromper la poursuite, d'un procédé qui, plus d'une fois déjà, a réussi. C'est, en octobre 1805, l'archiduc Ferdinand sorti d'Ulm et donnant le change à Murat. C'est encore le duc Guillaume de Brunswick-Oels, en août 1809, échappant à l'enserrement qui, de toutes parts, le menace ; le hardi partisan quitte à Barrien, avec son gros, la route de Brême sur laquelle il laisse le détachement du major Korfes (120 hommes, infanterie et cavalerie, 2 pièces); le lendemain, 6 août, cette arrière-garde complète encore l'erreur de Rewbell, en livrant à la division westphalienne le petit combat de Delmenhorst.

*
* *

L'armée chinoise que le général Yeh allait ainsi rejoindre (1) avait franchi, dans les derniers jours de juillet, le fleuve Yalu, se dirigeant sans hâte vers Ping-Yang, où elle arriva dans la première quinzaine d'août. Les avant-postes, en majeure partie de cavalerie tartare, poussent

---

(1) Voir fin chapitre III.

jusqu'à *Kaï-Song*, à 75 kilomètres au nord de Séoul, au débouché d'un pénible défilé qu'il n'est pas possible d'éviter.

En arrière, sous la protection de cette avant-ligne, les généraux chinois mettent Ping-Yang (1) en état de défense.

Ping-Yang, d'après la description qu'en donne le colonel russe Webel, dans la *Nowoïd-Wremia*, est une ville d'environ 80.000 âmes, étalant son enceinte fortifiée sur les hauteurs de la rive droite du *Taï-don-Gang* et à 53 kilomètres de son embouchure (*Kwang-Tsju*); un pont en pierre traverse le fleuve.

De Séoul à Ping-Yang, 245 kilomètres de route, si toutefois on peut prétentieusement donner ce nom à l'exécrable piste chevauchant à travers une région riche, bien cultivée par une laborieuse population, mais étrangement accidentée et ne se prêtant que peu à la marche d'une armée, surtout d'une armée équipée à l'européenne, avec son artillerie, ses convois et ses nombreux impédimenta.

Evidemment, plus le commandement engagera de troupes sur cette unique voie, plus les difficultés s'accumuleront; ainsi, première raison pour disjoindre la masse. Puis, avec une seule colonne se heurtant à l'obstacle du *Taï-Don-Gang*, point d'autre expédient que de saisir le taureau par les cornes (2); le fractionnement, par contre, autorise la manœuvre tournante. Donc, jonction sur le champ de bataille, procédé qui, cette fois — bien excep-

---

(1) *Ping-Yang* des Chinois, *Hei-Ho* des Japonais, *Pjong-Jang* des Coréens.

(2) « Ne jamais attaquer le taureau par les cornes quand on peut faire autrement » est un des rares *principes absolus* formulés par le maréchal Bugeaud (*De l'ordre de combat pour l'infanterie*). Le plus mémorable exemple des fatales conséquences auxquelles expose la méconnaissance de ce principe absolu a été fourni le 27 septembre 1810 à Busaco; d'autres épisodes, d'importance secondaire, sont également à méditer, entre autres le combat de Wilna (19 juin 1831) : attaque de Gielgud.

tionnellement, — se justifie par suite de l'extrême difficulté du débouché en masse.

En conséquence, le maréchal Yamagata — qui dans les premiers jours de septembre viendra prendre le commandement de l'armée — décide la marche concentrique sur Ping-Yang de trois colonnes.

A droite, le détachement mixte du colonel Sato (le 18e d'infanterie, une batterie, un peloton de cavalerie) débarqué à Gensan courant août (1).

Au centre, par *Kay-Syeng* et *Fjong-San*, les brigades Oshima et Tatsumi.

A gauche, un gros détachement mixte aux ordres du général Nodzu, transporté à *Kwang-Tsju*.

Les préparatifs de la manœuvre commencent, dans la première quinzaine d'août, par une très habile démonstration que va faire sur les côtes de Chine, en vue de *Weï-Haï-Weï* et de *Port-Arthur*, l'escadre japonaise afin de détourner des rives occidentales de la Corée l'attention de la flotte chinoise et permettre ainsi, en toute sécurité, le transport de *Chemulpo* à *Kwang-Tsju* de la colonne de gauche ; ce transport s'organise sur 13 bâtiments, du 18 au 20 août.

D'autre part, la colonne du centre s'est mise en route

____

(1) Le régiment d'infanterie n° 18 appartient à la 5e brigade (général Osaka) de la 3e division (général Katsūra) ; l'autre régiment de la brigade, le 6e, a dû être également débarqué à Gensan.

La 6e brigade de cette même division est encore à Séoul.

Nous avons admis comme probable le transport de Chemulpo à Kwang-Tsju de la colonne de gauche ; d'après d'autres informations, ce détachement aurait suivi la voie de terre de Fjong-San à Kwang-Tsju.

Ces incertitudes sont à l'heure actuelle encore très admissibles.

Puis, n'est-il pas des faits, beaucoup plus près de nous, prêtant également à contestation ?

Entre autres — tout récemment remise sur le tapis de la publication de la 18e livraison des *Kriegsgeschichtliche Einzelschriften* — la question *(Die Doktorfrage)* de l'occupation, de la perte, puis de la reprise de Flavigny.

dans les premiers jours d'août; elle est d'abord précédée d'une avant-garde ayant mission d'améliorer la voie et de tâter l'ennemi.

Le rôle de ce corps détaché est des plus pénibles; il est attaqué le 13 août à *Tchong-Houa* par la division du général Wei-Ju-Kei, puis ramené par la cavalerie de Kirin, après de nouveaux insuccès à *Huang-Chow* et *Kaï-Song* (17-18 août, 2 septembre), jusque sur l'*Imtschin-Gang* à 35 milles au nord de Séoul.

Son gros le recueille alors puis le pousse en avant, faisant à son tour céder le détachement chinois que le général Yeh-Chich-Chao omet complètement de soutenir; il a négligé aussi de mettre à profit les deux mois de loisir qui lui ont été concédés : non-seulement il n'a rien fait pour couvrir Ping-Yang, bien plus il appelle sous la place le corps de 3.000 hommes du général Yang auquel Tso-Pao-Kuei (de Moukden) a confié la garde d'un gros village fortifié, à 10 kilomètres de la ville; Yeh, se refusant, quelques jours plus tard, à reconnaître son erreur, imputera à Yang l'abandon de ce poste et le fera exécuter pour lâcheté.

Sur ces entrefaites, le 9 septembre, le gros de la colonne japonaise s'est rassemblé à *Fjong-San*; le cheminement a été pénible, par un temps détestable; le maréchal a préféré marcher lentement, par petites étapes, estimant qu'il importait avant tout, au début d'une campagne, à la veille d'une bataille qui devait être décisive, de ménager ses troupes.

Le 9, la colone du centre se disloque à son tour et les rôles se répartissent. Le général Oshima restera au centre, débouchant de *Tchong-Houa*; à la droite se déploiera la brigade Tatsumi, cherchant par *Kang-Tong* et *Syong-Tjyeng* à joindre le colonel Sato (1); à gauche, le général

---

(1) Franchissait ce même jour le col de Song-Chon (905 mètres), se trouvant par suite à une soixantaine de kilomètres de Ping-Yang.

Nodzu franchira le Tatong à Kwang-Tsju ; Ping-Yang sera

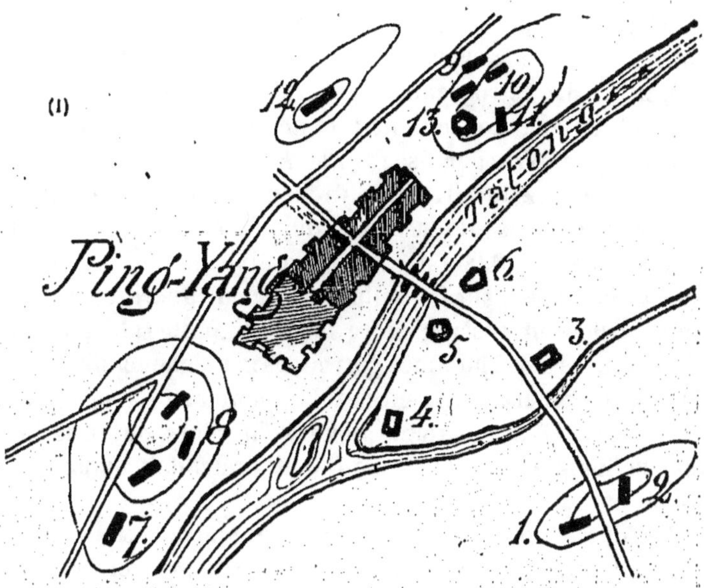

(1)

ainsi saisi entre les deux serres de la tenaille ; double enve-
loppement, manœuvre réputée dangereuse mais qu'excusera la supériorité numérique des Japonais et l'incapacité
manœuvrière des Chinois.

Le général Nodzu ayant encore sur la rive droite du
fleuve environ 60 kilomètres à parcourir avant d'atteindre
Ping-Yang, l'attaque générale est fixée au 14. Ce jour
pourtant, il n'est procédé, sur tout le front, qu'à une
bruyante démonstration, destinée à détourner l'attention
des Chinois, afin de faciliter au général Tatsumi le franchis-
sement du fleuve (en amont) ; le général Oshima a néanmoins réussi à s'emparer des ouvrages n°s 1, 2, 3 et 4.
Les Chinois ne se rendent compte que trop tardivement

---

(1) D'après le croquis donné par la *Revue militaire de l'Étranger.*

du péril auquel les a condamnés leur précédente inaction. C'est en vain qu'ils tentent à la nuit de partiels retours offensifs, ils ne parviennent ni à déloger la brigade Tatsumi, ni à faire rétrograder le général Nodzu. Les généraux Yeh et Chiang conseillent l'immédiate évacuation et la retraite sur Witu; mais *Tso-Pao-Kwei* décide énergiquement la défense à outrance : lui-même tiendra, avec 4.500 hommes, en avant de la porte sud; Ma-Yü-K'un occupera la tête de pont (3.000 hommes); la division Wei-Yu-Kuei (4.000 hommes), sur laquelle on ne peut guère compter, sera postée en réserve, entre les deux postes; le général Yeh avec les 3.000 hommes de troupes mandchoues fournira la réserve générale. Ainsi, au total, pour cette armée chinoise, 14.500 combattants; que sont alors devenus les 40.000 hommes que Ly-Hung-Chang prétendait avoir envoyés en Corée?

Le 15, par un matinal brouillard, le centre recommence son active démonstration, cherchant à s'emparer des ouvrages 5 et 6. A l'aile gauche, les troupes, sous la protection de leur artillerie (1), s'avancent de position en position, se saisissant d'abord de l'ouvrage nº 7, puis, après une longue préparation et une menace d'assaut, de l'ouvrage nº 8 (vers 4 heures). A peu près à la même heure, les troupes de la brigade Tatsumi se disposaient à enlever, dans un suprême effort, le dernier obstacle, l'ouvrage nº 13.

Les généraux chinois comprennent alors que la situation est désespérément compromise : ils cherchent sous prétexte de pluie à négocier une suspension de douze heures. On leur fait répondre qu'on n'acceptera qu'une immédiate capitulation.

Cependant le maréchal Yamagata ne veut pas se décider

---

(1) Pousser l'artillerie de position en position, retenir, ménager l'infanterie. Le procédé est identique à celui employé par les Allemands le 3 décembre 1870 à *Chilleurs-aux-Bois* et entre Arthenay et Chevilly. (Voir Kunz, *die Schlacht von Orléans*, page 87.)

à faire donner l'assaut au corps de la place avant d'avoir complètement coupé la retraite aux défenseurs par l'occupation du col de Ping-Yang, à environ 10 kilomètres au nord-ouest de la ville. Le détachement du colonel Sato, auquel cette mission semblait revenir, a dû servir à renforcer la brigade Tatsumi; on y emploiera après quelques heures de repos une partie de la division Nodzu. Il entre ainsi dans les intentions du commandement de suspendre l'action, qui sera reprise le 16, aux premières clartés.

Comme dernier épisode de la bataille, à la chute du jour, la tentative désespérée d'une partie de la cavalerie mandchoue (environ 600 hommes) pour se frayer un passage. Quelques bataillons de la division Nodzu forment les carrés et fournissant salve sur salve, rejettent la horde intrépide sous les murs de la place.

Plus tard encore, très avant dans la soirée, les tronçons extrêmes de l'armée japonaise, s'étirant pour se souder à l'ouest de Ping-Yang, seront traversés par les débris de la garnison chinoise fuyant le final enlacement. La misérable division du général Wei qui a pris les devants parvient à s'écouler; les autres chefs, encore entourés de quelques braves, doivent combattre; les généraux Tso et Yeh sont tués en cette suprême échauffourée; le général Ma ramène à Wiju la bande mutilée des derniers combattants.

Dans la matinée du 16, les généraux japonais se joignent dans Ping-Yang abandonné par ses défenseurs, mais encore peuplé d'une foule de traînards, de malheureux se livrant volontiers aux mains du vainqueur; environ 12.000 prisonniers, auxquels s'ajoutent à peu près 2.000 tués ou blessés. Les Japonais ont eu 11 officiers et 154 hommes tués, 30 officiers et 520 hommes blessés.

Observations. — Nous ne pouvons avoir la prétention, étant donnée l'insuffisance des renseignements fournis, d'exercer le droit de critique; il manquera toujours, alors même que les faits seraient minutieusement exposés, d'indispensables données psychologiques : l'état d'âme et le caractère des généraux échappent à notre enquête (1).

Dans de telles conditions, c'est tout au plus si quelques observations générales, uniquement théoriques, semblent nous être permises.

1. — On serait tout d'abord enclin à reprocher à l'état-major japonais la pénétration en Corée par trois ports différents : Chemulpo, Fusan et Gensan entrainant dispersion des forces, et grevant l'allure d'une pénible lenteur.

Le débarquement à Chemulpo de la brigade du général Oshima est motivé par l'urgente objectivité de se saisir de Séoul ; mais cette occupation — plus ou moins aventureusement assurée — il n'est pas permis de compromettre par un long et difficile transport la sécurité d'une armée tant que la flotte japonaise ne sera pas maîtresse de la mer. Fusan est donc tout indiqué pour servir provisoirement de base d'opérations et cela d'autant mieux que l'itinéraire à travers la partie méridionale de la Corée favorise les vues de la diplomatie japonaise, savoir: l'immédiate prise de possession du territoire. Le débarquement à Gensan d'un groupe de médiocre importance, du reste, est également motivé par ces mêmes considérations politiques.

Quant à la lenteur des mouvements, il importe avec une calme et méthodique philosophie de pénétrer l'extrême difficulté du cheminement à travers une région pénible, absolument dépourvue de tout, puis de l'obligation dans laquelle s'est trouvé le commandement d'organiser tous les transports par coolies ; enfin, nous avons déjà dit qu'il entrait dans les intentions formelles de l'autorité supérieure de beaucoup ménager les troupes au début de la campagne,

----

(1) Il n'y a point de règles précises déterminées. Tout dépend du caractère que la nature a donné au général, de ses qualités, de ses défauts, de la nature des troupes, de la portée des armes, de la saison et de mille circonstances qui font que les choses ne se ressemblent jamais. (Napoléon : Note écrite à l'occasion d'un ouvrage du général Rogniat.)

pour réduire dans la mesure du possible ces fatales déperditions de forces qui font fondre les effectifs.

II. — La marche de l'armée japonaise de Séoul à Ping-Yang procède, comme nous l'avons vu, sur deux voies paralèlles :

Colonne de droite, de Séoul à Pon-Sòn ;

Colonne de gauche, de Chemulpo à Kwang-Tsju.

Toutes deux couvertes par l'obstacle du fleuve, sur la rive gauche duquel se pratique ensuite la dislocation.

Négligeons le petit détachement du colonel Sato, se soudant à l'aile droite par simple application de l'immuable principe de l'utilisation de toutes les forces sur le champ de bataille (1), la manœuvre de l'armée japonaise découvre alors son élémentaire et robuste charpente : démonstration sur le front, mouvement en avant des ailes; c'est le procédé d'école pour forcer un défilé.

Un maître ou un artiste de talent, ciselant l'œuvre, aurait pu, il est vrai, la compléter par un enlacement stratégique précédant et prévoyant la désagrégation tactique ; ainsi procède Napoléon à Iéna (2), et il tentera encore la même combinaison en 1813 avec Vandamme et Davout (3).

Le détachement du colonel Sato, mais alors notablement renforcé, aurait pu tenir théoriquement cet emploi ; à notre avis pourtant, la pression simultanée sur les deux ailes

---

(1) « Quand vous livrez bataille, rassemblez toutes vos forces, n'en négligez aucune ; un bataillon quelquefois décide d'une journée. » (Napoléon, *Campagnes de Frédéric.*) Et le prince de Hohenlohe: « On n'est jamais trop fort pour le jour de la bataille décisive ». (*Lettres sur la stratégie*, T. I, page 51.)

(2) Par les manœuvres sur la rive droite de la Saale, l'armée prussienne était tournée stratégiquement avant d'avoir été défaite sur le champ de bataille. (Colonel Liebert, *Ueber Verfolgung*, page 11.)

(3) En portant Vandamme avec 30.000 hommes dans la gorge de l'Erzgebirge sur la ligne de retraite des Alliés (Lord Wolseley, *Le Déclin et la chute de Napoléon*). (Pour Davout, lire *Napoleon und Bernadotte*, E. Wichr, pages 36 et suivantes.)

traduisait l'effort maximum à imposer à l'armée japonaise.
Par contre, il semblerait qu'il a peut-être été donné trop
d'ampleur à la dislocation; la colonne de gauche enfreint
les limites de *l'aire tactique*, si bien que nous surprenons,
au moment de *l'exécution*, il est vrai dans *une arène stratégique* relativement restreinte, un procédé recherchant sur
le champ de bataille même la jonction des deux ailes.

Au point de vue de la « partie d'échecs », c'est, à très
peu de chose près, la *manœuvre combinée de plusieurs colonnes*, motivant, dans le camp adverse, l'application de la
théorie de *la ligne intérieure*.

3. Comme le fait valoir avec son autorité magistrale
l'archiduc Charles(1), « il convient d'éviter dans la mesure
du possible ces attaques combinées de diverses colonnes ;
jamais leur jonction n'est assurée, tant de causes multiples
interviennent pour dérouter les combinaisons (terrain,
état du temps (2), l'adversaire (3) ; une colonne non venue
au rendez-vous fait manquer tout le plan d'attaque ».

Avec des généraux de médiocre qualité le procédé sera
toujours fatal ; la campagne de 1831, en Pologne, en
témoigne à chaque page de son histoire (4).

En somme, ce n'est que tout à fait exceptionnellement
que l'on pourra attribuer à cette manœuvre la célèbre caractéristique du général von Voigts-Rhetz écrivant au
général Tümpling, le 29 juin, de Münchengratz : « *Die
ganze Machine klappte wundesbar auf Stunde, ja Minute* ».

Et Napoléon : « La guerre étant un métier d'exécution,
toutes les combinaisons compliquées doivent être écar-
tées. La simplicité est la première condition de toutes les

---

(1) *Grundsatze der hoheren Kriegskunst* (Dispositions, attaque et
défense).

(2) Glavaticevo, 27 janvier, 82. Campagne en Bosnie-Herzégovine.

(3) Général Gourko à Ieni-Sagra.

(4) Igame, Wilna, Budzisko, Szawlé, Rogoj, Minsk, Rogozhica

bonnes manœuvres. Il vaut mieux faire trois ou quatre marches de plus et réunir les colonnes en arrière et loin de l'ennemi que d'opérer leur réunion en sa présence (1) ».

Le procédé de Napoléon est en effet le débouché en masse. « Vous devez savoir que mon principe est *de déboucher en masse* (2) ».

C'est ce que Bernadotte, dans une conversation avec Moreau à la veille de l'entrée en campagne, définissait « *le coup de massue* ».

L'empereur place donc, dans la règle, le point de concentration de ses forces devant le champ de bataille présomptif, autant que possible couvert par un cours d'eau (3), recherchant, chaque fois que l'occasion lui en est laissée par la faute de ses adversaires, le bénéfice de la *ligne intérieure*.

4. Cette théorie de la ligne intérieure est déjà de bien ancienne application. En 1703, l'électeur de Bavière se trouvait dans une critique situation ; le cercle ennemi s'était resserré autour de ses Etats : le comte Styrum réuni au général Gronsfeld avait envahi le Palatinat alors que Schlick se disposait à franchir l'Inn. Max Emmanuel, abandonné à ses propres forces, eut une inspiration de soldat qui le sauva ; il résolut d'attaquer séparément ses deux adversaires avant qu'ils eussent le temps de se joindre. Il passe l'Inn, le 10 mars, près de Scharding, se jette sur Schlick, le bat deux jours de suite et l'oblige à s'enfermer dans Passau ; puis il se retourne vivement contre son second adversaire, franchit le Danube à Straubing, inflige, près

---

(1) Fin de la campagne de 1799 — 1° Observation n° 5, au sujet du plan adopté à Paris pour les armées des Alpes et d'Italie.

(2) Lettre du 28 avril 1813, d'Erfurth, à Eugène.

(3) Se portant sur Leipzig, 1813. Tous les mouvements doivent se faire derrière la Saale comme derrière un rideau (lettre à Ney, 27 avril) ; de même plus tard, se dirigeant sur Dresde, concentration à Stolpen couverte par l'Elbe.

d'Amberg, un échec au margrave d'Anspach et force finalement Styrum à repasser la frontière.

Cette campagne de l'Electeur eut, à l'époque, un prodigieux retentissement ; il est hors de doute que Frédéric s'en est inspiré dans les journées entre Rosbach et Leuthen, et qu'elle a été étudiée, méditée par l'archiduc Charles. Pourtant, les princes Henri et Ferdinand s'en tiennent encore aux anciens procédés ; Carnot aussi leur est encore si fidèlement attaché que le plan de campagne qu'il imposera en 1796 à Moreau et à Jourdan incite, en quelque sorte, l'archiduc Charles à cette fameuse manœuvre qui sacrera sa réputation de grand capitaine.

Napoléon fut un maître incontesté — que nul sans doute n'égalera — dans l'art de saisir les avantages de la ligne intérieure ; son chef-d'œuvre dans le genre est très certainement la manœuvre qui précède Abensberg, alors qu'accouru de Paris, il ramasse les corps épars déjà gravement compromis. 1814 est encore un superbe exemple quoique entaché d'une erreur d'appréciation : Napoléon n'a pas suffisamment tenu compte du caractère timoré de Schwarzemberg ; c'était non à lui mais à Blücher qu'il importait de s'attaquer ; Blücher annihilé, impuissant à faire prévaloir dans les conseils son énergique obstination, les négociations devaient aboutir (1).

L'art consiste à surprendre le moment où l'avantage stratégique est sur le point de se transformer en péril tactique (relation de la section historique de l'état-major prussien, campagne de 1866) ; c'est dire : laisser les corps isolés

---

(1) La même erreur ne se reproduit pas en 1815. D'après tout ce qu'il savait des opérations de Wellington dans la péninsule, il comptait que celui-ci agirait avec la plus grande prudence, et les anciennes rencontres avec Blücher le rendaient sûr que l'impétueux Prussien se précipiterait furieusement au combat. Il pensait donc dicter les conditions à l'armée prussienne avant que le prudent Anglais avec ses mouvements lents pût arriver pour la soutenir. (Wolseley, *Le déclin et la chute de Napoléon*, p. 166.)

s'approcher suffisamment, mais pas trop, de façon à pouvoir — toutes masses réunies — fondre sur l'un d'eux sans que les autres soient à même de lui venir en aide.

Le procédé mécanique est d'une extrême simplicité : opposition d'un détachement servant de masque. Telle fut la constante pratique de Napoléon en 1814 et de Bem en Transylvanie (1848). Dans certaines circonstances, en présence de généraux méritant une particulière considération, le procédé se complique quelque peu ; c'est ainsi, que l'archiduc Charles ne croit pas pouvoir se dérober devant Moreau sans lui inspirer des appréhensions par un retour offensif à Neresheim. Immédiatement après, exploitation de l'avantage tactique, c'est-à-dire retraite stratégique par Donauwörth. Lorsque Moreau se reprend, il n'a plus devant lui que La Tour, assez maladroit, d'ailleurs, pour se laisser atteindre et battre à Freidberg, alors qu'il lui était indiqué d'éviter toute rencontre, se bornant constamment à reculer. Néanmoins, Jourdan était entamé à Amberg et à Wurzbourg ; l'archiduc Charles gagnait la partie.

Rares sont les généraux suffisamment doués de talent pour pouvoir se permettre semblable manœuvre. Wellington lui-même, par deux fois, n'a pu y réussir : d'abord, en juillet 1809, à Talavera (1), puis, en octobre-novembre 1812, à Ciudad-Rodrigo (2) ; tout au plus, son habileté lui

(1) Wellington se trouve avec 60.000 hommes à Talavera, ayant devant lui le roi Joseph (50.000 hommes) et sur son flanc gauche Soult entre Salamanque et Placencia ; Venégas avec 20.000 Espagnols est établi au sud de Tolède. Au lieu de compléter son insuffisant succès du 28, en poursuivant Joseph de concert avec Venégas, Wellington perd cinq jours dans une immobilité presque complète jusqu'au moment où la menace de Soult l'oblige à se retirer sur Opopeso.

(2) Après le conseil de guerre de Fuentès Higuera, sur la proposition de Soult : jonction des armées du sud et du centre (60.000 hommes) pour marcher sur Aranjuez. Wellington s'était porté contre l'armée du nord à Burgos. Le général Souham a très sagement compris qu'il ne devait pas se compromettre avant l'arrivée de Soult ; il organise solidement une arrière-garde à Burgos où le général Dubreton s'illustre par une glorieuse résistance, jusqu'au moment où Wellington, à la nouvelle

permet-elle de se soustraire au danger de la manœuvre
enveloppante.

5. Le procédé employé par les Chinois de détacher une
forte arrière-garde dans la direction du sud, à la rencontre
de l'armée japonaise est en tout point excellent et aurait
pu, habilement exploité, produire d'heureux résultats.
C'est en somme, la manière du général von Werder, le 13
janvier 1871, en avant de la Lisaine : détachement du
colonel von Loos sur la route vers Sainte-Marie, détachement du lieutenant-colonel Nachtigal vers Saulnot. La
mission de ces détachements était d'arrêter la tête des
colonnes de l'armée française, de les forcer à se déployer,
de se renseigner sur leurs intentions, et surtout de gagner
du temps, afin de permettre à Werder, fort à court, d'achever l'organisation défensive de sa position.

Encore dans le même style, mais plus sobrement, le
30 octobre, pour couvrir les approches de Dijon. Tous les
détachements disponibles sont portés à 6-7 kilomètres à
l'est; ils doivent retarder la marche des Allemands et rendre loisible l'occupation des positions de Mirande et de
Sainte-Apollinaire. C'est ainsi que, sur la route de Gray, 160
chasseurs du 6° bataillon, 2 à 300 gardes sédentaires et
volontaires de la Côte-d'Or, tiennent si tenacement qu'à
midi ils n'ont reculé que de 4 kilomètres; il avait fallu
deux heures à 2 bataillons allemands disposant de 2 batteries pour gagner cette courte avance.

Chanzy, au Mans, use encore du même procédé quoique
avec une objectivité moins précise.

---

de l'approche de Soult, se retire vers Salamanque. Souham le suit
alors; Soult hâte encore sa marche dans l'espoir de couper les Anglais
du Portugal. Le 10 novembre les deux armées françaises se soudent,
Soult prétend au moins forcer Wellington à livrer une bataille dans
des conditions périlleuses pour sa ligne de retraite; il passe le Tormes
et manœuvre en menaçant la route Salamanque-Ciudad-Rodrigo; le
général anglais parvient pourtant à se dérober et arrive le 18 à Ciudad-Rodrigo.

Les détachements ainsi poussés à la rencontre de l'ennemi constituent l'*avant-ligne* MOBILE par opposition à l'*avant-ligne* FIXE *ou avant-postes de combat.*

Le général Cambriels organise de la sorte la ligne de l'Ognon pour couvrir Besançon. L'attaque de cette position par le général von Werder provoque le 22 octobre les combats de Cussey (bataillon des Hautes-Alpes, bataillon des Vosges) et de Buthiers (détachements du 78° et du 10° bataillon de chasseurs) (1).

Le général Crémer à Nuits (18 décembre 1870) adopte le même mode : l'occupation de Boncourt, le Bois-Tagencourt avec en arrière la ferme de la Berchère, n'est qu'une avancée du véritable emplacement de résistance bordé par la tranchée du chemin de fer.

Le procédé est, du reste, de toutes les époques, tellement il est vrai que les modes tactiques sont dans leur primitive et originelle conception, indépendants de toutes les innovations, de tous les perfectionnements que nous avons la prétention d'inaugurer. A la bataille de Coutras (1587), l'armée protestante de Henri de Navarre était postée à 2.000 pas en avant de la ville dans une petite plaine, sa droite à la Dronne, sa gauche vers un petit bois taillis; sur le front, les corps de Turenne et de Joyeuse qui, après le premier choc, s'écoulent par les ailes, découvrant la véritable ligne de bataille. Les cavaliers, sur six rangs, entremêlés d'arquebusiers sur dix de profondeur, ont été établis à une distance telle, en arrière de leurs avant-postes de combat, que la cavalerie ennemie ne pourra les aborder qu'en fin de course, l'élan rompu, les chevaux épuisés.

La tactique anglaise pendant les guerres du premier Empire, en Espagne et à Waterloo, est essentiellement

____

(1) Le détail de ces opérations est à lire dans l'excellent ouvrage de M. le commandant Euvrard, *La première Armée de l'Est.* Librairie militaire Henri Charles-Lavauzelle.

basée sur le feu de l'avant-ligne; les distances seules ont varié.

Nous faisons ainsi sans cesse retour, dans notre inquiète recherche du mieux, à de vieilles méthodes délaissées ou oubliées; nous affublons ces mannequins d'une défroque neuve, puis nous nous déclarons satisfaits du labeur accompli!

Aehnlichkeitsjager, dira-t-on, chercheur d'analogie, peu importe! Quoi qu'il en soit, plus nous pénétrons dans l'étude de l'histoire militaire, plus nous nous entêtons dans cette conviction.

L'organisation et le service des éclaireurs d'infanterie, tout récemment réglementés, ne se retrouvent-ils pas à peu près identiquement, en février 1797, dans diverses pièces de correspondance relatives à la formation de la légion lombarde de Lahoz? Quelques corrections suffisent, oh! combien légères, pour moderniser.

Et encore : dans les dissertations des néotacticiens n'est-ce pas à la *masse*, toujours à la masse, à la masse, dans ses plus diverses applications, que l'on revient avec une immuable obstination, comme au palladium sacro-saint, comme à l'initiale révélation.

Etait-il donc bien nécessaire de rééditer en de vagues formules les enseignements si précis, que livrent et la manœuvre avant Iéna et la marche sur la route de Moscou à la sortie de Smolensk?

6. Les généraux chinois n'ont pas eu l'air de se douter qu'une position pas trop forte était fatalement exposée à être tournée; s'accrocher à Ping-Yang, au bord même de l'escarpement, équivalait à une complète renonciation de la liberté de manœuvre. Pourtant, une incurable hypnose a maintenu l'agglomération compacte et il ne nous sera pas donné très exceptionnellement d'avoir à critiquer un mode défensif étendu, le système des cordons si vertement blâmé par l'archiduc Charles. Mais l'auteur des

Principes de stratégie ne préconise pas seulement la masse de manœuvre, il fait valoir aussi l'impérieuse nécessité de savoir la disposer en réserve au *point stratégique*, lequel, comme nous l'enseigne le combat de Kissingen (1) (10 juillet 1866), ne doit pas toujours être confondu avec le *point essentiel tactique*. Distinction aucunement subtile, tout au plus un peu trop délicate pour être saisie par de grossiers tâcherons.

Sur la rive droite du Tatong, le point essentiel nous semble indiqué dans la direction du col à environ 10 kilomètres au nord-ouest de Ping-Yang; des positions sortables, plus proches de l'avant-ligne, se montrent à l'entrée du défilé; si ces positions n'étaient bonnes tout au plus qu'à recueillir l'avancée, un unique parti s'imposait aux généraux chinois : refuser la bataille.

7. Se dérober eût été à coup sûr mieux avisé que de s'exposer présomptueusement à un désastre. Moreau recommande cette sage circonspection aux armées qui ont été malheureuses : « N'y aurait-il pas eu beaucoup d'habileté à éviter de se commettre avec une armée d'invasion et à se borner à ralentir ses progrès par une guerre de manœuvres qui donnerait le temps à l'État menacé de renforcer son armée pour la mettre en mesure de tenter une bataille défensive avec l'espoir du succès? » (Manuscrit de Moreau remis à son aide de camp le colonel Ratapel) (2). Il n'y a pas, en effet, comme le proclamait le maréchal Bugeaud (3), « de honte à refuser la bataille quand on sait

---

(1) Etant admis le principe blâmable de la défense directe de la Saale, *le point stratégique* était à chercher sur la position de Poppenhausen, reconnu dès le 8, ligne de retraite directement en arrière du front sur Schweinfurt. La défense *tactique* pouvait se saisir d'une position sur la Bodenlaube avec l'aile gauche à la route Kissingen-Schweinfurt, la droite au Schlegelsberg; ligne de retraite Poppenhausen-Schweinfurt.

(2) Extraits de la vie de Moreau. Alp. de Beauchamp, Paris 1814.

(3) Citant au colonel Despans de Cubières l'exemple du général Corbineau à Reims; puis encore dans un article au *Spectateur militaire*.

s'exposer à un inutile échec ». C'est ainsi que Schwarzenberg décline la rencontre que Napoléon cherche à amener le 22-23 février à Troyes (1); il en a souffert, mais il a su être au-dessus de la critique (2).

8. Il nous est connu, par divers incidents de la défense de Ping-Yang, combien grande était l'anarchie sévissant dans les hautes sphères du commandement de l'armée chinoise; pas de général investi sans conteste de l'autorité supérieure; des chefs de bandes plus ou moins indépendants, auxquels sont pénibles la soumission et la discipline. « Mieux vaut, a pourtant écrit Bonaparte dans une lettre à Carnot du 16 mai 1796, un mauvais général que deux bons. »

A toutes les époques de l'histoire, chaque fois qu'il s'est produit, ce défaut *d'unité de la pensée militaire* n'a amené que des désastres.

Villars disait : « Il faut qu'un seul et même esprit gouverne toute la guerre » (campagne de 1703); le moindre inconvénient est d'entacher de lenteur les manœuvres stratégiques. Il fallait six semaines de négociations pour décider Vendôme à marcher vers l'Autriche.

Et à citer presque entièrement la lettre de Marmont à Berthier (Valladolid, 23 février 1812) au sujet de la pénible situation faite à l'armée du Portugal et de la désastreuse répartition du commandement en Espagne : « J'annonce la marche de l'ennemi », je demande des secours, on me répond par des observations.

Puis aussi, cette manie des conseils de guerre (notamment celui du 14 septembre) trahissant le manque de ca-

___

(1) Lettre de Schwarzenberg, Bar-sur-Aube 26 février, citée par Bernhardi, II, 478-79.

(2) *Thielen-Feldzug der verbündenten Heere Europas* 1814-1815, p. 295. « Le prince de Schwarzenberg a fait de lui-même et contre l'avis de tous, deux manœuvres auxquelles on doit le succès de cette campagne : la première en battant en retraite à Troyes, la seconde en attaquant à Arcis-sur-Aube. »

pacité et le défaut de caractère de ceux auxquels incombait la responsabilité. On délibère et le temps passe (1).

Tâchons au moins de tirer du passé, de déduire de notre propre histoire de profitables enseignements. Sans insister sur un sujet par trop délicat ne semble-t-il pas qu'il y ait dans notre armée, encore un peu à faire pour..... affirmer cette *unité de la pensée militaire*.

Le lendemain même du jour où l'armée du maréchal infligeait, à Ping-Yang, un complet désastre à l'armée chinoise, la flotte de l'amiral Ito remportait, près de l'embouchure du fleuve Yalu, une non moins décisive victoire.

Après les incursions déjà mentionnées en vue de Weï-Haï-Weï et de Port-Arthur, l'escadre japonaise demeure au mouillage dans le golfe de Petchili, à l'effet d'interdire, par la voie de mer, tout renfort à l'armée chinoise dans le nord de la presqu'île.

Or, il entrait, précisément à cette heure, dans les vues du gouvernement de Pékin de secourir au plus vite cette armée ; un corps de 6 à 8.000 hommes était embarqué à Takou, à destination de Wiju, près de l'embouchure du fleuve Yalu.

Le 17 septembre, entre 11 heures et midi, l'escadre de l'amiral Ting se trouvait à environ 25 milles au nord-ouest de la petite île de Taï-Kowa-Do (2), les six transports qu'il convoyait suffisamment près de la côte pour pouvoir,

---

(1) Lieutenant-colonel de Vandevelde : commentaires sur la guerre 70-71, à propos du conseil de guerre du 26 août. Lettre de Villars à Chamillart à propos du conseil de guerre du 24 avril 1703. — Le 21 mars 1814 (2ᵉ journée d'Arcis), au lieu de donner sans retard l'ordre de marcher sur Arcis pour poursuivre l'armée française et là surprendre dans le périlleux labeur d'un passage de rivière, Schwarzenberg mande à Ménil les commandants de corps d'armée pour *eine Kurze Besprechung;* elle dure si longtemps que les deux tiers de l'armée française ont le loisir de passer sur la rive droite de l'Aube.

(2) *Taï-Kowa-Do* ou *Ta-Tau-K'ou* ou *Ho-Yen-To* des Japonais, ou encore *Talutan-Island*, par 39° 30' (39° 47') nord et 123° 38' (124° 7') est.

dans l'après-midi même, commencer le débarquement des troupes. Soudain apparut dans le sud l'escadre japonaise de l'amiral Ito.

Tout d'abord, pour saisir l'ensemble de la bataille et fixer les idées, une première relation officielle :

Bataille navale de Hayang ou du Yalu.

(17 septembre 1894.)

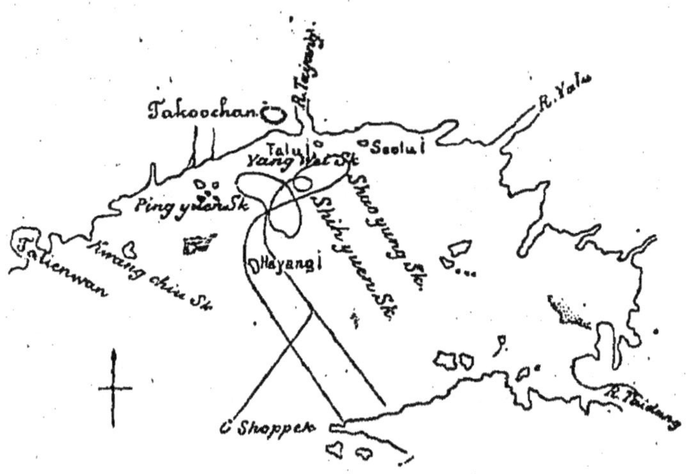

« Nous séjournâmes d'abord quelque temps à l'embouchure du Ta-Tong pour participer aux opérations de l'armée de terre. Lorsque nous fûmes informés, le 16 au matin, de la prise de Ping-Yang, l'amiral quitta aussitôt l'estuaire, faisant route au nord. L'escadre se composait de onze bâtiments et du croiseur auxiliaire le *Saïkio*, portant à son bord le contre-amiral Kabayama, de l'état-major général de la marine, en inspection sur le littoral.

» Nous passions Haiyantau le 17 à la pointe du jour ; plus tard, nous relevions la baie de Tahuchad et vers 11 heures nous distinguions, dans le lointain, la flotte chinoise comprenant quatorze bâtiments et quatre torpilleurs ; tous ces bâtiments, disposés en croissant au sortir de la baie, se portaient à notre rencontre. Ce furent les Chinois qui les premiers ouvrirent le feu à la distance de 4.000 mètres.

» Nous nous trouvions alors sur une seule ligne, le *Matsushima*, portant pavillon amiral, au centre ; pour éviter un inutile gaspillage de munitions, il ne fut répondu au feu de l'ennemi qu'à 3.000 mètres ; encore ne tira-t-on à cette distance qu'un petit nombre de coups, l'amiral ayant prescrit de manœuvrer de manière à concentrer tout le feu successivement sur les deux ailes de la flotte ennemie. L'amiral Ting n'ayant pas tardé à se former en ligne de file, une vive canonnade s'engagea de part et d'autre entre 3.000 et 2.000 mètres.

» Bientôt nous pûmes constater combien était efficace notre feu, de beaucoup supérieur à celui de l'ennemi, dont le tir était évidemment trop court. L'amiral chinois dut modifier sa formation, et alors deux ou trois de ses bâtiments nous assaillirent à toute vitesse. Le combat, en cette phase, se déchaîna avec une extrême violence. Nous demeurâmes inébranlables sous le feu de la grosse artillerie des Chinois et, lorsqu'ils reprirent leur formation, nous pûmes constater combien le croiseur *Lai-Yuen* avait été maltraité ; pour l'achever nous portâmes plus particulièrement notre feu sur lui.

» Le *Lai-Yueng* coulait lentement, l'arrière le premier, les canonniers chinois servant héroïquement leurs pièces jusqu'à la dernière minute ; puis il s'engloutit dans les flots. Une immense clameur courut sur toute notre flotte ; l'enthousiasme était indescriptible.

» Le *Tschi-Yuen*, manifestement très endommagé, est à son tour couvert de projectiles ; il sombre avec son équipage.

» Cependant, le *Saïkio*, qui, malgré son faible armement était venu se ranger parmi les combattants, courait les plus grands périls ; un obus du *Ting-Yuen* avait détruit son

appareil à gouverner, et il avait dû manœuvrer avec ses
aélices pour s'éloigner de la ligne ; entre temps, le *Ting-
Yuen* et le *Chen-Yuen* l'accablent, toutefois avec une certaine
prudence, comme s'ils craignaient un coup d'éperon. Le
Saïkio, finalement exposé à l'explosion de deux torpilles,
put ainsi s'échapper dans la direction du sud.

» Le feu, après un instant d'accalmie, reprit avec une
nouvelle intensité. Le *Tchad-Yang* et le *Yang-Ouei* sont
annihilés. Le premier, quoique désemparé et échoué sur
une roche, soutient la lutte contre deux de nos croiseurs
jusqu'au moment de sombrer. Nous ne pûmes porter secours à l'équipage, réfugié dans la mâture et implorant
notre aide. Quant au *Yang-Ouei*, nous le vîmes s'éloigner,
naviguant difficilement et ayant le feu à bord.

» Nous étions nous-mêmes passablement éprouvés quoique beaucoup moins que l'ennemi. Le *Matsushima*, qui,
dès le commencement de l'action, avait été sérieusement
aux prises avec divers bâtiments chinois, recevait un obus
démontant, à l'avant, un de ses canons à tir rapide de
12 centimètres ; la pièce, violemment arrachée, causait
dans le bordage de graves avaries ; le commandant en
second, le premier lieutenant étaient tués ; nombre d'hommes étaient blessés ou tués. L'amiral dut passer à bord de
l'*Hashidate*.

» L'*Hiyei*, qui s'était longuement comporté avec éclat
dans une lutte inégale entre deux bâtiments chinois,
reçut un obus incendiant ses superstructures, puis un
second projectile qui, éclatant dans le poste des blessés,
tua deux médecins et plusieurs blessés. Le capitaine dut
temporairement sortir de la ligne pour éteindre l'incendie ; il fut heureusement secouru par le croiseur *Yoshino*,
qui, pour le dégager, attaqua l'ennemi avec une extrême
vigueur. Le *Yoshino* éprouva lui-même quelques avaries
dans sa barbette de l'avant. Au cours de la bataille, les
Chinois cherchèrent à diverses reprises à faire usage de

torpilles ; le capitaine de la canonnière *Akagi*, posté dans la hune, put, au moyen de signaux, dénoncer plusieurs de ces tentatives ; le mât ayant été coupé par un projectile, le capitaine et les deux hommes désignés furent préci-

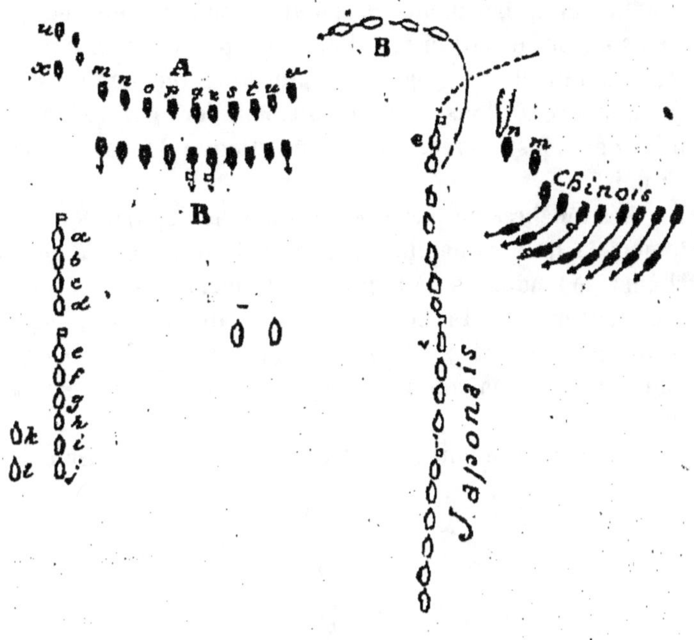

LÉGENDE

FLOTTE JAPONAISE

a	Yoshino.	*e*	Matsushima.	*i*	Hiyei.
b	Tahachiho.	*f*	Chiyoda.	*j*	Fuso.
c	Akitsushima.	*g*	Itsukushima.	*k*	Akaji.
d	Naniwa.	*h*	Hachidate.	*l*	Saïkio.

FLOTTE CHINOISE

m	Chao-Yung.	*q*	Ting-Yuen.	*u*	Kang-Ting.
n	Yuen-Wei.	*r*	Chen-Yuen.	*v*	Tsi-Yuen.
o	Lai-Yuen.	*s*	Chi-Yuen.	*w*	Kang-Ki.
p	King-Yuen.	*t*	Ching-Yuen.	*x*	Ping-Yuen.

pités sur le pont et se tuèrent. Le bâtiment continua à combattre sous les ordres du premier lieutenant.

» Plus tard, presque à la tombée de la nuit, le cuirassé *Ting-Yuen* et les croiseurs *King-Yuen* et *Ping-Yuen* nous semblèrent en feu ; le tir des Chinois s'espaçait de plus en plus.

» Bientôt les bâtiments de la flotte ennemie achevaient de se disperser : c'était la retraite. Nous-mêmes, remettant au lendemain la fin du combat, prenions le large, non sans de grandes précautions, car la nuit était fort noire et nous pouvions nous trouver exposés à l'attaque des torpilleurs chinois.

» Les ténèbres ne tardèrent pas à nous dérober complètement la flotte ennemie ; c'est en vain que nous la cherchâmes le lendemain, à la pointe du jour.

» Revenant alors sur le théâtre de l'action, nous trouvâmes échoué et abandonné le croiseur *Yang-Ouei* ; une torpille — la seule employée par nous — acheva sa ruine.

» Nos pertes se bornent à trois bâtiments sérieusement

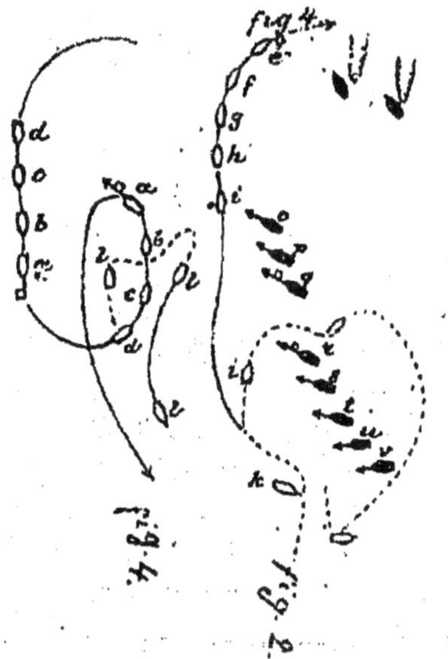

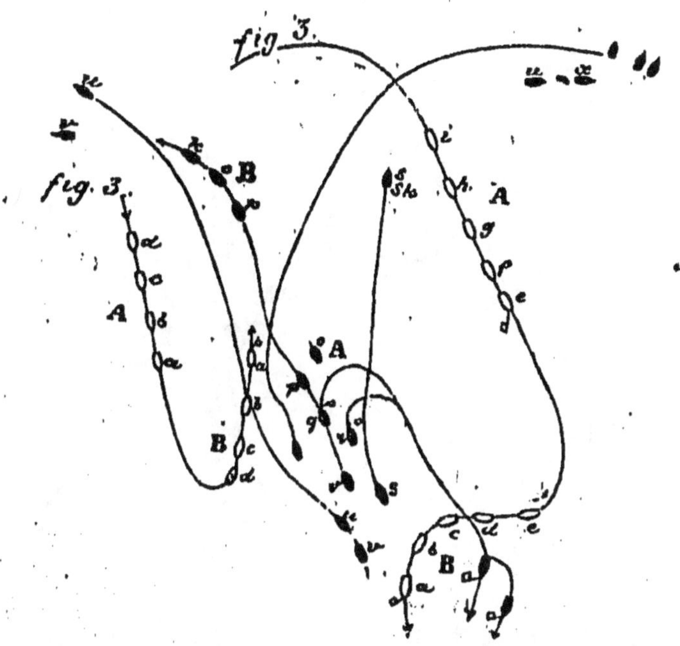

avariés, mais pouvant, à l'exception du *Matsushima*, être réparés à la mer. Ce bâtiment portant hier le pavillon amiral a dû quitter l'escadre.

» La conduite de nos équipages mérite les plus grands éloges. »

Puis encore, également de provenance officieuse, l'article donné au *New-York Times* par le lieutenant Naoki Miyaoka, attaché naval à Washington :

» Dans la matinée du 17, l'escadre croise en vue de Hoïyem-Island, à la recherche de la flotte chinoise ; elle abandonne ensuite ces parages pour prendre par le nord-ouest vers Yalu-Island, la division d'avant-garde formée du *Yoshino*, du *Takachiho*, de l'*Akitsushima* et de la *Naniwa*, sous les ordres du contre-amiral Teüboï ; le gros de l'escadre suit à environ 4.000 mètres.

» Vers 11 h. 30, un nuage de fumée est signalé à tribord ;

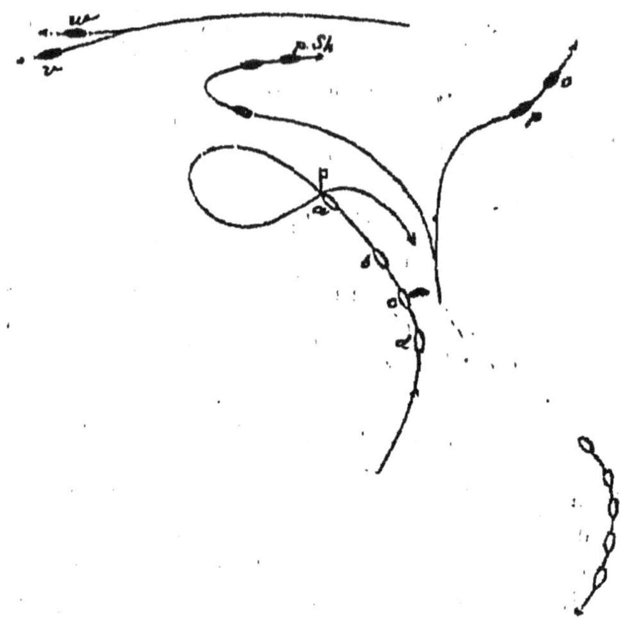

quelques minutes plus tard apparaît — déployée sur une
seule ligne — la flotte chinoise, comptant douze bâtiments.

» A 12 h. 3 branle-bas de combat à bord des bâtiments.
Le *Saïkio* et l'*Akagi* (1) reçoivent ordre de se porter sur le
flanc intérieur (gauche). L'intention de l'amiral est de
manœuvrer à toute vapeur autour de la flotte ennemie,
d'attaquer ses ailes, les points les plus vulnérables, de
manière à rompre son ordonnance et à amener de la
confusion dans sa ligne ; la division d'avant-garde, passant
ainsi devant le front, se rabat brusquement à droite à hauteur de la droite ennemie (Yang-Wei et Tshao-Yung) ; le
gros de l'escadre suit, toutefois, en infléchissant son itinéraire un peu plus à gauche.

---

(1) Ces deux bâtiments n'appartenaient pas en propre à l'escadre.

» A 12 h. 30, les Chinois ouvrent le feu entre 5.000 et 6.000 mètres sur la division d'avant-garde ; celle-ci attend, pour riposter, son passage à 3.500, 3.000 mètres; l'escadre tire, en passant, de toute la vitesse de ses canons à tir rapide, contournant complètement la flotte chinoise ; la division légère, par contre, renverse sa courbe d'évolution pour accourir au secours de l'*Hiyei* et de l'*Akagi*, dont la position est devenue quelque peu périlleuse.

L'*Hiyei*, en effet, par suite de sa moindre vitesse, n'a pu conserver sa place dans l'escadre et a alors cherché à forcer le passage entre le *Ting-Yuen* et le *Lai-Yuen;* l'*Akagi* n'a pas rejoint à temps la queue de l'escadre et est resté isolé.

Après assistance prêtée à ces deux bâtiments, la division d'avant-garde revient en arrière de la droite chinoise, pendant que l'escadre canonne l'aile opposée (sud) ; plus tard, les situations respectives se modifient encore.

Vers 2 h. 30, l'effet de ces manœuvres devient manifeste: les navires chinois ont abandonné leur formation, la ligne est rompue ; dès lors, aucun lien tactique ne subsiste plus.

Le *Yang-Wei*, à bord duquel l'incendie s'est déclaré dès la première passe, et le *Ping-Yuen*, qui prend feu peu après, se retirent, cherchant à s'échouer. Le *Kwang-Kai* et le *Kwang-Ting* désertent, à leur tour, le champ de bataille. Un peu plus tard, le *Chih-Yuen* et le *Lai-Yuen* s'embrasent; le premier de ces navires qui pendant un long moment a servi de cible à toute l'artillerie de la division légère, sombre, couvrant la mer de ses épaves.

Vers 3 h. 30, les deux escadres japonaises attaquent, de concert, les gros cuirassés sur lesquels s'appuyait au centre la ligne chinoise; malgré un feu d'une violence inouïe, les cuirassés se défendent avec une énergique bravoure. C'est dans cette passe que le vaisseau amiral *Matsushima* reçoit deux gros projectiles, dont l'un avec de très graves avaries et une perte d'une trentaine d'hommes tués ou blessés. Le *Chen-Yuen*, ayant pris feu à son tour, est obligé de cesser le combat ; puis le *Chih-Yuen* sombre corps et biens. La division légère a déjà commencé à donner la chasse aux navires chinois, qui, ne pouvant plus combattre, cherchent leur salut dans la fuite.

Un peu avant 6 heures, au déclin du jour, ordre est donné à cette division de cesser la poursuite et de rallier l'escadre ; l'amiral Ito ne veut pas dans les ténèbres de dangereuse dispersion, et il peut craindre aussi quelque désespérée attaque des torpilleurs chinois. L'*Hiyei* et le *Saïkio*, depuis longtemps perdus de vue, donnent certaines inquiétudes ; on doit admettre que ces deux navires ont directement gagné le « rendez-vous », le mouillage de la veille ; s'y retrouvera aussi l'*Akagi*, trop sérieusement endommagé pour avoir pu, jusqu'au soir, prendre part à l'action.

Comme on suppose que les débris de la flotte chinoise ont cherché à gagner Weï-Haï-Weï, l'escadre japonaise se dirige dans la nuit même sur ce refuge, manœuvrant avec beaucoup de circonspection, mais bien résolue à recueillir le lendemain matin, en vue du port, les résultats complets, décisifs, de sa victoire.

A l'aube, il devient évident que les épaves de la flotte pourchassée ont réussi à s'abriter dans Port-Arthur ; l'amiral revient alors sur son champ de bataille, où il relève le *Yung-Wei*, échoué sur la côte sud de Talu-Island et abandonné par son équipage ; l'explosion d'une torpille acheva la ruine de ce navire.

Dans la matinée du 19, l'escadre japonaise rallie au « rendez-vous » l'*Akagi* et le *Saïkio* ; l'*Hiyei* ne rejoint que le lendemain. On se met aussitôt à l'œuvre pour réparer les avaries.

Le *Saïkio* et l'*Akagi* avaient été — nous le savons déjà — très exposés pendant le combat. Le *Saïkio*, en particulier, fut malmené ; ce navire de la flotte marchande, provisoirement aménagé et armé, était incapable d'une longue résistance. Il s'était trouvé, dès le début de l'engagement, aux prises avec deux vaisseaux et deux torpilleurs chinois; plusieurs projectiles entamèrent les parois, les superstructures furent en partie arrachées, deux torpilles éclatèrent dans ses eaux. C'est grâce seulement à l'énergie et à l'habileté de son équipage que le navire parvint — en quelque sorte miraculeusement — à échapper à l'ennemi.

Le petit *Akagi* avait eu, lui aussi, gravement à souffrir de l'attaque de plusieurs vaisseaux ennemis. Son capitaine, plusieurs officiers et une dizaine d'hommes ne tardèrent pas à être mis hors de combat; les deux officiers qui successivement prirent le commandement furent également blessés; le pont fut rasé et une grave avarie dans la machinerie enraya pendant quelque temps l'approvisionnement des pièces. Après quatre heures d'une résistance des plus honorables, — presque désespérée, — ordre lui fut donné de se retirer.

L'*Hiyei*, qui n'était pas en état de conserver sa place dans la formation, traversa, à la faveur d'une épaisse fumée, la ligne de bataille chinoise : un projectile de gros calibre entama le bordage et arracha un mât; un autre éclata dans l'infirmerie, tuant deux médecins, le commissaire du bord et plusieurs blessés; finalement le navire prit feu. Le capitaine se décida alors à réclamer l'assistance de l'escadre.

Dans cette bataille, la flotte chinoise avait perdu cinq de ses navires : le *Yan-Wei* (1.350 tonnes, 150 hommes d'équipage), le *Tchao-Yuen* (1.350 tonnes, 150 hommes), le *King-Yuen* (2.900 tonnes, 270 hommes), le *Chih-Yuen* (2.300 tonnes, 250 hommes) et le *Kwang-Kai* (1.296 tonnes, 115 hommes); d'autre part, le *Chih-Yuen*, le *Lai-Yuen* et le *Ping-Yen* prirent feu et durent être gravement endommagés.

L'escadre japonaise ne perdit pas un seul de ses navires;

la *Matsushima*, l'*Hiyei* et l'*Akagi* éprouvèrent seuls des avaries graves mais qui purent être réparées. Pertes : 10 officiers, 69 hommes tués, 100 officiers et hommes blessés.

On observera, en ce qui concerne la tactique employée par les Japonais, qu'elle est une simple application des axiomes émis par Napoléon : « Concentration de toutes les forces, rapidité des mouvements, coup de massue soudainement asséné. »

L'amiral Ito a vaincu parce qu'il a voulu s'inspirer de ces principes. Attaquant, avec toutes les forces réunies, les points faibles, — les ailes de l'ennemi, — il sut mettre à profit la vitesse supérieure, la plus grande facilité d'évolution de ses bâtiments, pour isoler, en quelque sorte pour annihiler, la puissance défensive des gros cuirassés chinois ; il réussit ainsi du premier coup à s'assurer de décisifs avantages en affaiblissant les ailes de l'ennemi et en désorganisant sa formation.

Très certainement, dès cette première phase de la bataille la défaite de la flotte chinoise ne pouvait plus être mise en doute. Pourtant, son dispositif même était bien conçu, autorisant au mieux le jeu de sa formidable artillerie ; par contre, il n'était pas assez solidement charpenté : les ailes accusaient une grande vulnérabilité, et il était difficile aux bâtiments les plus éloignés de percevoir les signaux du vaisseau amiral.

Il est généralement admis que l'on ne doit pas disposer de plus de huit navires sur une ligne pour pouvoir maintenir, assurer la consistance et la solidité de la formation chaque unité étant au plus distante de la voisine du rayon de courbure. Cette règle n'avait point été observée dans l'ordonnance chinoise. Il en résulta d'abord pour le commandement une sérieuse difficulté de direction, puis, pour les bâtiments eux-mêmes, une grande gêne, une menace constante de collision ; l'amiral Ting aurait dû pouvoir

modifier sa formation au moment où l'escadre japonaise
tournait sa droite.

Les mouvements circulaires de l'escadre japonaise expo-
saient, il est vrai, les navires à recevoir dans leurs bor-
dages les projectiles des grosses pièces chinoises ; mais
ces manœuvres avantageaient précisément leur plus grande
facilité d'évolution et se prêtaient à la complète utilisation
d'un armement supérieur en canons à tir rapide. Si on en
excepte l'*Hiyei*, tous les bâtiments ont manœuvré avec
une remarquable aisance, conformément aux signaux de
l'amiral.

Il convient de noter comme très pratique la formation de
l'escadre japonaise : d'une part, dans l'escadre proprement
dite, les bâtiments de moindre vitesse ; d'autre part, dans
la division légère, les croiseurs à marche rapide ; l'amiral
put ainsi dans les deux divisions de son escadre assurer
la régularité et l'uniformité de la manœuvre.

Il ressort très évidemment des diverses phases de la
bataille que la quantité de projectiles fournie par les
canons à tir rapide exerce, en fin de compte, une action
bien plus destructive que la masse des quelques obus de
gros calibre. S'il ne semble pas permis de conclure, de la
particularité de l'épisode, contre le pouvoir destructif des
gros canons et la résistance des cuirassés, il est tout au
moins démontré que les canons à tir rapide — d'une manœuvre aisée et lançant en peu de temps un très grand
nombre de projectiles — paraissent tout aussi efficaces, si
ce n'est de plus avantageux emploi, que les pièces de très
fort calibre, difficiles à servir et tirant très lentement.

L'article, aussi complet que documenté, du lieutenant
Naoki Miyaoka nous dispensera d'une nouvelle composition ; il suffira, çà et là, de relever quelques points.

On a voulu prétendre que la position de la flotte chinoise, ayant à couvrir ses transports, était quelque peu critique ; trop voisine de la côte, elle manquait d'espace pour évoluer.

Sir George Elliot estime qu'il était difficile à l'amiral Ting de procéder autrement; le capitaine John Ingles, de la marine royale, qui fut conseiller naval au Japon, émet la même opinion mais sans en expliquer la raison. Ces appréciations, basées sur des informations de la première heure, sont à rectifier.

Les Japonais aperçurent, à 10 heures, la flotte chinoise à 35 milles au nord-est de l'île Hai-Yung-Tau; elle avait quitté dans la matinée un mouillage à 10 milles de l'embouchure du Yalu et marchait à la vitesse de 7 nœuds. La rencontre a donc eu lieu à environ 20 milles au large.

Le dispositif adopté par la flotte chinoise avait été de longue date préconisé et recommandé par le capitaine Lang, comme se prêtant le mieux à la solution des divers problèmes tactiques; il est juste d'observer qu'il s'harmonisait parfaitement avec les qualités propres aux navires chinois; le tort de l'amiral semble être d'avoir voulu obstinément conserver cette formation, sans même chercher à manœuvrer.

Au début de la passe préliminaire, l'escadre japonaise longe, à 5.700 yards, la ligne chinoise ; c'est à cette distance que le *Ting-Yuen* donne son premier coup de canon. Elle se rapproche ensuite à 4.700, puis à 3.500 yards de la droite chinoise pour couvrir de ses feux le *Yang-Wei* et le *Tshao-Yung;* le *Yang-Wei* a déjà eu beaucoup à souffrir de ce feu.

L'escadre japonaise tourne trois fois autour de la flotte chinoise entre 4.000 et 4.500 yards. Ce n'est que plus tard, après 4 h. 30, au moment de l'attaque contre les deux cuirassés *Ting-Yuen* et *Chen-Yuen*, que la distance se resserre à 1.000-1.700 yards. (Rapport de M. Hilbert, secretary ot the Navy, *North American Review,* novembre 1894.)

Il semble ressortir de divers rapports — quoique les relations japonaises n'en fassent pas mention — que le péril auquel l'*Akagi* s'est trouvé exposé a été provoqué par un mouvement offensif, au centre chinois, du *Ting-Yuen* et du *Chih-Yuen*.

A noter la très glorieuse résistance des deux gros cuirassés de la flotte chinoise contre cinq navires japonais; en somme, ils réussissent à se dégager et parviennent à se retirer sans être pourchassés. Cet épisode n'a pas même été suffisamment mis en relief; on doit le regretter.

La bataille est alors virtuellement terminée, car il n'y a plus à signaler que des combats partiels, se confondant avec la phase finale, la poursuite tactique.

L'amiral Ting, blessé, ne peut ramener à Port-Arthur que sept navires; cinq ont été perdus : le *Tshao-Yung*, coulé; le *Yang-Wei*, qui a été à la dérive; le *King-Yuen*, coulé; le *Chih-Yuen*, coulé; le *Kwang-Kai*, échoué après le combat sur un récif non loin de Talien-Bay. Et encore combien sont gravement avariés ces douloureux débris d'une superbe flotte ! Le *Lay-Yuen* n'est presque qu'une épave; le *Ting-Yuen*, très éprouvé, a eu à son bord 13 tués et 30 blessés; le *Chen-Yuen*, non moins endommagé, a perdu 17 tués et 30 blessés; le *Tsi-Yuen*, le *Ching-Yuen*, le *Ping-Yuen* et le *Kwang-Ting* ont eu moins à souffrir. Le capitaine Fong, commandant le *Tsi-Yuen*, sera, il est vrai, accusé de lâcheté, traduit devant un conseil de guerre et condamné à la décapitation (1).

Les Japonais, comme il a été dit, n'ont éprouvé que des

---

(1) M. G. Hoffmann, mécanicien en chef à bord de ce navire, a déclaré à un rédacteur du *North China Daily-News* que l'équipage avait bravement combattu, et que le capitaine n'avait quitté le champ de bataille qu'après la mise hors de service de ses canons; par suite d'un tir trop précipité, la pièce Krupp de 15 centimètres ne put plus être servie après le trentième coup, et l'affût d'une pièce de 21 centimètres fut enrayé; le capitaine Fong se retira alors à Port-Arthur, précédant l'amiral de quelques heures.

avaries relativement peu graves : *Matsushima*, 4 projectiles, 2 officiers et 33 hommes hors de combat; *Chiyoda*, 1 projectile ; *Itsukusima*, 3 projectiles, 13 hommes hors de combat; *Hashidate*, 1 projectile, 2 officiers et 1 homme hors de combat; *Naniwa*, 1 projectile; *Hiyei*, 3 projectiles, 3 officiers, 17 hommes hors de combat; *Akagi*, 3 projectiles qui le ruinent complètement, 1 officier et 10 hommes hors de combat; *Saikio*, 15 projectiles de divers calibres. Au total : 10 officiers tués ou blessés (capitaine de vaisseau Sakomoto), 84 hommes tués et 160 blessés.

OBSERVATIONS. — Cette bataille navale du Yalu, la première d'une relative importance depuis Navarin, a provoqué, comme de raison, dans la presse spéciale, une féconde discussion, toutefois entachée au début d'une trop évidente exagération ; rappelons seulement la singulière comparaison avec Trafalgar et l'expression : *The biggest sea fight*, familière à certaines revues anglaises.

Nous nous contenterons de quelques notes détachées des principaux articles.

1. Des trois armes actuelles de la marine : l'éperon, la torpille, le canon, la dernière seule a joué un rôle. L'artillerie reste la reine des batailles navales.

Les Chinois disposent de 98 pièces, desquelles 27 d'un calibre de 24 centimètres et au-dessus, c'est-à-dire à même de percer les cuirasses. Les Japonais servent 178 pièces, savoir : 9 d'un calibre supérieur à 18 centimètres et 123 canons à tir rapide.

Le nombre de coups tirés par les gros canons chinois et par les pièces de 15 centimètres nous renseignera sur l'efficacité du feu, tout à l'avantage des canons légers; les 8 canons de 30 centimètres tirent 197 coups, soit moins de 25 coups par pièce; les 4 canons de 15 centimètres, 268 coups, soit 67 coups par pièce. (*Revue du Cercle militaire.*)

D'autre part, l'amiral Batsch et le contre-amiral von Werner insistent sur ce fait que les grosses pièces donnent un coup en 3 ou 4 minutes, alors que les canons rapides de 10 et 15 centimètres lancent 10 projectiles à la minute. Cet abat de grelons est, il est vrai, inefficace contre la cuirasse, mais il ne tarde pas à dévaster les parties non protégées; puis, il y a aussi à tenir compte de la difficulté de manœuvre des grosses pièces, du plus ou moins d'habileté des pointeurs, de la stabilité, laquelle dépend de la grandeur du bâtiment.

L'amiral Batsch rappelle la destruction rapide, dans le fleuve Min, des onze bâtiments de l'escadre chinoise par le feu des huit navires de l'amiral Courbet (1884).

Le contre-amiral von Werner estime que la dotation, de plus en plus grande, en canons à tir rapide, a introduit dans la tactique navale un facteur inattendu dont il faudra tenir compte à l'avenir, même dans le mode de construction et de protection des bâtiments. (*Militærisch-Politische-Blætter.*)

L'amiral Ting, dans son rapport, attribue principalement sa défaite à la supériorité écrasante du feu des canons à tir rapide de l'escadre japonaise.

Par contre, sir Geoffrey Hornby, dans l'*United Service Magazine*, s'obstine à affirmer la plus grande efficacité des projectiles de gros calibre; il est soutenu, en cette thèse, dans la *Forthnighly-Review*, par le capitaine S. Eardley-Wilmot. (*Collapse of China at see*).

2. Les deux cuirassés chinois engagés dans la lutte ont été fortement atteints (l'un d'eux n'avait pas moins de 200 trous de projectiles), mais leur cuirasse n'était pas sérieusement entamée; les empreintes les plus profondes ne dépassaient pas 7 à 8 centimètres. Il peut donc être admis, avec M. Weyl dans le *Yacht,* que la cuirasse est demeurée invulnérable. Sir George Clarke avait déjà pensé qu'il en serait ainsi par suite du peu de probabilité d'atteindre des armures très réduites en surface.

Les masques des pièces de 30 centimètres et de 15 cen-

timètres, quoique notablement plus légers, se sont conser-
vés intacts.

Il est curieux de constater combien facilement le feu
a gagné les bâtiments atteints ; on pouvait contrairement
admettre que des navires construits en fer et en acier seraient moins exposés à l'incendie que ceux en bois des
temps anciens. (*Revue du Cercle militaire.*)

Il semble recommandable au moment de la préparation
au combat de faire disparaître les superstructures. (*Yacht*
et contre-amiral von Werner) (1).

L'écrivain allemand conclut franchement à la complète
protection des navires de combat ; leur valeur dépendra
en premier lieu de l'étendue de la surface protégée (pont
blindé et cuirasse verticale), et subsidiairement de l'épais-
seur de l'armure.

3. Les Chinois s'efforcent de tenir l'avant de leurs bâtiments tourné vers les Japonais pour utiliser le puissant
feu de chasse de leurs vaisseaux à barbette. Avertissement
à l'adresse de ceux qui mettent toute leur confiance dans
la valeur exagérée du feu de l'avant ; ils devront se souvenir qu'il y a à tenir compte de la perte en feu par le
travers, conséquence forcée du développement du tir en
chasse au delà de certaines limites. (*Revue du Cercle militaire.*)

Il n'est point fait mention de feux de hune ; les distances maintenues ont été trop grandes. (Articles anglais et
contre-amiral von Werner.)

La bataille a été gagnée par les Japonais non pas par
lutte de navire contre navire, mais par la concentration
du feu d'un plus grand nombre de bâtiments contre un
groupe inférieur. (*R. C. M.*)

4. Les Japonais ont eu à leur actif, mais dans une pro-

---

(1) *Militærische-Politische-Blætter*, p. 805, et *Die Kampf-Mittel zur
See*, p. 132-133.

portion notablement moindre qu'il n'a été dit, le facteur
« vitesse ». Ils ont su évoluer grâce à l'instruction et à
l'entraînement de leurs équipages ; ils ont tenu à affirmer
l'incontestable supériorité du *personnel* sur le *matériel.*

5. Le *Broad-Arrow* dans la série de ses articles « The
battle of Yalu » ne fait qu'un très médiocre cas des formations et des procédés tactiques employés de part et
d'autre.

L'amiral de Amezaga, dans des articles publiés par le
Popolo Romano, va même jusqu'à prétendre que l'amiral
Ito doit se féliciter d'avoir eu affaire à un adversaire absolument incapable, car ses conceptions stratégiques et tactiques sont basées sur les procédés surannés de l'antique
marine à voile ; il aurait dû triompher avec beaucoup
moins de pertes.

L'injuste sévérité de cette critique ne doit pas trop nous
surprendre.

6. Enfin la bataille du fleuve Yalu nous prouvera par ses
conséquences que ce sont les escadres et non les fortifica-
tions qui protègent les côtes.

7. Comme l'ont établi et le contre-amiral von Werner et
sir Geoffrey Hornbey, l'épisode du 17 septembre ne fournit aucun argument positif discréditant les gros cuirassés.
Pourtant, dès la réception des premières dépêches, a été
remise en âpre discussion, la question de la valeur relative « de la cuirasse et de la vitesse ».

L'amiral Colomb et lord Beresford ont voulu conclure,
sans autre forme de procès, à la nécessité de croiseurs
rapides en remplacement des coûteux et lourds cuirassés
actuels.

Sir George Elliot, dans une conversation avec un rédacteur de la *Central Review*, se tient, ce nous semble, beaucoup plus dans le juste milieu : 1° en préconisant l'augmentation du nombre des grands croiseurs capables de
tenir tête à des cuirassés et doués d'une grande vitesse

avec une facile évolution ; 2° en proclamant l'avantage des cuirassés de moyenne grandeur.

Donc, pas de cuirassés monstres, pas de moyens croiseurs ; de moyens cuirassés et de grands croiseurs.

Le tout est de savoir si un croiseur rapide ayant son avant protégé peut être employé pour répondre à un cuirassé.

Quoi qu'il en soit, l'opinion dans les milieux maritimes en Angleterre et en Allemagne se confirme de plus en plus en faveur des croiseurs. Ainsi, le contre-amiral von Werner, dans le remarquable article (1), auquel nous avons fait de larges emprunts, modifie ses précédentes exigences en vue de remédier à l'insuffisance du *Flottengründungsplan* de 1873 ; il préfère aux 16 cuirassés et aux 10 croiseurs protégés qu'il lui semblait indispensable d'acquérir, 6 cuirassés seulement et 20 croiseurs protégés (ou cuirassés de haute mer).

Telle est aussi l'objectivité de la brochure *Brauchen wir Panzer Kreuzer ?* (Berlin, 1895.)

Et encore, la conclusion bien interprétée de la conférence de l'empereur Guillaume (8 février) ne fait-elle pas prévoir une prochaine et notable augmentation du matériel naval, principalement — pour ne pas dire exclusivement — en croiseurs rapides ?

*
* *

La victoire des Japonais à Ping-Yang avait eu pour immédiate conséquence l'évacuation de la Corée par les troupes chinoises ; les débris en sont recueillis sur la rive droite du fleuve Yalu (2) par l'avant-garde d'une deuxième

---

(1) *Was lehrt uns die Seeschlacht am Yalu Flusse ?*

(2) *Am-nok-gang* des Coréens ; encore navigable pour les barques de mer à 50 kilomètres de son embouchure.

armée que Li-Hung-Tchang a tenté d'organiser sous le commandement du général *Sung*. Cette armée, à l'effectif nominal de 23.500 hommes d'infanterie, 13.800 cavaliers et 11 batteries, poste son gros à *Kiu-Lien-Cheng*.

Désireux de ne pas perdre le bénéfice de la journée du 16 septembre, le maréchal Yamagata se disposait — dès le surlendemain — à poursuivre énergiquement les Chinois, à peu près certain de les devancer sur le Yalu et de leur infliger ainsi un suprême et décisif désastre. Mais l'état-major général à Hiroshima en décida autrement. La vaillante petite armée à laquelle était échu l'honneur de révéler au monde la virilité militaire du Japon, l'héroïque phalange qui — en quelques semaines — avait à peu près conquis la Corée, recevait ordre de modérer son élan, de retenir son ardeur; l'attitude expectante lui étant temporairement imposée.

Il entrait en effet dans les combinaisons du haut commandement de frapper, avec plus d'énergie encore, au cœur même de l'ennemi ; or, avant de convoiter Pékin, s'imposait l'anéantissement des épaves de la flotte chinoise réfugiée à Port-Arthur.

Port-Arthur devenait ainsi, de par les irréfragables lois de la stratégie, l'objectif du moment ; cet objectif était assigné à la deuxième armée, celle du maréchal *Oyama*, disponible seulement dans un mois.

Il convient simplement, dans cette phase d'attente, de se précautionner.

L'amiral Ito dès le 20 septembre a mouillé son escadre proche de *Hai-jang-tai-Island* d'où il surveille Port-Arthur, Weï-haï-Weï et les côtes de Corée ; dans les premiers jours d'octobre il la transporte aux *îles Elliot* et entreprend alors toute une série d'excursions montrant tour à tour, dans le golfe de Petchili et jusqu'au fond du Liao-Tong soit une division, soit des navires détachés de l'escadre ; ainsi : le 6 octobre, démonstration devant Weï-haï-Weï ; le 7, croisière en vue de Port-Arthur ; le 8, retour à Wéï-haï-Wéï, l'*Hasidate*, — portant pavillon amiral, — échangeant quelques coups de canon avec les forts ; le 10, Takou est visité ; le 12, la division volante se montre en vue de Shan-haï-Kwan. Cette activité déroute les Chinois ; elle leur révèle le danger prêt à fondre à l'improviste sur un point quelconque ; elle les oblige en quelque sorte au fatal éparpillement de leurs forces. Le transport de la deuxième armée bénéficiera amplement de la situation ainsi créée.

D'autre part aussi de notables renforts sont débarqués à Chemulpo, autant pour consolider l'armée de campagne que pour fortement organiser les services de l'arrière. Les troupes d'occupation en Corée atteignent bientôt l'effectif d'une bonne division par suite de l'obligation de pourchasser les bandes rebelles de plus en plus nombreuses et de couvrir de longues communications incessamment exposées aux entreprises des *Tong-Haks*.

Pourtant, le maréchal Yamagata, que l'on n'avait point eu la prétention de complètement ligotter, avait su mettre à profit le répit imposé et pour remettre ses troupes et pour faire aménager par son avant-garde le pénible sentier aboutissant à *Yong-Chon*.

Cette place, qui n'est distante du fleuve Yalu que d'une trentaine de kilomètres, avait été atteinte dès le 28 septembre par la pointe d'avant-garde. C'est sous sa protection que s'achemine à son tour, maniant le pic et la pioche, la division Nodzu ; elle rallie, le 4 octobre, son détachement, et, le 8, expulse aisément de Wiju (1), l'arrière-garde du général Sung. L'artillerie passe à peine ; les convois, quoique réduits à leur plus sommaire expression, commandent de prodigieux labeurs. Néanmoins, les 18, 19 et 20, le

---

(1) *Chou* des Chinois, *Gichiou* des Japonais ; de Ping-Yang à Wiju (la cité loyale) 175 kilomètres.

maréchal parvenait à concentrer toutes ces forces, à peu près 20.000 hommes, à *Wiju*.

Les journées du 21 et du 22 sont partiellement employées à des reconnaissances et à l'établissement de batteries en face du village de *Fu-Tschang*; l'intention très ostensiblement marquée de forcer le passage en ce point est de plus confirmée, le 23, par la réunion d'un grand nombre de jonques et la mise à l'eau d'un équipage de ponts. Le fleuve est en cet endroit large de 800 mètres et dangereusement dominé par les hauteurs de la rive droite. Le général Sung est naturellement amené à renforcer son poste de *Fu-Tschang* où il installe 15 à 20 bataillons que recueilleront les 12 à 15.000 hommes établis sur une position de résistance couverte par l'*Aï*, tributaire du *Yalu*.

Mais toute cette manœuvre n'est qu'une feinte : l'état-major a reconnu à quelques kilomètres en amont, près du village de *Su-Koschin*, un emplacement relativement favorable à l'établissement d'un pont; les pontonniers en face de *Fu-Tschang* n'ont pratiqué qu'un simple exercice, disposant, préparant leur matériel et rassemblant les moyens de passage.

Les embarcations qu'on a pu se procurer sont mises à la disposition d'un fort détachement (1.500 hommes) qui, le 24 au soir, commence à passer sur la rive chinoise. Cette opération, très difficile, l'ennemi étant sur ses gardes, est fort habilement conduite. Au début, les Chinois ne croient avoir à rejeter qu'une simple reconnaissance, comme il en a déjà été aventuré les jours précédents. C'est seulement à la pointe du jour qu'ils constatent avoir été le jouet d'une bruyante démonstration; ils tentent alors une contre-attaque avec l'évidente intention de percer le faible rideau et de pousser les Japonais dans le fleuve. Le détachement du colonel Slato qui couvre la flanc gauche du gros intervient à cette heure critique, fort opportunément.

Le gros, dans la nuit même, traverse le fleuve à Su-Kos-chine, et marche droit sur *Kiu-Lien-Cheng* sans autrement se préoccuper du poste avancé. Tous ses efforts tendent à refouler l'aile gauche ennemie de manière à couper le général Sung de *Feng-Chuan*; le général chinois, qui s'attendait dans la très forte position organisée par lui à une attaque de front, dispose tout d'abord de son centre pour soutenir sa gauche, — puis — transforme en réserve les quelques bataillons prévus à l'aile droite pour éventuellement dégager les défenseurs de Fu-Chang.

L'armée ennemie a été ainsi, en quelque sorte, contrainte à un changement de front; le poste retranché de *Fu-Chang* primitivement *avancé* est devenu *borne d'appui* de la droite; les troupes combattent en deux masses séparées par la vallée de l'*Aï;* la ligne de retraite n'est plus couverte.

Les Chinois, en cette journée très tenaces, usent largement et du terrain et des retranchements, n'abandonnant leurs couverts qu'au moment même où les Japonais parviennent à les rendre intenables. Cette pratique explique le caractère traînant du combat et la relative insignifiance des pertes; les Japonais, en effet, s'obstinent très sagement à n'agir que par le feu, aux distances moyennes, hors déjà de toute atteinte dangereuse pour eux; ce n'est que sur de rares points isolés, — notamment au déclin du combat, — que se produisit, en quelques vigoureux retours offensifs de petites bandes chinoises, un semblant de corps-à-corps.

Entre 2 et 3 heures de l'après-midi, la bataille était complètement gagnée, les Célestes se hâtant en une déroute lamentable, vers *Feng-Huang-Cheng*, sur la chaussée de Mukden.

A peu près à la même heure, le colonel Slato et le petit corps isolé qu'il avait secouru, occupaient *Fu-Chang* évacué par ses défenseurs.

Cette bataille de *Kiü-Lien-Cheng* valait au vainqueur la prise d'une trentaine de pièces et un butin considérable.

Les Japonais accusent une perte insignifiante de 280 hommes ; on estime celle des Chinois à environ un millier de tués.

Le maréchal Yamagata entrait le 26, sans résistance, dans *Kiü-Lien-Cheng*, abandonné par le général Sung battant en retraite sur *Feng-Huang-Cheng* et *Antung*. Une colonne volante japonaise s'emparait d'*Antung* le 27 ; une autre occupait *Tatung*, le 29, après une courte résistance ; un troisième détachement prenait possession, ce même jour, de *Feng-Huang-Cheng*, que les Chinois évacuaient après y avoir mis le feu, continuant leur retraite vers *Sui-Yen*.

L'objectif de la première armée japonaise devenait dès lors Mukden.

OBSERVATIONS. — Il ne nous a été possible de recueillir, concernant cette bataille de *Kiü-Lien-Cheng*, que de fort médiocres et vagues renseignements, souvent même contradictoires : aussi, à défaut d'observation, serrant d'un peu près l'épisode tactique, nous bornerons-nous à des remarques soulignant quelques particularités.

1. La manœuvre de l'armée japonaise gagnant l'aile gauche chinoise a été précédée d'une excellente *exploration tactique* par la cavalerie ; l'état-major a été très exactement et fort fréquemment informé ; les avis, transmis par les patrouilles d'officier, affectent d'ordinaire une forme d'une éloquente simplicité : un croquis en quelques traits de crayon avec légende explicative. Le procédé est bon à noter.

2. Il a été observé, en ce qui concerne plus spécialement l'infanterie, que les officiers s'appliquaient avec beaucoup de discernement à déterminer l'itinéraire de leur troupe, et que les unités cheminaient dans un ordre parfait, sur un seul rang, sans confuse agglomération.

Cette constatation — en apparence sans notable signification — fait un excessif honneur aux officiers et aux soldats de l'armée japonaise.

Aux officiers, qui, non seulement ont compris toute l'importance du *terrain* dont l'utilisation intelligente leur permettra de mettre en ligne, au moment voulu, le plus grand nombre de fusils, mais qui — bien plus — ont réussi à triompher des inquiétantes manifestations troublant l'*état psychologique* de la *nation armée;*

Aux soldats, qui ont su se laisser convaincre par l'*instruction* et l'*éducation* qu'il n'était pas impossible de dompter les révoltes de la bête et qui consacrent l'accomplissement du *devoir* par une confiante et docile soumission.

C'est, en effet, seulement, par une intensive culture morale, par un persévérant dressage que l'on peut parvenir à détruire les causes — instinctives chez l'homme — qui provoquent la confusion, le désordre, et qui entravent le libre mouvement, l'intrépide élan vers le but convoité.

Laborieux sont les efforts qu'il faut mettre en œuvre pour vaincre la tendance animale qui pousse les hommes à se grouper en troupeau affolé, collectivité dangereusement sensible aux actions reflexes de l'individu, agglutination s'offrant en pure perte, — comme à saint Hubert — au feu dévastateur de l'ennemi.

Prodigieuse aussi l'obstination qui a triomphalement implanté ce dogme, « l'action prime tout, le couvert n'est qu'un accessoire », dogme en vertu duquel le soldat quittera son abri, sans hésitation, de lui-même, lorsque son chef le lui commandera ou lorsque les circonstances du moment lui en inspireront l'initiative.

Admirons — nous en devons le témoignage à l'infanterie japonaise — ces étonnantes et superbes manifestations, sur un champ de bataille, de la *discipline* et de l'*éducation.*

Puis encore, méditons.

CHAPITRE VI

Port-Arthur. — Les opérations de la IIe armée japonaise.

Formation de la IIe armée. — La presqu'île de Kuang-Toung. — Débarquement à Kwaen-Kao; combat et prise de Chin-Chow-Chiang (6 novembre) ; occupation de Ta-Lien-Wan (7 novembre). — Marche en trois colonnes sur Port-Arthur; engagement du 18; les journées des 20, 21 et 22 novembre. — Observations. — Tentative des Chinois pour inquiéter les communications de la IIe armée; combat de Chin-Chow-Chiang (21 novembre). — L'avant-garde de la 1re division marche sur Niu-Tchang pour effectuer sa jonction avec la 1re armée ; occupation de Fou-Kou-Siou et de Kai-Ping. — Intervention diplomatique. — Hivernage.

L'organisation et le rassemblement d'un corps d'armée sont des opérations qu'il est malaisé de céler; nous n'ignorons donc pas dans la dernière quinzaine de septembre la formation d'une deuxième armée japonaise toutefois, sa destination est si bien tenue secrète que, jusqu'à l'avant-veille, l'opinion publique s'égare dans les plus diverses suppositions. Les uns affirment que ces forces sont simplement appelées à renforcer l'armée du maréchal Yamagata, s'avançant à marches rapides en Mandchourie. D'autres prétendent qu'un gros débarquement est projeté proche de Chefoo; des dépêches de Shangaï, en date du 29 septembre, enregistrent même la nouvelle de la prise de possession par cette armée, d'un point quelconque de la côte au nord de Chefoo.

Quoi qu'il en soit, la plus grande anxiété règne à Pékin et à Tien-Tsin.

Par contre, au Japon, l'enthousiasme national pousse à la complète et rapide exploitation des glorieux succès déjà acquis; ces sentiments se manifesteront avec le plus d'évidence, en une superbe ovation le 18 octobre, à l'occasion de la revue passée par le souverain aux troupes que présente à Hiroshima le maréchal Oyama.

Le soir même commençait à Upina l'embarquement d'une fraction de cette deuxième armée.

Elle comprenait :

a). 1re *division*, général baron Yamagi ; chef d'état-major, colonel Odera :

1re brigade, général Nogi : régiments nos 1 et 15.

2e brigade, général Nichi : régiments nos 2 et 3.

Troupes non endivisionnées : 2 escadrons du régiment de cavalerie no 1 ; régiment d'artillerie no 1 (4 batteries de campagne et 2 batteries de montagne) ; 2 compagnies du bataillon du génie no 1 et 2 équipages de pont.

Services : 7 sections de munitions, 3 convois administratifs, 3 ambulances, 6 hôpitaux de campagne.

b). *Brigade mixte*, général Hasegawa-Josimichi :

Régiments nos 14 et 24, 1 escadron du 6e de cavalerie, 2 batteries de montagne du 6e régiment d'artillerie, 1 compagnie du génie, 3 sections de munitions, 2 convois administratifs, 1 ambulance légère, 3 hôpitaux de campagne, 1 équipage de pont.

L'effectif des bataillons d'infanterie varie entre 800 et 900 hommes ; l'escadron est à 120 sabres ; les compagnies du génie avoisinent 240 hommes.

L'infanterie porte 100 cartouches et quatre jours de vivres (riz et viande de conserve).

Les trains régimentaires chargent 30 cartouches par homme et deux jours de vivres.

Les colonnes de munitions approvisionnent à 70 cartouches par homme ; les convois transportent trois jours de vivres (riz, viande de conserve, prunes salées); ces trains emploient des coolies (*nidzo-kou*) au service d'une entreprise privée mais organisée militairement : huit coolies par voiture, soit, pour les 208 voitures d'une brigade, 1.664 hommes.

Enfin le parc de siège est constitué à 36 pièces, canons de 9 et de 10 centimètres, mortiers de 9 et 15 centimètres.

Au total : 16.564 hommes, 48 pièces de campagne ou de montagne, 6.000 coolies (plus 4.000 pour le service des étapes).

La flotte de transport comptant 48 bâtiments (trois grou-

Croquis des opérations de la II° armée.

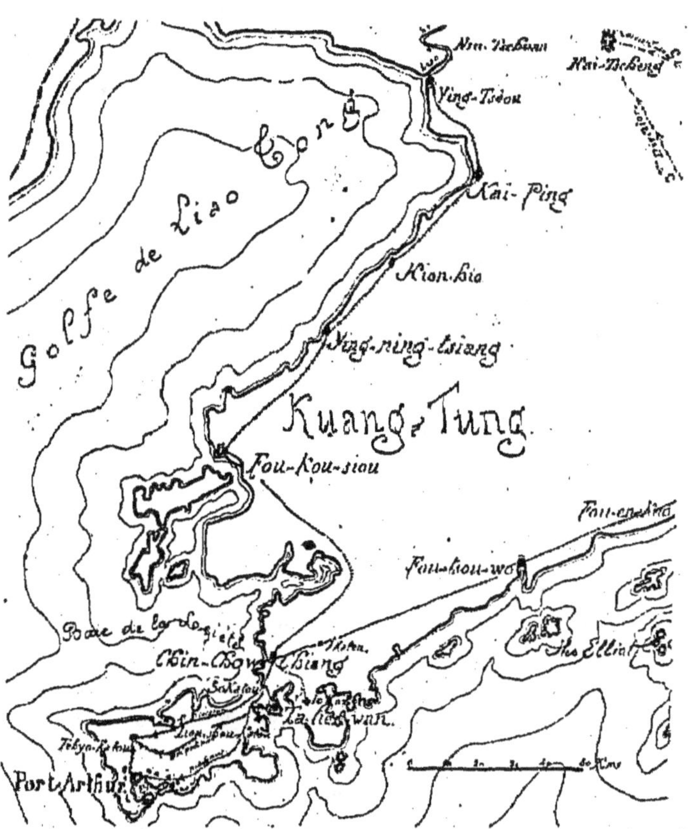

pes), est couverte par deux escadres (20 navires, 16 torpilleurs), l'une escortant le convoi, l'autre croisant dans
le détroit de Petchili surveillant Port-Arthur et Wei-Haï-
Wei.

Le maréchal et son chef d'état-major le colonel Inouye (1),
sont à bord du Nagato-Maru de la compagnie Nippon
Yusen Kaisha, capitaine G. W. Connor, un des très rares
officiers étrangers maintenu au service par la compagnie
pendant la durée de la guerre.

La flotte, après avoir touché Hwang-Tsin, Takuschan
(le 23), les îles Brohol et Elliot mouille, le 25, dans la baie de
Kwaenko, sur la côte est de la presqu'île de *Kuang-Toung*,
à 50 kilomètres au nord de *Fouen-Kao* (2).

L'objectif de la deuxième armée est définitivement Port-
Arthur ; elle ambitionne de s'en saisir le 3 novembre, anniversaire du Mikado.

L'âpre soulèvement qui structure la partie méridionale
de la presqu'île de Kuang-Toung (l'épée du régent) (3)
attribue à la région un caractère des plus difficiles ; sol
rocailleux, pentes abruptes, d'ignobles chemins, de misérables hameaux n'offrant ni ressources ni abris ; de l'eau
seulement dans les bas fonds, et encore de médiocre qualité.

Ta-lien-Wan-Bay (qu'il ne faut pas confondre complètement avec Victoria-Bay) est une rade merveilleuse, se prêtant idéalement à une mise à terre, et que les Anglais
occupèrent en 1859-60.

---

(1) Sous-chef lieutenant-colonel Idltchi, 3 commandants, 4 capitaines,
2 lieutenants et 4 employés civils.

(2) Pitsko des Japonais ; l'hydrographie de ce secteur côtier avait été
soigneusement relevé, en ces dernières années, par la marine japonaise.

(3) Voir pour la description géographique et le détail épisodique le

Les Chinois y avaient installé d'importants établissements et une école de torpilles. Trois ouvrages ou groupes
d'ouvrages en gardent les abords. Au centre, autour de
Ta-Lien-Wan trois forts dits *Hoshang-tao, Laokewtow* et
Seuheashan; au nord-est (à droite en pénétrant dans la
rade) sur un mamelon, le fort de Iokozan; au sud-ouest (à
gauche) un groupe de trois forts.

A l'exception d'un des ouvrages du dernier groupe tous
ces forts étaient armés de grosses pièces Krupp montées
sous tourelle, engins des plus perfectionnés.

Sur la côte ouest, presque vis-à-vis et au fond de Socie-
ty-Bay (Pigeon-Bay), la petite ville de Chin-Chow-Chiang
(*Kinchow,* 15.000 habitants); l'isthme *Namquan-Pass,* entre
Kinchow et Ta-Lien-Wan est à peine large de 3 kilomètres.

A environ 55 kilomètres au sud-ouest au fond de la rade
de *Lu-Schun-Ko, Port-Arthur,* l'œuvre entre toutes chère à
Li-Hung-Chang — la création commencée en 1880, achevée
en 1892 — à laquelle il a certainement consacré plus de
100 millions de francs; prodigalité mal équilibrée, car la
place dont on a beaucoup trop vanté la valeur stratégique
n'a d'importance véritable que par ses établissements, son
arsenal et sa cale de radoub. On reprochera, en effet, à
Port-Arthur un site défectueux et insalubre, une rade
mal servie par un pénible goulet et, plus gravement, le
défaut des caractères propres à une station offensive; dans
de semblables conditions, Port-Arthur ne seconde que
médiocrement Wei-Haï-Wei (à 160 kilomètres); Ta-Lien-
Wan-Bay se prêtait mieux — avec une flotte encore respectable — à cette action offensive.

Nous avons peu à ajouter aux indications déjà fournies
en un des paragraphes du chapitre III; qu'il nous suffise
d'insister à nouveau sur l'insuffisance des ouvrages garnis-

tout récent livre de M. Jukichi Inouye de Yokoama, *Japon China War.
On the regents sword. Kinchow, Port-Arthur, Talienwan.*

sant le front de terre; ces ouvrages sont principalement armés de grosses pièces Krupp et Armstrong, tenant beaucoup de place, difficiles à servir et ne tirant que lentement. Les canons à tir rapide — ceux précisément dont les assaillants auront le plus à redouter le feu — sont en trop petit nombre; de plus, la garnison en infanterie est fort inférieure à ce qu'elle devrait être.

Les forces chinoises, occupant Port-Arthur, peuvent être évaluées de 12 à 15.000 hommes, pour une bonne moitié — tout au moins — recrues non exercées et même pas habillées au moment où la ville fut emportée d'assaut; 3.000 hommes sont détachés à Talienwan, et 1.000 hommes à Kinchow.

Le débarquement de l'armée japonaise s'effectue, sans encombre, à l'aide de sampans, remorqués par des chaloupes à vapeur. Le général Yamagi, sans plus tarder, marche sur *Fouen-Kao*, où il rassemble successivement sa division et ses convois amenés par voie de mer. Le 3 novembre, il se porte sur *Chin-Chow-Chiang* (Kintcheou, Kinchow) distant de 80 kilomètres.

La pointe — un escadron, un bataillon du 15e, une demi-compagnie du génie — précède l'avant-garde à une journée de marche, pour jalonner et aménager l'itinéraire.

L'immédiate destruction de la ligne télégraphique de Niu-Tschuan à Port-Arthur, a pour première conséquence d'isoler la place que l'on a négligé de relier à Takou ou à Wei-Haï-Wei.

La brigade d'avant-garde, général Nogi — 1er régiment d'infanterie, 2 batteries de montagne, une demi-compagnie du génie — prend, dès le 5, vers 10 heures du matin, contact avec l'ennemi.

Le général Yamagi — étrange personnification du vieux reître, ce frugal silencieux, qui sait se contenter d'une poignée de riz cuit à l'eau — saisit, avec une brusquerie énergique, cette première chance de succès ; du sommet de l'immanquable « colline du général en chef », il embrasse son champ de bataille, voit la position chinoise à cheval sur la route de *Fou-Tsou-Woo*, entre *Ikaten* et *Kan-Katen*, la gauche fort en l'air et, à une dizaine de kilomètres en arrière, — vers le sud-ouest — *Chin-Chaw-Chiang*, son objectif. Ses dispositions sont aussitôt prises. Son avant-garde (le 15e d'infanterie, une batterie et un escadron), servant de masque, jouera un rôle démonstratif ; le gros gagnera à l'ouest, la route de Fou-Kou-Schiou, pour agir contre la gauche ennemie.

Pour l'exécution de cette manœuvre, que le général tient à dérober, le gros se jette dans la montagne par d'épouvantables sentiers ; toutes les voitures, à l'exception des caissons, doivent être laissées en arrière. A la nuit, après deux heures d'un cheminement laborieux, la troupe harassée, bivouaque sur place, à proximité de la position ennemie.

Le général Yamagi croit bien tenir, pour le lendemain, la grande bataille ambitionnée ; hélas, dans les ténèbres, les Chinois se sont repliés sur *Chin-Chow-Chiang*, et à l'aube, au lieu de combattre il faut encore marcher.

Vers 8 h. 1/2 (le 6), les premiers coups de canon sont tirés contre les murailles de la ville et un emplacement de batterie à quelques centaines de mètres au delà ; la 1re brigade se déploie au sud (15e régiment), et au nord (1er régiment) de la route de Fou-Tsou-Woo ; à sa droite, se porte la 2e brigade, le 2e régiment sur la route de Fou-Koushiou, le 3e régiment en réserve derrière la droite.

Après une suffisante préparation par l'artillerie, le général pousse son échelon de gauche (15e régiment) tirant aussi de la réserve le régiment de droite (3e) qu'il dirige à l'ouest de la ville, de manière à compromettre la retraite de l'ennemi. Cette menace suffit ; les Chinois, qui ne sont plus commandés, leurs généraux ayant été les premiers à s'enfuir, lâchent pied. Le centre (1er et 2e régiments) qui, à son tour, attendait l'ordre de se porter en avant, n'a même pas à intervenir ; il traverse la ville dont les portes ont été pétardées par une compagnie du génie, désarme quelques groupes désespérés s'obstinant à combattre, et court occuper la lisière opposée.

L'artillerie qui a suivi le mouvement, allonge ses tra-

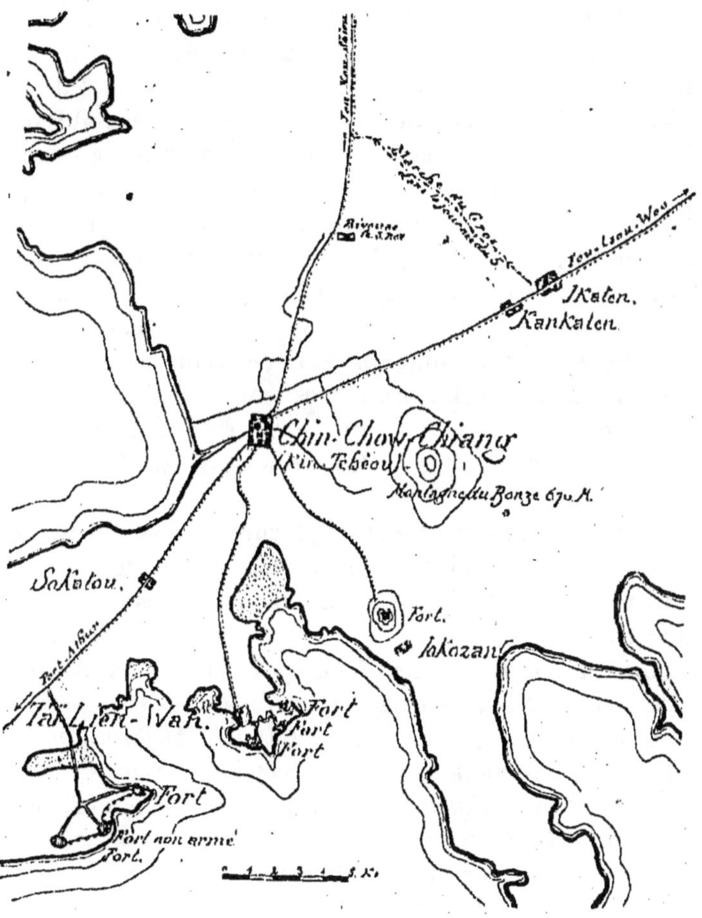

jectoires couvrant de projectiles la masse des fuyards. Le
3ᵉ régiment avec deux batteries donne, pendant quelques
kilomètres sur la route de Port-Arthur, la poursuite tactique.

A 10 h. 1/2 l'incident était clos. Le soir même le maréchal comte Oyama, arrivant de Fou-Tsou-Woo établissait
son quartier général à Chin-Chow-Kiang.

Dans la nuit (le 7 à 1 heure du matin), le général Yamagi confie à sa 1ʳᵉ brigade la mission de se saisir par
surprise du fort de Iokozan et des ouvrages de Talien-
Wan, appui de gauche de la position que le général Shui
avait charge de défendre. Le 15ᵉ d'infanterie avec une
compagnie du génie et un peloton de cavalerie est dirigé
sur Iokozan ; le 1ᵉʳ d'infanterie également avec une compagnie du génie et un peloton de cavaliers, marche sur
Talien-Wan (10 kilomètres). Le 3ᵉ régiment avec 2 batteries et un peloton de cavalerie est porté à Sokatou pour
couvrir, vers Port-Arthur, l'installation à Chin-Chow-Kiang.

A l'extrême surprise des braves troupes, dévouées aux
plus rudes épreuves, les portes des forts furent trouvées
toutes grandes ouvertes..... les Chinois avaient honteuse-
ment fui.

Les pertes des Japonais en la journée du 6 se réduisent
à 1 officier, 20 hommes de troupe blessés et 5 tués.

La flotte qui espérait coopérer avec les forces de terre à
la prise de Talien-Wan, n'avait pas eu à intervenir. L'amiral Ito s'était présenté vers 2 heures, dans l'après-midi du 6,
à l'entrée de la baie avec son escadre (*Hashidate*, portant
pavillon, *Chiyoda, Itsukushima, Naniwa* et *Matsushima*),
suivie des première (*Yoshino, Takachiho, Akitsushima*),
deuxième (*Fuso, Katsurogi, Kongo, Takoa*) et quatrième
(*Tsukushi, Akagi, Maya, Oshima, Chokai*) divisions légères.

Les embarcations de six bâtiments sont aussitôt employées, sous la protection de la 4ᵉ division, à lever les
torpilles obstruant le chenal ; la nuit étant survenue, l'at-

taque des forts est remise au lendemain. De fait, le 7 vers
6 heures du matin, la quatrième division pénètre dans la
baie : *Tsukushi*, *Akagi* et *Chokai* dans la rade de l'est (droite),
Oshima et *Maya* dans la rade de l'ouest (gauche). Le *Tsukushi*, sans plus tarder, donne sur le sémaphore un obus
de sa pièce de 26 ; l'*Akagi* et le *Chokai* suivent cet exemple ; l'ennemi ne riposte pas. Vers 9 h. 1/2 l'escadre et la
première division légère s'avancent à leur tour et un peu
après 10 heures l'*Hashidate* envoie quelques projectiles sur
le sémaphore et le baraquement ; il n'est pas non plus répondu à ce feu. Enfin, à la surprise générale, on distingue
à la lunette, sur les parapets du fort Hoshang-Tao un
groupe de soldats en vêtements sombres et, flottant au mât,
le pavillon japonais. Le *Yoshino* met aussitôt une embarcation à la mer et rapporte à 11 h. 1/2 la nouvelle des
événements accomplis pendant la nuit.

Le navire de guerre *Severn* de la marine britannique, le
navire *Baltimore* de la marine des Etats-Unis, et un bâtiment allemand se trouvaient à ce moment sur rade.

*_**

La 12e brigade ayant rejoint à Chin-Chow-Chiang l'armée se met en marche le 13, laissant pour couvrir l'arrière : 1 bataillon du 14e d'infanterie à Talien-Wan, 2 bataillons du 15e d'infanterie et 2 pelotons de cavalerie à
Chin-Chow-Chiang.

Le mouvement s'opère en trois colonnes (1) :

1° A droite, sur le chemin suivant le littoral du golfe de

---

(1) La *Revue militaire de l'Etranger*, dans l'excellent article que
donne sa livraison d'avril, admet la marche en une seule colonne de la
1re division et de la brigade mixte ; rien ne lui paraît justifier la flanc-
garde du lieutenant-colonel Masumytsôu.

Liao-Tong et passant par Mu-Tschong et Tschui-Tscheng, la 1re division ;

2° Au centre, la 12 brigade mixte ;

3° A gauche, longeant la côte est (mer Jaune), le détachement du lieutenant-colonel Masumytsòu : 2 bataillons du 14° d'infanterie, une batterie de montagne, un peloton de cavalerie, une compagnie du génie, une ambulance légère et un petit convoi.

La marche de ces colonnes est rendue excessivement pénible et laborieuse par suite de difficultés de terrain ; les troupes n'arrivant que tardivement au bivouac et parcimonieusement nourries — les convois étant fort en arrière — sont soumises à de dures épreuves ; néanmoins la discipline n'omet aucune de ses exigences, et le moral très exalté écarte toute défaillance.

Les Chinois commettent la grande faute de ne pas disputer à l'armée du maréchal Oyama les approches du camp retranché ; seule l'avant-garde de la 1re division doit soutenir, le 18, à Liou-Shou-Kattou (ou Sodaiko), un engagement qui débute fort malheureusement par la surprise des trois escadrons que conduit le commandant Akiyama Cet officier cerné — pour ne pas s'être couvert — par un corps de 3.000 Chinois avec quelque artillerie, a de plus la fatale idée de faire mettre pied à terre à une partie de sa troupe ; la défense désespérée de cette cavalerie donne à la compagnie tête d'avant-garde le temps d'accourir. Son intervention opportune permet aux escadrons de se ressaisir, mais elle est à son tour bientôt submergée par le flot des assaillants. C'est maintenant à la cavalerie de se ruer furieusement pour entailler à coups de sabre la brèche par laquelle l'infanterie se frayera une retraite sur le gros du bataillon « inexplicablement » resté à 2 kilomètres en arrière.

Au cours de cette lutte, l'héroïque épisode du cavalier Hashimoto, mortellement blessé en dégageant le capitaine Asakawa :

Cette échauffourée (1) néanmoins coûte aux Japonais 14 morts dont un officier et 32 blessés parmi lesquels 2 officiers. C'est à quelques-unes des malheureuses victimes de cette journée que les Chinois font subir d'odieuses mutilations ; le correspondant du *Temps* traversant le champ de bataille le lendemain a vu, gisant sur une claie de bambous « un cadavre de soldat japonais, avec des galons de 1re classe sur les épaules, une épouvantable tranche sanguinolente remplaçait la tête ; plus de main gauche ; la poitrine ouverte et les entrailles tirées dehors ; plus bas, une mutilation odieuse, signature authentique d'un Chinois. Certainement le malheureux vivait encore quand ses bourreaux en avaient fait la curée..... Et vraiment j'ai compris la furieuse colère de tous ceux qui venaient voir ce que nous regardions et dont quelques-uns tenaient, au-dessus du pauvre petit corps à l'uniforme gluant de sang, un poing fermé qui ne présageait pas miséricorde aux défenseurs de Port-Arthur ».

Le lendemain encore, l'ennemi se laisse enlever, mais sans aucune résistance *Tchyo-Kattou* ; la 1re division bivouaque entre *Beckachi* et *Sekichi* ; l'état-major à *Doshioji*. La grosse artillerie rejoint dans la nuit.

La journée du 20 est employée, sous le couvert des avant-gardes transformées en avant-postes, à la reconnaissance des approches de la place et à la recherche des positions d'artillerie ; celles-ci sont aisément trouvées pour les bat-

---

« Chefou, 20 novembre.

« (1) Suivant les dernières nouvelles de Port-Arthur, un engagement aurait eu lieu le 18, à quelque 20 milles au nord de cette place, entre une force chinoise et les troupes japonaises venant de Kinchow. Les Japonais ont dû finalement se retirer vers Talien-Wan. Les pertes chinoises en morts et en blessés se montent à une centaine d'hommes, tandis que les Japonais ont eu, dit-on, 300 hommes hors de combat. »..Les Chinois ont fait 10 prisonniers. »

On avait du reste, dès le 10, fait courir le bruit d'un échec des Japonais sous Port-Arthur.

teries du général Yamagi, sur l'éperon séparant les deux branches du ruisseau de *Souishi-Yeï* et sur le plateau à l'ouest surplombant la mer.

Les pièces de siège seront établies au sud du village Tchyokathou, presque à la chute d'un des ravins de Souishi-Yeï.

De ces positions on saisit l'entier panorama du camp retranché.

Au premier plan, entre 4 et 5 kilomètres, vis-à-vis de la 1re division tenant la droite, la redoute et les deux lunettes d'Izouzan (Kishi-Kan) dont la gorge est en quelque sorte fermée par les baraquements de Souishi-Yeï. En face de la brigade Hasegawa et débordant sa gauche dix fortins reliés par des tranchées. Au loin, au-dessus de la confuse et blanchâtre agglomération qui est Port-Arthur avec son arsenal, la masse du grand fort de mer Hou-Gon-San.

Les Chinois ont fait sortir de la place quelques gros détachements, sur la rive gauche du ravin de Souishi-Yeï, dans la trouée entre les baraquements et le fort de Niriusan; mais déjà l'artillerie de la 1re division occupe les emplacements de telle sorte qu'il suffit, lorsque l'attaque se produit vers 3 h. 1/2, de quelques salves bien ajustées pour forcer les défenseurs à se réfugier, en extrême confusion, derrière leurs parapets.

Jusqu'au soir, l'artillerie de campagne canonne les ouvrages; la nuit est employée à l'établissement des batteries de siège.

Enfin, le 21, décisive journée. Nous nous attacherons d'abord à l'attaque de droite pour ensuite faire retour à gauche :

1° Attaque de droite, 1re division. Le général Yamagi quitte à 1 heure du matin son bivouac ; l'approche est très pénible et quelque peu aventurée, car il n'a pas été procédé à une reconnaissance du terrain, encore moins à un jalonnement de l'itinéraire par les hameaux de Dojioshi,

Beikashi et Sekishi; des grands efforts sont nécessaires
pour faire gravir à l'artillerie les pentes très raides donnant
accès, du fond du ravin de Souishi-Yeï au plateau allongé
s'étirant entre le ruisseau et la côte. L'objectif de la divi-

Port-Arthur.

(Croquis de l'attaque).

sion est le fort Izouzan (Esioyama) avec ses ouvrages
annexes (cotes 137, 126 et 86 m.). Il est assez probable
que le général, qui n'a pas prévu toutes les difficultés de sa
marche, comptait pouvoir attaquer avant l'aube; quoiqu'il
en soit — retardée ou non — c'est vers 6 h. 1/2 que l'infanterie commençant à se masser au fond d'un ravin, esca-

lade le plateau d'Izouzan, 2° brigade à gauche, 1ʳᵉ brigade à droite. L'artillerie soutient très efficacement cette action. Trois bataillons (deux du 3° régiment; un du 1ᵉʳ régiment) progressent rapidement par bonds énergiques, presque sans tirer; à peu près vers 7 h. 1/2, le 3° régiment formant échelon en avant est vigoureusement entraîné par sa réserve et pénètre dans les ouvrages,

Les Chinois n'attendent pas l'assaut et s'enfurent sur les casernes fortifiées commandant à quelques centaines de mètres en arrière la gorge des ouvrages évacués. A ce moment se prononce sur le flanc droit des Japonais une sérieuse contre-attaque, à laquelle fait aussitôt face le 2° régiment qui a déjà quitté son emplacement de réserve pour — en prolongeant la droite — aborder les casernes fortifiées.

Nous sommes portés à croire que l'intervention des plus opportunes de ce régiment, a permis au 3° régiment de se dégager et d'évacuer le fort rendu intenable par les canons à tir rapide des casernes fortifiées et par les grosses pièces du fort *Hou-Gon-San*. Nous admettrons donc, sur cette aile, une immobilisation d'une certaine durée;

2° Attaque au centre, 12° brigade mixte. Les pièces de siège, au centre entre la division Yamagato et la brigade Hasegawa, sont loin de tenir l'emploi utile qu'on leur avait attribué. « Leur tir — estime la correspondance du *Temps* — a été intermittent, très lent, sans justesse et n'a contribué pour rien au succès de la journée. » Le général Hasegawa réduit à ses propres ressources, cherche alors tant bien que mal, dès 8 heures du matin, à canonner avec les pièces de montagne le secteur du centre comprenant quatre ouvrages; fortuitement le fort de Chofuzan — objectif immédiat — saute; le 24° se jette aussitôt dans les décombres bravant la fusillade qui le prend d'écharpe.

La prise de cet ouvrage donne à toute la ligne japonaise un nouvel élan, et c'est à cet instant, croyons-nous — il est alors un peu plus de 11 heures — que la 1re division reprend son attaque, la droite (brigade Noghi, 1er régiment) jetée sur les casernes fortifiées.

Mais la résistance des Chinois n'est point encore complètement rompue. Une nouvelle contre-attaque est tentée par eux pour se ressaisir des casernes ; la 1re brigade (Noghi) avec l'appui de l'artillerie de la division reportée en arrière (3e position), est tout au plus capable de rompre, par son feu, l'élan de la riposte et de lui en imposer par son attitude.

La brigade Hasegawa est, elle aussi, immobilisée.

3o *Attaque de gauche.* — Cependant, à l'extrême gauche, le lieutenant-colonel Masumitsou a réussi, par une marche intrépide sous le feu des Chinois, à aborder le fort de Niriuzan ; il appuie alors vers sa droite pour se rapprocher du général Hasegawa. Sa subite apparition en arrière de la position provoque à la droite ennemie une panique que saisit très opportunément la 24e, pour déboucher sur le « terrain de manœuvre » et refouler les Chinois vers la ville (un peu avant une heure).

Il n'y a plus dès lors qu'à se porter en avant.

Une accalmie pour donner à l'artillerie de campagne le temps de prendre de nouvelles positions et de préparer par son feu la marche de l'infanterie.

Un peu avant 4 heures, les premiers bataillons de la division Yamagi pénètrent dans la partie nord-ouest de la ville.

Le combat traîne encore désordonné, pendant presque toute la nuit; le 22, de grand matin, la prise de possession est complétée par l'occupation des forts sur le front de mer; il n'y a plus alors qu'à rétablir l'ordre et à désarmer les bandes qui s'obstinent encore dans une résistance désespérée.

L'intervention de la flotte n'a été que très médiocrement efficace; elle s'est bornée à quelques coups de canon échangés avec les forts, et à la capture d'un petit nombre de barques chargées de fuyards.

La garnison de Port-Arthur avait pu en majeure partie fuir et se disperser ; des groupes s'échappent à travers la flotte japonaise, d'autres se jettent dans les terres cherchant à gagner Talien-Wan. Les généraux Tso et Kung, qui se partagent le commandement, ont été les premiers à donner le signal de la débandade, avant même l'attaque décisive.

Le butin, les trophées de la victoire sont considérables : des approvisionnements de toutes sortes, près de 80 pièces d'artillerie — desquelles 42 Krupp, — un torpilleur, un croiseur et l'arsenal avec ses immenses ressources.

Port-Arthur.

(d'après le croquis du journal japonais NIPPON.)

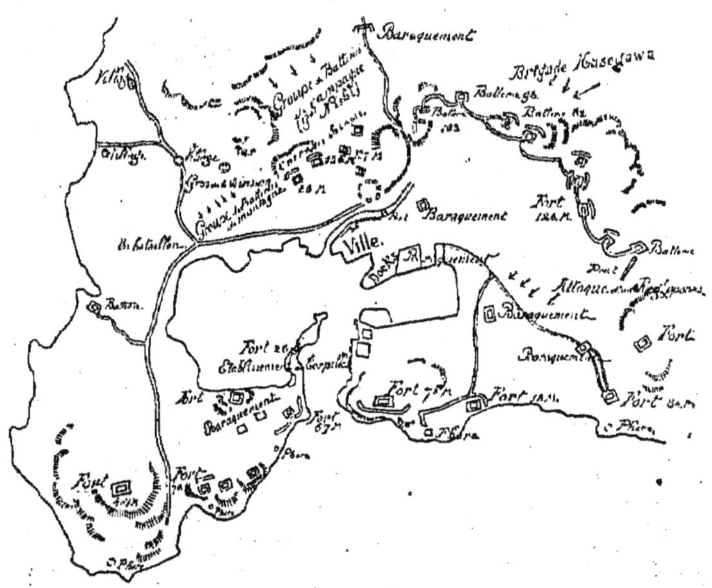

Les pertes japonaises s'élèvent à 518 hommes hors de combat: 218 dont 20 tués pour la division Yamagi, 300 dont

30 tués pour la brigade Hasegawa ; celles des Chinois échappent à toute évaluation. On cite le chiffre de 2,000 tués tant au dehors que dans les rues de la ville.

La prise de Port-Arthur quoique prévue — même prématurément annoncée (1) — eut — est-il besoin de le dire? — de par tout le monde un écho considérable. Au Japon, un enthousiasme immense exalte le sentiment populaire ; la proclamation du Mikado, en date du 27, mais en termes très modérés, se fait l'interprète de la reconnaissance nationale.

****

Nous avons déjà noté la grande faute commise par les Chinois de ne pas disputer avec opiniâtreté les approches du camp retranché ; ils se complaisent ainsi dans une défense purement *passive*, énergiquement soutenue pendant

---

(1) Les journaux du soir publient la dépêche suivante :

« Shangaï, 12 novembre.

» Une dépêche de Chefoo annonce que les Japonais ont pris hier matin Port-Arthur presque sans résistance.

» Quand les Japonais après le bombardement ont livré l'assaut général, les Chinois ont déposé leurs armes et se sont rendus.

» On assure que le général chinois, avec son état-major et d'autres officiers supérieurs, ont abandonné les forts dans la nuit du 6 novembre et ont pris la fuite à bord d'un aviso. »

Du reste, d'une manière générale, les fausses nouvelles, les renseignements erronés circulent avec une étonnante prodigalité. Un de nos grands journaux du matin en accapare la plus notoire spécialité ; c'est lui qui le 22 novembre prétend s'être fait télégraphier de Yokohama :

« On annonce que l'escadre du *Peï-Yang* ayant attaqué au moyen de son artillerie les troupes japonaises marchant sur Port-Arthur, il en est résulté un terrible engagement entre les vaisseaux chinois et l'escadre japonaise qui protégeait les mouvements des troupes de terre. »

C'est lui encore qui — toujours sur la foi de son *correspondant spécial* — croit pouvoir avancer que le maréchal Oyama s'est intentionnellement abstenu de couper à l'ennemi la ligne de retraite, trop heureux de laisser le passage libre à des milliers de fuyards.

Oh, que bien servi par son *correspondant spécial !*

quelques heures, dans la matinée du 21, puis prématurément trahie par la couardise des généraux.

Ces généraux payeront de leur tête une défaite à laquelle ils se sont trop aisément résignés et qu'ils chercheront à excuser par les plus étranges considérations.

Un article du *Chung-Psi-Yet-Pao* donné en extrait par le *Times* (12 janvier) mérite, à bien des titres, de ne pas rester ignoré.

« Des raisons inspirées par la plus haute stratégie ont décidé le général Tso à permettre aux Japonais de s'emparer de Port-Arthur, et la manière géniale dont il a su arriver à ce résultat, sans que l'ennemi ait pu pénétrer ses desseins, le caractérise un des plus illustres généraux dont puisse se glorifier la Chine. Persuadé que Pékin est l'objectif final des convoitises japonaises, le général Tso a conclu que si l'on opposait à l'ennemi une résistance par trop opiniâtre sur un point, il se lasserait et marcherait sur la capitale sans se préoccuper des forces chinoises non entamées qu'il aurait derrière lui ; par contre, si on laissait choir entre les mains des petits bougres une place importante de la valeur de Port-Arthur, ils s'en réjouiraient comme des enfants auxquels on donne une poupée neuve, s'arrêteraient en route et accorderaient tout le répit nécessaire pour rendre Pékin imprenable. En conséquence, le général Tso se borna à infliger aux Japonais le plus de pertes qu'il lui fut possible, évitant toutefois de les décourager, puis lorsqu'il lui fût loisible de constater que l'ennemi allait se résigner à un insuccès, il donna à ses braves troupes le signal d'une retraite qu'elles opèrent dans le plus bel ordre. Les Japonais avaient été tellement éprouvés qu'ils ne se risquèrent à occuper les forts que quelques heures après le départ des derniers soldats chinois. Le général Tso a fait preuve d'une remarquable habileté militaire dans l'application de sa tactique défensive. Un astucieux stratagème consistant à réduire de moitié la

charge des grosses pièces et à remplir de sable les torpilles
et les obus, lui permit de faire croire au naïf commandant
de la flotte japonaise que les forts de Port-Arthur n'étaient
pas dangereux; la flotte se risqua ainsi dans la zone des
torpilles et à portée des forts; elle perdit, avant même de
pouvoir constater sa fatale erreur, 3 navires de guerre,
7 transports et 21 torpilleurs.

» La conduite du général Tso confirme ce que nous
avons du reste toujours affirmé, savoir : que la Chine peut
espérer la victoire sans l'intervention à la tête de ses troupes de généraux étrangers.

» Les barbares qui se nourrissent de viande peuvent
sans doute, dans le combat corps à corps, nous être supérieurs par la force physique, mais seul l'esprit d'un
homme connaissant la capacité militaire de notre race
éclairée était à même de concevoir et d'exécuter un projet tel que celui de jeter Port-Arthur en appât, à la vora-
cité de nos minuscules ennemis. »

*
* *

Quelques observations s'attribuent aux faits que nous
venons de détailler.

1º L'opération du débarquement, quoique judicieusement préparée, se tire en longueur; de plus le général Yamagi, sans attendre la complète mise à terre de sa division,
pousse d'abord son avant-garde, puis successivement ses
autres échelons à Fuen-Kao (50 kilomètres). C'est ce que
l'on est convenu d'appeler le système des petits paquets,
manie que déjà, avec véhémence, blâmait le maréchal
Bugeaud.

Le général Yamagi avait assurément le droit, après les
constatations faites en Corée, de mépriser son adversaire,
mais il n'aurait point dû céder à ce penchant en prenant
trop commodément ses aises.

Le maréchal Bugeaud, qu'il est toujours bon de pouvoir citer, s'armait quand il allait tirer le lièvre comme s'il devait rencontrer le lion.

2° Un rôle fort judicieux est assigné à la pointe d'avant-garde : la cavalerie procède à la reconnaissance. Le génie trace et aménage l'itinéraire. L'infanterie et l'artillerie constituent le soutien ; tout au plus la distance de 20 kilomètres paraîtra un peu exagérée ;

3° On ne se rend pas parfaitement compte des raisons qui ont pu déterminer — le 5 novembre — le général Yamagi, à jeter, à travers la montagne, une de ses brigades pour venir attaquer la gauche des Chinois à Chin-Chow-Chiang ; il semblait, par contre, tout indiqué de manœuvrer contre leur droite, de façon à les couper de Talien-Wan ;

4° Après la victoire, tous les conseils sont bons hormis les prudents, a dit le maréchal de Saxe ; on n'en demeure pas moins en droit de considérer comme très risquée la manœuvre qui a fait tomber aux mains de la 1re brigade les forts de Talien-Wan. Il était de la dernière imprudence de se heurter ainsi — de nuit — dans un terrain inconnu contre des ouvrages sur lesquels manquaient les premières données ; il eût été indispensable d'attribuer à chacun de ces régiments une batterie pour — à la pointe du jour — briser les résistances, la surprise dans les ténèbres, à l'arme blanche, n'ayant point réussi ; enfin, une réserve générale aurait dû être fournie à ces attaques, le régiment établi à Sokatou n'en tenant réellement pas lieu.

Le général Yamagi aurait-il été, par aventure, jaloux des lauriers pouvant ceindre d'autres fronts ?

5° En ce qui concerne la tactique même, une seule observation d'un caractère général, intéressant l'infanterie, nous semble devoir être relevée.

La brigade mixte du général Hasegawa est, comme nous le savons, médiocrement servie par sa faible artillerie de montagne ; par contre, les ouvrages qu'elle a l'intention d'aborder sont relativement bien pourvus de canons à tir rapide.

Cette infanterie est ainsi en demeure d'agir par ses propres moyens; elle ne tarde pas à constater :

a) Que la *supériorité du feu* s'obtient, le plus avantageusement, non en peinant pour gagner du terrain, mais bien en faisant entrer en action un grand nombre de fusils;

b) Qu'il y a profit réel à utiliser immédiatement presque toutes les armes disponibles;

c) Que la supériorité du feu, ainsi momentanément acquise, autorise seule *le mouvement* dans des conditions parfaites d'ordre et de discipline.

Après certains tâtonnements, au début, nous distinguons une ligne de sections largement espacées (les hommes sur un rang), renforcée dans les intervalles, puis aux ailes, par des sections (sur un rang), successivement amenées de l'arrière; la salve remplace, presque sans exception, le feu à volonté.

La riposte des Chinois ne tarde pas à faiblir; bientôt des fractions sur un rang — entre elles largement espacées, — sont sollicitées en avant, tandis que les soutiens ou réserves s'abritent et se couchent; le bond varie d'amplitude, puis le même jeu recommence.

Les observations, recueillies sur un autre point du champ de bataille, compléteront ces indications; « pourtant, écrit un témoin, aux approches de 400 à 500 mètres, la période du feu se prolonge et ne tarde pas à dégénérer en feu précipité; l'ennemi, de son côté, augmente l'intensité de son tir, ses projectiles, de moyen calibre, inondent le terrain. Les officiers obtiennent alors, non pas immédiatement, mais en très peu de temps, la cessation du feu. Une accalmie succède à la furieuse tempête qui s'était déchaînée. C'est alors — j'en ai eu depuis l'explication — que se glissent rampant, d'abri en abri, quelques petits groupes de tireurs d'élite dont la mission sera d'abattre les servants chinois. Le résultat espéré n'a-t-il pas été obtenu, n'a-t-on pas eu la patience de l'attendre, ou bien les officiers ont-ils cru pouvoir, en une seconde de répit, braver le feu de l'ennemi ? Je ne le saurai dire.

» Quoi qu'il en soit, je note un effort qui n'aboutit pas pour porter la masse en avant. Heureusement que deux compagnies restées en arrière — pour se réapprovisionner, m'a-t-on dit — rejoignent en quelques bonds la ligne et l'entraînent. Un feu désordonné éclate de toute part. Trois autres compagnies dont je n'avais pas soupçonné la présence arrivent dans un ordre parfait. Mais elles n'ont pas eu le temps d'agir, leur *appui moral* suffit ; déjà, la masse s'est ruée sur les ouvrages chinois, c'est *l'assaut dans sa forme actuelle*, ou, pour être plus exact, la simple constatation du résultat acquis par le feu rapide qui, en la phase finale, remplace le corps à corps de jadis. »

6° On peut, avec la *Revue militaire de l'étranger* (avril), relever la disproportion accusée entre les troupes de première ligne et la réserve générale. Pour une division et demie, opérant en trois groupes, le maréchal ne maintient qu'un bataillon à son immédiate disposition.

« Il est vrai qu'à la guerre le succès n'est généralement qu'une question de proportion entre les fautes des deux adversaires ; aussi, tout en s'inclinant devant le vainqueur, faut-il se défendre contre ce sentiment d'admiration exclusive, qui, en présence d'un résultat heureux, ne sait pas faire de restriction. »

7° Les services de l'arrière fonctionnent avec une très précautionneuse régularité. Ta-Lien-Wan devient base d'opérations et de ravitaillement ; des commandements d'étapes jalonnent les lignes de marche ; le télégraphe de campagne se déploie à l'arrière-garde.

8° Il nous reste maintenant à aborder la grave question

des atrocités commises par les Japonais après la prise de
Port-Arthur.

Au dire unanime des correspondants de journaux toutes
les horreurs de la guerre ont été étalées dans Port-Arthur
en leur plus odieuse nudité.

De M. Cowen, correspondant du *Times*.

« Kobé, 3 décembre 1894.

» Ce qui est arrivé à Port-Arthur après que cette ville fut
tombée au pouvoir des Japonais, il eût été impossible et
même dangereux de le raconter sur place. Votre correspondant s'est échappé dès qu'il a pu du théâtre de ces
scènes horribles pour gagner un lieu où il fût libre de
parler. Et lorsque nous quittâmes Port-Arthur, il y a huit
jours, sur le *Nagato-Maru*, presque étonnés de nous être
sauvés en vie de cette épouvantable épidémie de brutalité
inouïe, les derniers sons que nous entendîmes furent ceux
de la fusillade, le tumulte des tueries inutiles continuées
le cinquième jour après la grande bataille.

» Quand l'armée japonaise entra dans Port-Arthur, le 21
novembre, les Chinois, qui avaient résisté désespérément
jusqu'à la dernière extrémité, se retirèrent lentement
d'abri en abri... puis toute opposition cessa; la défaite était
complète.

» ... Je me trouvais au sommet du mont Hakugo-Kusan,
dominant toute la ville, et, quand je vis les Japonais s'avancer à travers les rues en déchargeant leurs fusils dans
toutes les maisons et en massacrant toute créature vi-
vante qui se trouvait sur leur chemin, je cherchai la cause
de leurs actes. Je voyais littéralement partir chaque coup
de feu et je jure positivement que pas un seul ne fut tiré
sauf par les Japonais. Je vis des troupes entières de Chinois traqués dans les maisons et déchirés en pièces, sans
qu'un seul eût tenté de combattre. Beaucoup se jetaient à

genoux, leurs têtes touchant le sol par manière de suppli-
cation et c'est dans cette attitude qu'on les tuait. Je voyais
toute la petite ville comme on voit le pont de Londres du
haut du monument, et j'affirme que pas un coup de feu ne
partit d'une maison. J'en pouvais d'autant moins croire
mes yeux que, comme mes lettres vous l'ont prouvé, j'avais
été rempli d'admiration pour la bravoure des Japonais et
leurs procédés antérieurs : mais si mes yeux me trom-
paient, d'autres furent dupes d'une semblable illusion,
car les attachés militaires d'Angleterre et d'Amérique, qui
se trouvaient sur la même colline, furent également remplis d'horreur et de surprise, devant cette explosion de bar-
barie gratuite, ce révoltant démenti à toutes les prétentions d'humanité.

» Le bruit d'une fusillade attira notre attention sur la
baie donnant accès, au nord, dans la lagune. Des flottilles
de bateaux se dirigeaient vers l'ouest, chargés et surchar-
gés de fugitifs terrorisés, hommes, femmes, enfants res-
tés trop tard dans la ville assiégée. Un escadron de cavalerie japonaise avec un officier, évoluait sur le rivage de la
crique et tirait sur la mer, massacrant tous ces malheureux. Un vieillard et deux enfants de dix ou douze ans
venaient de quitter le rivage; un cavalier les suivit dans
l'eau et les hacha d'une douzaine de coups de sabre.

» Un autre pauvre diable, qui s'échappait par une ruelle,
se trouva pris entre deux feux; nous entendîmes ses cris
d'angoisse quand, trois fois de suite, il se prosterna en
suppliant dans la poussière; la troisième fois il ne se releva pas, mais tomba sur le côté et les Japonais déchargèrent
presque à bout portant leurs armes sur lui.

» Nous vîmes un nombre considérable de ces morts
jusqu'à ce que, malades et tristes au delà de toute expression, nous gagnâmes le quartier général. Là, dans le pavillon dominant le champ de manœuvre, le maréchal
Oyama et tous ses officiers étaient assemblés pendant que

la musique militaire jouait les airs de son répertoire, tantôt une caractéristique marche japonaise, tantôt une piquante valse française et enfin l'impressionnant hymne national (1). Vingt mille voix crièrent : « Banzaï Nippon ! » et ce fut un débordement d'enthousiasme patriotique... Aucun de ces Japonais ne se doutait que leurs hôtes d'Occident fussent remplis d'horreur, d'indignation et de dégoût, et ce nous fut un soulagement de pouvoir échapper à leurs prévenances et à leurs effusions.

» A notre stupeur, le massacre du mercredi, qui aurait pu être expliqué, sinon excusé, par l'excitation du triomphe et par la vue de cadavres japonais mutilés, fut continué de sang-froid le jeudi, le vendredi, le samedi et le dimanche. Ces quatre jours furent encore employés par les soldats à massacrer et à piller du matin au soir, et à des mutilations et atrocités sans nom de toutes les espèces, jusqu'à ce que la ville fût devenue un si hideux enfer que ceux qui l'ont vue n'en oublieront jamais l'horreur. Femmes et enfants jonchaient les rues... Je vis des groupes de prisonniers, les mains liées derrière le dos, sur lesquels on s'amusa à envoyer des balles pendant cinq minutes et qui ensuite furent coupés en morceaux. Je vis une jonque remplie de fugitifs de tout âge contre laquelle on tira des volées jusqu'à ce que... Mais je n'en peux dire davantage...

» Certes, les Chinois avaient commis des atrocités, mais elles furent vengées au centuple. »

Puis aussi de M. de Laguerie, correspondant du *Temps.*

« Vous savez, par ma lettre précédente, quel spectacle épouvantable j'ai eu sous les yeux le long des rues et des quais de Port-Arthur. Aucune exagération n'est possible ; car le récit simple et franc, tel que vous l'avez reçu semble

---

(1) Le *Kimigayo.* La *Revue des Revues* en publie la musique dans sa livraison du 15 juillet 1895.

déjà exagéré et pourtant que d'atténuations pour éviter de
paraître chercher les effets d'horreur!

» Sans autre peine que de ne pas fermer les paupières, j'ai
compté cent vingt cadavres, dont trois femmes et trois enfants. Tous, sans exception, et j'ai vérifié, en cas d'incerti-
tude, avaient sur le crâne, le col ou la face, une ou plusieurs marques du sabre japonais; pas de coups de baïonnette ou de balle. Quelques têtes nettement coupées et
restées près de leurs corps; d'autres ouvertes affreusement
au cervelet, au rocher de l'oreille, au milieu de la face;
d'autres à demi-sectionnées et semblant arrachées par la
traction de la natte qui avait fait tendre le cou. Pas un de
ces cadavres n'avait d'armes près de lui; beaucoup à moitié dévêtus offraient le désordre de gens éveillés la nuit en
sursaut et ouvrant leur porte tout en s'habillant hâtivement; beaucoup aussi avaient les mains et les bras liés de
cordes. On nous a dit que c'étaient des soldats, bien
qu'aucun n'eût d'uniforme; à quoi on répondit qu'en
fuyant le Chinois jette l'habit militaire pour prendre un
déguisement civil. Mais alors, à quoi les reconnaître? Et
cela ne donne-t-il pas, aux gaietés du sabre, une redoutable
latitude, quitte à Bouddha, plus tard, à réparer les erreurs?
Et les vieillards? Et j'en ai compté! Je dois ajouter que je
n'ai pas vu de corps mutilés, ouverts, entrailles arrachées,
etc., etc.

» Quelques coups de sabre m'ont paru provenir des
sabres-baïonnettes aiguisés, mais la plupart étaient l'œuvre
des fameux sabres qu'on avait enlevés aux coolies après
des vols à main armée commis à Kint-Chiou et que portaient tous les Japonais civils, journalistes, interprètes, ou
chefs de sections de nidzokou.

» Qui a massacré? Qui a versé tout ce sang et fait tous
ces cadavres chinois laissés au hasard de la chute pendant
trois jours, coupés en deux pour être brûlés, traînés sur le
sol caillouteux par des cordes attachées à leurs chevilles,

etc., etc...? Je l'ignore comme tout le monde. Je crois
qu'il faut accuser la soif de vengeance provoquée par la
vue des mutilés japonais du 18 (1) et que désormais le nom
de Port-Arthur, au lieu d'éveiller l'idée d'un arsenal imprenable, ne rappellera plus que la lâcheté, l'ineptie militaire des Chinois et aussi des représailles sanglantes exercées par les Japonais sur une population qui avait confiance
dans des promesses d'humanité solennellement faites et
jusque-là toujours tenues! »

M. Crelman, du *New-York-World*, et M. Ballard Smith, de
L'Inquirer (Philadelphia), foncent encore la tonalité douloureuse de ce lugubre épisode; M. de Villiers, du *Standard*,
en appelle plus sobrement à l'éloquent témoignage de ses
instantanés (Kodac).

Il serait malaisé de contester la valeur de ces témoi-
gnages; le mieux, à l'exemple de quelques journaux (le
Jiyu, le *Nichi-Nich*), est de reconnaître les faits et d'en
rechercher l'explication.

Il nous suffira pour trouver cette interprétation de
confesser l'erreur de nos sensations.

Pourquoi prétendre déférer à notre code un peuple dont
la morale sociale et religieuse diffère si complètement de
la nôtre?

Ne l'oublions pas, malgré de généreux et persévérants
efforts, l'élite seule de la nation japonaise est parvenue à
s'assimiler — et encore tant bien que mal — les préceptes

______

(1) M. Cowen, correspondant du *Times*, déclare, dans une interview
qui lui a été prise par le *Japan Mail*, avoir vu, après le combat du 18,
les cadavres odieusement mutilés de quelques soldats japonais.

Le même rappelle les tortures qu'eurent à subir deux espions japonais à Chin-Chow.

Il est également à sa connaissance que des primes étaient données
par tête coupée de soldat japonais.

Des avis graduant la valeur de ces primes étaient affichés dans les
rues de Port-Arthur. Nous savons d'autre part (voir chapitre III) que
cette pratique est, dans l'armée chinoise, d'un usage courant.

d'une civilisation que nous avons mis des siècles à façonner. Le peuple, fidèle à ses anciennes croyances, n'a pu être que très superficiellement effleuré par l'évolution sociale. Notre altruisme chrétien, notre pitié humanitaire lui sont inconnus. Combien infime est pour lui la valeur de la vie!

Dans de telles conditions il est excusable que des soldats grisés par la victoire, ayant à tirer vengeance de crimes monstrueux, se soient férocement conduits dans une ville emportée d'assaut, exaspérés encore, par l'opiniâtre résistance de quelques forcenés.

Quelle est donc la nation aujourd'hui glorieuse de la civilisation la plus raffinée, à laquelle il ne suffirait de relire le dernier ou l'avant-dernier chapitre de son histoire militaire pour évoquer le sanglant souvenir de villes saccagées, de garnisons passées au fil de l'épée, de sauvages représailles, de monstrueuses fusillades?

Ainsi, s'atténue l'horreur — combien hypocrite — des massacrés de Port-Arthur.

En somme — imputable aux correspondants de journaux, — un excès de sensiblerie (1).

---

(1) Il faut bien reconnaître que sans être absolument irréfutable, l'argumentation du *Japan-Mail* est des mieux établies.

Les correspondants de journaux étrangers présents à Port-Arthur étaient :

M. J. Creelman, du *New-York World;*

M. A. B. de Guerville, du *New-York Herald,* faisant ses débuts dans cette spécialité du reportage;

M. Hart, de l'agence *Reuter,* Irlandais, ancien officier d'artillerie, enfermé dans la place, fait prisonnier puis relâché par les Japonais;

M. de Laguerie, du *Temps;*

M. Villiers, du *Standard* et du *Black and White;*

M. Th. Cowen, du *Times;*

Le correspondant du *China-Mail;*

Arrivèrent plus tard, après la chute de la place :

M. Smith, représentant le *San-Francisco-Chronicle;*

Deux correspondants français, dont un pour le compte du *Figaro;*

Comme le fait très impartialement observer M. de Laguerle, les représailles exercées par les Japonais à Port-Arthur constituent une douloureuse exception « à leurs promesses d'humanité solennellement faites et jusque-là toujours tenues ».

Il est besoin seulement, pour témoigner du « caractère d'humanité » que le ministre de la guerre a eu le désir très sincère d'imprimer à cette guerre, de résumer les recommandations relatives au traitement des prisonniers :

1° On devra laisser aux prisonniers leur vêtement, les officiers en recevront un meilleur s'il est besoin;

2° Il est défendu de couper leur natte aux prisonniers;

3° Lorsque la température l'exigera les locaux dans lesquels les prisonniers chinois sont enfermés devront être chauffés; à défaut de poêles, on y placera des braseros (hibatschi);

4° Poêles et braseros devront être en nombre suffisant; absolument comme pour nos propres soldats ;

M. Davidson, qui a remplacé M. de Guerville ;

M. Ward, de la *Pall-Mall.*

Le maréchal Oyama ne devait pas tarder à se débarrasser de tous ces *gêneurs.*

Un seul étranger, le docteur M. E. Paul, envoyé par le *Times,* accompagne en Mandchourie l'état-major de la première armée.

Les correspondants des journaux nationaux, relativement nombreux, sont soumis à une très sévère censure et ne bénéficient pas de la moindre faveur.

Nous devons, à propos de ces correspondants de journaux japonais, signaler l'existence d'un puissant comité qui s'est constitué à Hiroshima pour venir en aide à ces reporters, honorer la mémoire et secourir la famille de ceux qui succomberaient dans l'exercice du devoir professionnel.

Tous les journaux ont participé à la constitution d'un fonds de secours et se sont engagés à publier pendant trois jours une notice consacrée à la mémoire du défunt.

C'est ainsi, qu'ont été solennellement célébrées à Hiroshima les obsèques de Kumayosi Yamasita, correspondant du *Tschiu-Koku,* tué sur le champ de bataille des Ping-Yang.

La rédaction du journal a, de plus, complètement pris à sa charge tous les secours à fournir à la famille.

5° Les prisonniers ne devront être employés qu'aux travaux qui leur sont familiers ! on leur laissera toute facilité pour cuisiner, laver le linge, nettoyer les locaux, etc. ;

6° Tout prisonnier décédé sera inhumé au cimetière militaire ; la pierre tombale devra porter de précises indications le concernant ;

7° Ce qui appartient en propre aux prisonniers doit leur être scrupuleusement conservé ;

8° Les vêtements hors de service de nos soldats peuvent être distribués aux prisonniers nécessiteux ;

9° Les officiers prisonniers décédés doivent être honorés suivant leur rang.

Et encore l'ordre du jour ci-après, adressé aux troupes dans les premiers jours qui suivent leur entrée en campagne :

« Les opérations militaires étant strictement appliquées aux forces de terre et de mer actuellement engagées, et aucune raison d'inimitié ne pouvant exister entre les individus parce que leurs pays sont en guerre, les principes habituels d'humanité exigent que secours et assistance soient donnés même à ceux de nos ennemis qui sont mis hors de combat, soit par blessure, soit par maladie.

» En conformité de ces principes, des nations civilisées ont établi, pendant la paix, des conventions pour assister mutuellement les personnes atteintes pendant la guerre, sans distinction d'ami ou d'ennemi.

» Cette union humanitaire est appelée la Convention de Genève, ou, plus communément, l'Association de la Croix-Rouge.

» Le Japon en fait partie depuis le mois de juin 1886, et ses soldats ont été déjà instruits qu'ils sont tenus de traiter avec bonté et assistance tous ceux de leurs ennemis qui sont désarmés par une blessure ou par la maladie.

» La Chine ne s'étant pas associée à cette convention, il est possible que ses soldats, ignorants des principes qu'elle a établis, fassent subir de mauvais traitements aux Japonais malades ou blessés. Contre de telles éventualités, les troupes japonaises devront se tenir en garde. Mais, en même temps, elles n'oublieront jamais que, quelque cruel et vindicatif que se montre l'ennemi, il doit néanmoins être traité conformément aux règles reconnues par la civilisation : le blessé ou le malade secouru, le prisonnier protégé avec soin et considération.

» Ce n'est pas seulement pour le soldat blessé ou malade qu'un traitement charitable et miséricordieux est obligatoire ; pareil traitement est dû à tous ceux qui ne font aucune résistance à nos armes.

» Même le corps d'un ennemi mort a droit au respect.

» Nous ne saurions trop admirer l'action d'une nation qui, enlevant un général ennemi, l'entoure de tous les honneurs et de toutes les cérémonies dus au rang du captif.

» Les soldats japonais auront toujours présents à l'esprit les sentiments de bienveillance de leur auguste souverain et ils ne seront pas plus impatients de montrer leur courage que d'exercer leur charité. Ils ont maintenant l'occasion de donner la preuve de l'importance qu'ils attachent à ces principes. »

Mais à quoi bon insister ?

Ce n'est pas à nous, Occidentaux — nous réclamant d'une prude philanthropie — qu'il appartient de prêcher des semonces.

Il serait par trop commode de nous convaincre d'hypocrisie.

Le 21 novembre — c'est-à-dire le jour même de l'attaque de Port-Arthur — une colonne chinoise d'environ 6.000 hommes, détachée de l'armée du général Sung, avait tenté d'enlever Chin-Chow-Chiang.

Le poste — nous le savons — était tenu par deux bataillons d'infanterie et un peloton de cavalerie ; les anciens
ouvrages établis par les Chinois avaient été réfectionnés et
armés de quelques canons à tir rapide. La petite garnison,
après avoir résisté avec énergie au premier choc de l'assaillant, prend à son tour, le lendemain, une audacieuse
offensive et se dégage très complètement.

Un bataillon du 1er d'infanterie, envoyé de Port-Arthur,
renforçait en toute hâte les défenseurs de Chin-Chow-
Chiang, puis suivaient, à peu de jours, les derniers bataillons
de la brigade Nogi (régiments d'infanterie n° 1 et n° 15).

Non seulement la poursuite allait être donnée aux
fuyards dans la direction de Fou-Kou-Siou, mais — bien
mieux — la division Yamagi devait chercher sous Niu-
Tchouang à opérer sa jonction avec la 1re armée japonaise.

Le général Nogi, à l'avant-garde, se saisit le 5 décembre
de Fou-Kou-Siou ; les Chinois se replient sur Kaï-Ping
(Gaï-Yeï, Kaï-Chou), à une trentaine de kilomètres au sud
de Ying-Tséou, qui est le port maritime de Niu-Tchouang.

Le 18, occupation de Kaï-Ping.

A la même date — comme nous le verrons au chapitre
VIII — la 1re armée était concentrée proche de Haï-
Tcheng. Pourtant la jonction avec la division Yamagi n'est
pas encore effectuée, les communications s'échangent seu-
lement par le fil qui longe la côte de la mer de Corée, par
Chin-Chow-Chiang, Fou-Tsou-Woo, Takuschan, An-Tong,
Ping-Yang, Seoul et Fusan.

*
* *

On feignit, fin novembre, de croire à Londres que la
prise de Port-Arthur allait mettre fin au conflit sino-japonais.

De fait, le gouvernement des Etats-Unis avait offert sa
médiation, M. Forster — ex-secrétaire d'État — devant assis-

ter de ses conseils Tchan-Yin-Huan, membre du Tsong-Li-Yamen, éventuellement désigné pour se rendre à Tokio (1).

Toutefois, de part et d'autre, l'effort militaire ne se ralentit pas.

La Chine tente désespérément de mettre sur pied une armée capable de parer le coup mortel qu'elle appréhende. Mais c'est en vain que Li-Hung-Chang aura dépensé son énergie à ramasser des hommes et à les doter d'armes perfectionnées. La désorganisation est complète; le grand amiral, le vice-roi dégradé, mais faisant encore fonctions, est impuissant, en cet instant de crise suprême, à façonner des soldats, à fournir à ces bandes des chefs capables de les commander (2).

---

(1) « Nous autres Américains, nous ne sommes pas sans appréhensions au sujet de la venue de ces négociateurs chinois; il est à espérer que rien de fâcheux ne leur adviendra. » Combien curieux est cet extrait d'une lettre adressée de Yokohama à l'*Army and Navy Journal* bien avant la tentative criminelle dont a été victime *Li-Hung-Chang !* On ne pouvait être meilleur prophète.

(2) La très éloquente proclamation adressée par l'empereur de Chine à ses peuples met si exactement les choses au point que nous ne pouvons nous dispenser de la reproduire.

« Quand nous avons pris possession du pouvoir, nous étions animé du très sincère désir d'entreprendre des réformes administratives.

» Mais, brusquement, les Japonais ont rompu la paix, nous ont enlevé la Corée tributaire, ont pénétré jusque sur notre territoire : nous avons envoyé nos généraux avec des armées pour châtier les Japonais.

» Nos ancêtres et les puissances étrangères savent que nous ne voulions pas troubler nos relations pacifiques avec le Japon.

» Nous ne nous attendions pas à ce que nos généraux fussent au-dessous de leur tâche et notre armée sans discipline. Car c'est pour cela seulement que les Japonais ont réussi à remporter des victoires sur nous et à s'avancer près de notre résidence, en sorte que nos ancêtres, menacés, sont inquiets dans leurs tombeaux.

» Tout cela n'est arrivé que parce que, indigne nous-même, nous n'avons que des indignes autour de nous.

» Mais, si le pire des malheurs arrive, si les Japonais viennent toucher nos saints autels, il ne nous restera plus qu'à nous ensevelir sous eux.

» Alors, mais alors seulement, vous serez libres d'éloigner très res-

Plus de 100.000 hommes, assure-t-on, auraient été appelés autour de Pékin. Les correspondants des journaux anglais (*Times, Daily Chronicle, Daily Graphic*) et le P. Favier dans une lettre adressée aux Missions catholiques de Lyon, nous renseignent très suffisamment sur la valeur militaire de cette tourbe.

Après les envois faits au major von Hanneken à Schan-Hai-Kwan, c'est tout au plus s'il est permis de compter sur 12 à 15.000 soldats pour défendre les approches de *Takou*.

Les Japonais, sur l'autre rive du Liao-Tong, s'installent de manière à bien faire comprendre que Port-Arthur devra leur rester ; le général Hasegawa en a été nommé gouverneur ; l'amirauté de son côté s'approprie l'arsenal à l'aide d'un personnel envoyé du Japon.

Puis, comme aucun détail d'organisation n'est négligé, des mesures son adoptées en prévision du dur hivernage auquel on doit s'attendre dans ces parages (1). De fait, la température tombe bientôt à moins de dix degrés.

Mais, sur ces entrefaites aussi, le cabinet Mikadonal a dû constater l'inefficacité de l'action diplomatique. Le maréchal Oyama, le vainqueur de Port-Arthur, va être appelé à compléter son œuvre.

---

pectueusement vers l'Ouest l'impératrice veuve, et de nommer un autre empereur, plus digne que nous, capable de protéger les tombeaux de nos ancêtres et de venger la honte que nous avons subie. »

(1) Les troupes et les coolies (nidzokou) reçoivent un équipement approprié : chemise, gilet et caleçon de flanelle, gilet de dessus en papier, pardessus fourré, casquette de fourrure, couverture en peau et des gants ; beaucoup de ces objets, notamment les peaux, couvertures et gants, proviennent des dons nationaux.

La ration est également modifiée.

CHAPITRE VII

Wei-Haï-Wei.

LES OPÉRATIONS DE LA IIIᵉ ARMÉE JAPONAISE.

Choix de l'objectif assigné à la IIIᵉ armée. — Description de Wei-Haï-Wei; les voies d'accès. — Composition et transport de la IIIᵉ armée; la flotte de l'amiral Ito. — Démonstrations; débarquement; marche d'approche (20 au 26 janvier). — Occupation des forts ; combats des 30 et 31 janvier, 1ᵉʳ et 2 février. — Bombardement des forts des îles; attaque des torpilleurs japonais (4-5 et 5-6 février); évasion des torpilleurs chinois (7 février); mutinerie de la flotte de l'amiral Ting. — Capitulation; prise de possession de la rade par les Japonais, le 17 février. — Observations : statistique des pertes; théorie de l'action combinée des forces de terre et de mer; du rôle des torpilleurs, de l'éperon; une confirmation des procédés d'école de Grebenschtchikow.

La IIIᵉ armée, dont le maréchal Oyama vient de recevoir le commandement, est destinée à se saisir de Wei-Haï-Wei.

Cherchons à pénétrer les raisons qui motivent le choix de cet objectif.

A cette heure, où se manifestent déjà — en toute évidence — les symptômes de la prochaine obligation de traiter dans laquelle se trouve la Chine, il est du plus haut intérêt pour le Japon de ne pas être surpris en une phase d'inaction pouvant être interprétée comme un aveu d'impuissance, comme une preuve de lassitude.

Or, — à impartialement scruter la situation — les apparences ne témoignent guère en faveur de l'activité militaire du Japon.

La masse principale de sa Iʳᵉ armée est en quelque sorte immobilisée sur la rive gauche du Ljao-Ho, sous Niu-Tchuang; la rigueur de l'hiver, la difficulté de ravitailler et d'alimenter ces troupes, supendent fatalement les opérations offensives ; les généraux chinois peuvent prétendre tenir en échec les forces japonaises.

Dans de semblables conditions, une prompte et vigoureuse action offensive s'impose pour compenser la fâcheuse passivité de l'armée de Mandchourie.

Les glaces qui obstruent le golfe de Ljao-Tong ne permettent pas encore un débarquement à Shan-Haï-Kwan, assurant — par une association de tous les moyens — une vigoureuse poussée aux divisions sur le Ljao-Ho.

Quel sera alors l'objectif de cette III° armée ? Formose, Canton ou Wei-Haï-Wei ?

Le *Kobe Chronicle*, dans un article fort intéressant que reproduit la *Weekly Press* de Hong-Kong, discute ces diverses éventualités. Formose n'est qu'un gage très secondaire qu'il sera aisé de se faire céder par le traité de paix ; il serait prématuré en ce moment de procéder à une opération aussi excentrique, disjoignant les forces au lieu de les grouper en vue de l'effort final. La valeur de Canton est beaucoup plus réelle, mais il est à craindre que l'occupation de ce port ne provoque des difficultés avec l'Angleterre, alors même qu'on laisserait ouverte la Pearl River pour prononcer l'attaque par Swatow.

Wei-Haï-Wei, qui n'est qu'une place de guerre, se recommande d'autant plus à l'attention de l'état-major japonais que sa rade sert de refuge aux derniers débris de la flotte de l'amiral Ting. La marine chinoise complètement détruite ou capturée, aucun obstacle ne pourra gêner, — lorsque la saison le permettra, — la pénétration dans le golfe de Petchili et l'effort combiné des trois armées, qu'il s'agisse d'une marche sur Pékin ou seulement d'un solide établissement dans la presqu'île de *Ljao-Tong*.

***

« Vers 1889, le gouvernement chinois, cédant aux instances de Li-Hong-Tchang, qui avait jugé l'arsenal de Port-Arthur (Liéou-Chan-Kéou) insuffisant, se décidait à fonder un second port militaire sur la côte nord de la péninsule du Chan-Toung, presque en face du premier. On choisit à cet effet la baie de Wei-Haï-Wei à 37 milles à l'est de celle de Tché-Fou et à 23 milles à l'ouest de la pointe de Tcheng-Chan-Téou formant l'extrémité orientale (1) de la province de Chan-Toung. On commanderait ainsi l'entrée du golfe de Pé-Tchi-Li et par suite la défense des forts de Tché-Fou, Niou-Tchuang et Tien-Tsin, ce dernier sur la route de Pékin, dont il assure l'approvisionnement par mer.

» La baie de Wei-Haï-Wei s'enfonce de l'est à l'ouest dans le promontoire terminé au nord par le cap *Cod* qui la protège des vents du nord au sud par l'ouest, tandis qu'un archipel de cinq petites îles brise les grosses mers soulevées par les vents allant du nord au sud par l'est. Elle est donc fort bien abritée contre tous les vents. La passe praticable pour les gros navires se trouve entre les deux maîtresses îles de Liéou-Koung-Tao et de Shouang-Tao, ainsi appelée parce qu'elle est double. Il y a plus d'eau et meilleur abri qu'à Tché-Fou, dont le mouillage n'est pas protégé contre les vents d'est et sud-est, et où l'on manque de fond. C'est la raison qui a fait préférer ce point pour y établir un port de refuge et un arsenal militaire pour la flotte du nord, dite l'escadre du *Pei-Yang*.

» Il a l'avantage sur Port-Arthur d'être à quelques heures du grand port commerçant de Tché-Fou, qui, à l'encon-

---

(1) *North-East Promontory* des cartes anglaises.

tre de ceux de Niou-Tchuang et de Tien-Tsin, n'est que
très rarement fermé par les glaces, cet accident ne s'étant
produit qu'une seule fois depuis vingt-cinq ans (en 1875).
C'est aussi le premier abri que l'on trouve sur cette côte
en venant du large. Il peut contenir un certain nombre de
navires de peu de tirant d'eau. Pour accommoder des navires calant beaucoup, il faudra faire quelques dragages,
d'ailleurs faciles, le fond étant de sable, ce qui donne une
bonne tenue pour le mouillage des ancres et des corps-
morts.

» Un beau wharf en fer, permettant l'accostage aux
grands cuirassés, a été construit sur l'île Liéou-Koung-Tao,
où se trouvent également une bonne jetée de débarquement
pour les embarcations, une cale de halage, des magasins
spacieux, une école navale et un champ de mars pour exercer les équipages et la garnison.

» La maîtresse île de l'archipel, celle de Liéou-Koung-
Tao, mesure environ deux milles de longueur de l'est à
l'ouest et un mille de largeur du nord au sud. La côte nord
est formée de hautes falaises à pic, au pied desquelles
la mer brise avec violence, l'eau y étant très profonde.

» Un débarquement y est absolument impossible. La partie la plus élevée de l'île atteint 510 pieds d'élévation. La
pente naturelle du terrain est dirigée vers le sud, où l'on
trouve une belle plage de sable fin et dur.

» La population, composée d'environ trente familles,
cultive le terrain, constitué en majeure partie par le granit
décomposé. Depuis l'ouverture des travaux, en 1884, la population, qui atteignait alors à peine 400 personnes, compte
aujourd'hui plus de 1.500 âmes, sans parler des soldats et
matelots de la garnison et des navires de guerre.

» La ville même de Wei-Haï-Wei compte environ 600
familles. Un village de 500 feux s'est fondé en dehors des
murs. D'autres villages se sont élevés dans le voisinage des
forts et l'on peut dire que, depuis la fondation de l'arsenal,

la population des environs a plus que quintuplé en huit ans.

» En 1883, le lieutenant Bourchies, de la marine anglaise, indiqua au gouvernement chinois l'importance qu'il y aurait à créer là une école de canonniers, qui fut construite en 1886. Dès 1884, on avait élevé sur l'île un petit atelier de réparations. Mais pendant la guerre franco-chinoise, Liéou-Koung-Tao étant complètement privée de moyens de défense, on transporta une partie des machines à Port-Arthur, et le reste fut enfoui dans l'île. A la signature de la paix avec la France, on rétablit l'atelier, qui a été graduellement augmenté et rend aujourd'hui d'importants services, employant plus de quarante ouvriers instruits à l'européenne.

» L'école de canonnerie comporte des casernes pour 200 hommes, des bâtiments, etc., etc.

» Cette école d'artillerie a donné, dit-on, d'excellents résultats, ayant fourni, de 1886 à 1888, 700 artilleurs pour le service de la flotte ; plus de 150 lieutenants, enseignes et instructeurs ont été formés....., etc.

» La fondation la plus récente est l'école navale impériale. Les bâtiments en furent achevés et les cours y furent ouverts officiellement en avril 1890, avec 46 élèves choisis au moyen d'un concours d'examen dans diverses provinces. Après un stage d'essai de trois mois, un nouvel examen eut lieu ; on dut renvoyer dix des jeunes gens, le reste étant reçu régulièrement dans le service naval. Suivant l'usage adopté dans tous les arsenaux du gouvernement, il y a un directeur chinois aidé par un directeur étranger, ayant sous leurs ordres trois aides-professeurs chinois. La durée des études s'étend sur une période de quatre années....., etc.

» Un hôpital maritime a été ouvert ; les salles sont munies de lits pour environ 120 malades.....

» Deux phares facilitent aux navires l'entrée du port.

Le plus important est celui de Chao-Pei-Tsui, sur le cap avancé formant au sud l'entrée de la baie... Ce feu a été allumé pour la première fois en 1891. Le second phare n'est qu'un feu de port proprement dit, n'étant visible qu'à six milles au large ; la tour en fer à jour, d'une hauteur de 61 pieds, s'élève sur les rochers, au pied des falaises, à l'ouest de l'île de l'Observatoire..... Un mât de signaux sur Liéou-Koung-Tao complète cette organisation.

» Le climat est très sain et sec pendant dix mois de l'année au moins, les pluies n'arrivant qu'en juin et juillet ; les chaleurs ne sont jamais fortes, le thermomètre dépassant rarement 28°.

» Par contre, l'hiver est très rude, le mercure descendant souvent au-dessous de 15 degrés. La neige tombe rarement et cette saison est la meilleure pour les transports, les routes étant alors durcies par la gelée, ce qui permet même de passer facilement à travers les champs dépouillés de leurs moissons.

» Un corps de cavalerie peut ainsi facilement circuler dans tout le pays environnant. Seules les passes des montagnes à l'est de Wei-Hal-Wei, entre ce port et celui de Young-Tcheng, peuvent présenter quelques difficultés, d'ailleurs surmontables pour l'artillerie (1) ».

Les défenses de la baie datent de 1882-1887 et ont ensuite été complétées, en 1889, par les soins du major von Hanneken.

A) La passe de l'est, large de 5 à 6 kilomètres et obstruée par l'îlot Itao (Channel Island), est commandée par neuf ouvrages :

a) Quatre batteries armées de 4 pièces sur la côte sud, entre le cap de Chao-Pei-Tsui et Camp-Point savoir : Liou-

---

(1) *Le Théâtre de la guerre* au Chan-Toung, par M. Albert Fauvel, ancien fonctionnaire des douanes chinoises de Tché-Fou. (Extrait du *Moniteur universel*, janvier-février 1895.)

bioshi, Rokahoucho, Chobokouchi, Chakasho, avec en arrière — sur l'arête dite Fung-Lin-Chou — les forts de Mateuri et de Hiohori ;

b) Une batterie de 2 pièces en l'île du chenal ;

c) Un ouvrage armé de 6 pièces et une batterie en l'île Leu-Kung-Tan.

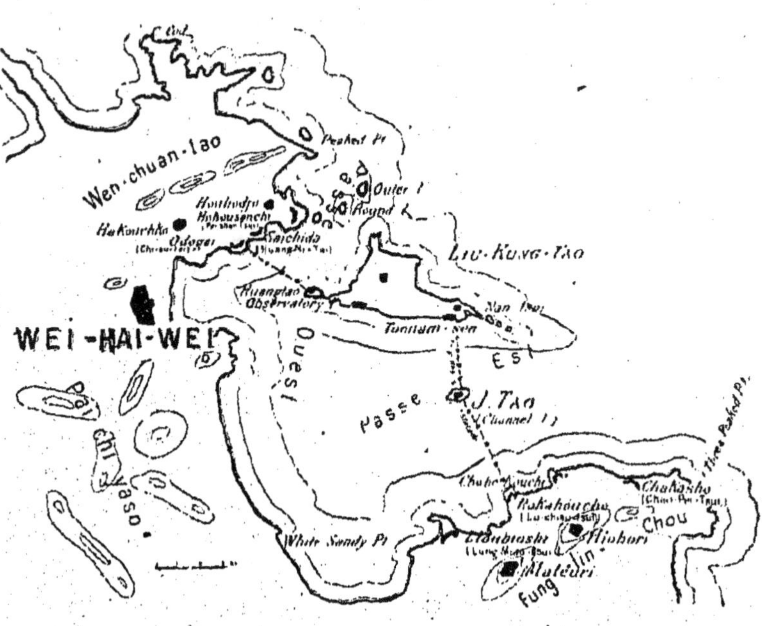

B) La passe de l'ouest, large de moins de deux kilomètres, profonde de 25 à 30 mètres, est maîtrisée par six ouvrages :

d) Trois ouvrages armés de 4 pièces au nord-est de la ville, savoir : Ho-Kousanchi, Saichida, Odogai, avec en arrière, sur le front de terre, les forts de Houhodjo et de Hakouchko non loin duquel se trouve encore — presque contiguë au mur de brique de la place — une grande bâtisse carrée que quelques coups de canon suffiraient à émietter ;

c) Une batterie de 6 pièces en l'île de Liu-Kung-Tao.

Au total 50 grosses pièces de divers calibres : Krupps de 15 à 29 centimètres et Armstrongs de 14 à 24 tonnes ; en plus un certain nombre de canons à tir rapide : Gatlings, Gardeners, Hotchkiss et Nordenfelts.

De nombreuses torpilles et mines obstruent les passes.

La garnison de ·la place, sous le commandement du général Tai-Tsing-Chien, comptait, à l'origine, environ 4.500 soldats et à peu près 10.000 hommes des toutes récentes levées ordonnées par Wu-Ta-Cheng, ex-gouverneur du Yun-Nan. Li-Ping-Heng, vice-roi de la province de Shan-tung, dispose, pour renforcer ces troupes, de 15.000 mili·ciens, de 3.000 cavaliers et de 16 pièces que le général Chia amène par Wuting (sur le fleuve Jaune) et Tsing-Chou. De plus, la division du général Chang, envoyée de Nanking à Tien-Tsin, est arrêtée à Tsihing pour être diri-gée par Ning-Hai sur Wei-Haï-Wei.

En réalité ces évaluations sont purement fantaisistes.

Les renforts destinés à Wei-Haï-Wei se tiennent à très respectueuses distances.

La garnison même de la place se débande, entraînée par un certain général Liu, qui — au dire du *Shanghai-Mercury* — lâche et arrogant, a plus mérité que tout autre général chinois la peine de la décapitation.

La flotte de l'amiral Ting-Iu-Chang, auquel était adjoint le vice-amiral Mac-Clure (1), comprenait encore :

Les deux cuirassés *Ting-Yuen* et *Chen-Yuen*, ce dernier avec un trou dans la coque, mal bouché avec des planches

---

(1) M. John Mac-Clure, avant d'entrer au service du gouvernement chinois, avait commandé pendant quelques années le *Kow-Shing* appar-tenant à Messrs Jardine-Matheson and Comp.

Le *North China Daily News* fait le plus grand éloge de ses capacités et de son énergie.

S'il faut s'en rapporter aux appréciations du *Shanghai Mercury* et de la *Siam Free-Press,* la même appréciation flatteuse ne serait aucu-nement méritée par les instructeurs subalternes au service de la Chine.

et du ciment, ce qui excluait l'emploi de la grosse artillerie;
4 croiseurs, 4 canonnières, 12 torpilleurs et 2 avisos.

Ces divers bâtiments étaient montés par 1.500 à 2.000
braves marins, mais déjà rebutés du mauvais succès de la
campagne.

Ce sont, en somme, ces équipages qui, avec quelques
centaines d'hommes de l'armée de terre demeurés fidèles,
supporteront tout le poids de la résistance.

Les généraux Tai et Chang commandent respectivement
dans l'île de Liu-Kung-Tao, l'un les troupes de la défense
mobile (?), l'autre la garnison des forts.

Le capitaine de vaisseau Sah occupe, avec une soixantaine d'hommes, le fort d'Itao ; il est secondé par trois instructeurs européens, MM. Clarkson, Thomas et Walpole (1).

*
* *

La partie de la presqu'île de Shan-Toung où le maréchal
comte Oyama aura à opérer — écrit le correspondant du
Temps (lettre du 10 février 1895) — est couverte de montagnes dont l'ossature centrale est orientée d'est en ouest,
du cap Batakakou, entre Liitaowan et Sokowan, sur le
Pacifique, jusqu'au sud de Chéfou. Elle forme un socle
élevé, surmonté de pitons qui le surplombent d'une centaine de mètres, en atteignant des altitudes de 530 et 630
mètres. Les cols sont formés par des seuils entre deux
profondes déchirures où s'étagent, comme les paliers d'un
escalier, les nappes gelées des cascades des torrents. Ses
épis latéraux s'emmêlent avec les rejets d'un avant-bour-
relet parallèle, qui finit par des escarpements très raides
sur une plage large d'une lieue, avec points culminants à
Oosan, au sud de Hieijo, et à Haï-Shi-Ingan-Sou (350 mè-

---

(1) Egalement: MM. Mellow's, ancien agent de police à Shanghaï, Wood
qui avait assisté à la bataille do Yalu et Howard.

tres). Les deux chaînes s'abaissent sur la rivière de Ooliu-Shiou, qui se ploie et reploie autour de leurs dernières pentes, avant de cerner, par son cours inférieur, la presqu'île de Ookakou, front oriental du camp retranché de Wei-Haï-Wei. La plus haute alimente plusieurs gros torrents, qui se glissent de ravin en ravin à travers la seconde, grossis de mille petits tributaires, et deviennent, en arrivant à la plage, de larges lits de gravier de sable et de roches, sans profondeur, et couverts de flaques, gelées en ce moment. Leur lit établit les communications entre les deux régions, impossibles autrement, faute de routes. Le Chinois n'en construit pas; il n'en a pas besoin. Il passe partout, son bâton plat chargé en balance sur l'épaule.

Le chemin de Tché-Fou à Wei-Haï-Wei emprunte pour traverser la chaîne une passe située juste à l'ouest de la place et qui se prêterait à une défense raisonnable. Un autre tracé suit au sud-est le bord de la mer et rejoint — 14 milles plus loin — à Kiao-Tung-Ling, le chemin de Tché-Fou à Young-Tcheng-Hsien.

Une ligne télégraphique accompagne ces deux voies et s'avance même jusqu'au fort de Che-Tao, à l'extrémité sud-est de la péninsule du Shan-Toung où se trouvent une baie importante et un phare de première classe.

*
* *

La IIIe armée, aux ordres du maréchal Oyama, est formée de la 2e division et d'une brigade mixte.

2° DIVISION (général Satsuma) :

3° brigade (général Yamagouchi) : 4° et 16° régiments;
4° brigade (général prince Foushimi) : 5° et 17°° régiments.

Régiment de cavalerie n° 2 ; régiment d'artillerie n° 2 ; bataillon du génie n° 2.

Brigade mixte de la 6° division (général Hasegawa) :

11° brigade (général Odera) : 13° et 23° régiments ;
Régiment de cavalerie n° 6 ; régiment d'artillerie n° 6 ;
bataillon du génie n° 6.

L'armée s'embarque le 10 janvier à Ujina en trois fractions comprenant chacune 19 transports ; dans chaque convoi se succèdent des échelons en moyenne de 4 navires escortés par les bâtiments de guerre. De plus, un convoi supplémentaire pour le transport de l'artillerie de siège et des sections de munitions est constitué à l'aide des neuf premiers bâtiments en retour. On s'est également pourvu d'une vingtaine de chaloupes à vapeur et de près de 300 sampans destinés à faciliter le débarquement.

La flotte de l'amiral Ito assemble 21 bâtiments, 4 canonnières et 15 torpilleurs ainsi répartis :

Division légère (contre-amiral Sameshima) : *Yoshino, Naniwa, Takachiho, Akitsushima.*

1re *division* (vice-amiral Ito, commandant en chef) : *Matsushima, Itsukushima, Hashidate, Chixoda.*

2° *division* (contre-amiral Aïnowura) : *Fuso, Kongo, Hiyei, Tukao.*

3° *division* : *Tsukushi, Katsuragi, Yamato, Musashi.*

Division de canonnières : Groupe de 5 bâtiments non encadrés.

3 *groupes de 5 torpilleurs.*

***

Cette flotte, en possession de la mer que lui livre l'inaction de l'amiral chinois, aura pour tâche première de tromper l'ennemi sur le véritable point de débarquement.

Sa division légère croise depuis le 8 janvier en vue des côtes de la presqu'île de Shantung, se montrant tour à tour devant Wei-Haï-Wei ou Young-Tcheng, menaçant même de quelques obus le vieux fort de Chefoo. Puis, après ces

préliminaires, l'action s'engage sérieusement le 18 janvier
par une démonstration à Teng-Tchéou-Fou, à laquelle
succèdent des débarquements à Young-Tcheng-Hsien
(20 janvier), à Tchi-Ming-Tao (île du chant du coq, 21 janvier) et à Ning-Haï (23 janvier).

Teng-Tchéou-Fou, — chef-lieu d'un département sur la
côte nord de la province de Shantong, — est situé au pied
d'une falaise élevée modelant le cap Teng-Tchao-Head,
des cartes anglaises. Sa rade foraine, mal défendue des
vents d'est, du nord et du nord-est, ne lui a pas permis de
bénéficier des avantages de port ouvert stipulés par le
traité de 1858 ; sa population est de 40,000 âmes.

Le révérend C. W. Mateer, de la mission américaine,
relate comme suit la démonstration japonaise :

« Dans l'après-midi du 18 janvier, vers 4 heures, la pai-
sible cité de Tengchow a été brusquement alarmée par
quelques coups de canon ; trois navires de guerre japonais
étaient en vue, à environ quatre milles dans le Hopesound,
entre l'île de Miao-Tao et le continent. La ville est sise
vis-à-vis la pointe est de cette île ; son enceinte nord à
environ un demi-mille du rivage ; entre la cité proprement
dite et la mer la ville de l'eau (Chouï-Tcheng), occupée par
la garnison nombrant 2.500 hommes ; à l'ouest, sur une
petite hauteur, un misérable fort armé de quelques pièces.
Les trois bâtiments japonais passent devant la ville, lâchant
leur bordée, une vingtaine de projectiles, dont plusieurs
occasionnent dans la ville de sérieux dommages ; les
canonniers chinois ripostent, mais leurs coups sont beaucoup trop courts ; bientôt les navires disparaissent vers le
nord.

» Le lendemain 19, l'attaque se renouvelle ; c'est en vain
que le révérend W. M. Hayes tente de se présenter comme
parlementaire. Le bombardement provoque dans la ville
une panique considérable ; quelques habitants se réfugient
auprès des missionnaires américains dont le dévouement

est au-dessus de tout éloge ; la grande masse se disperse dans la campagne. Dans la soirée, le feu de la défense étant complètement éteint, les Japonais débarquent 2.000 hommes et prennent possession de la ville.

La flotte du Pey-Yang, que l'amiral Ito avait peut-être l'intention de faire sortir de Wei-Haï-Wei, ne se laisse pourtant pas émouvoir par cette feinte.

Feinte, et rien de plus, car le 20, dans la matinée, la flotte de transport, dont le premier convoi a quitté la veille Talienwan (1), apparaissait dans la baie de Young-Tcheng-Hsien procédant immédiatement, sur la plage de Lou-Chou-Tao, à la mise à terre de l'avant-garde.

Quelques heures plus tard la bourgade de Young-Tcheng, distante de 12 à 15 kilomètres, est solidement occupée sans que sa petite garnison oppose la moindre résistance (2); entre temps un autre détachement gagne la côte en face de l'île de Tchi-Ming-Tao, à 6 kilomètres à l'est.

Comme le fait observer la *Revue militaire de l'Etranger* (livraison d'août) : « Ici, encore plus qu'à Kwaenko (point de débarquement de la IIe armée), l'esprit d'ordre des états-majors a donné les résultats les plus remarquables. En quarante-huit heures, toute la 2e division avait terminé les débarquements, et le 26, c'est-à-dire six jours après l'ar-

---

(1) Kinchow et surtout Talienwan se sont étrangement transformés depuis l'occupation japonaise, employant non seulement les coolies, mais aussi des immigrants chinois. La singulière adresse remise par les édiles chinois, au moment de son départ, à M. Arakawa, résident à Kinchow, témoigne de la sage et conciliante administration des fonctionnaires japonais.

(2) Le gouvernement de Pékin rendit quelques jours plus tard un édit impérial qui censure sévèrement la conduite des autorités civiles et militaires d'Young-Tcheng pour avoir déserté la place sans livrer bataille aux Japonais, lorsque ceux-ci débarquèrent leurs troupes sur le territoire du Chan-Toung. Les généraux Yeh et Wei, plusieurs colonels et capitaines, ainsi que le magistrat Chu, seront dégradés. Les militaires pourront reprendre du service comme simples soldats, afin de faire oublier leur fâcheuse conduite par le courage qu'ils montreront à l'avenir.

rivée des transports en vue de la côte du Shantoung, l'armée entière avec ses coolies et ses nombreuses colonnes de vivres avait pris pied sur le sol chinois. »

Cependant, une fraction isolée, probablement celle que nous avons vue à Teng-Tchéou-Fou, se saisissait, le 23, de Ning-Haï, dans le but d'isoler de Chefoo la place qui allait être investie.

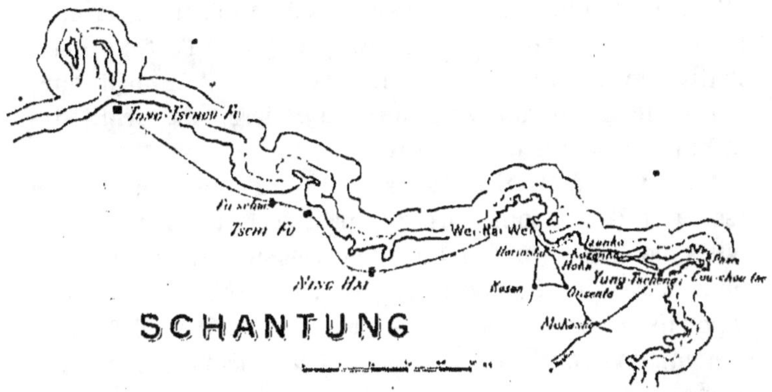

Ning-Haï est un tchéou ou ville de second ordre, — sorte de sous-préfecture, — à 15 kilomètres au nord-ouest de Yen-Taï (le port de Chefoo) et à 52 kilomètres de Wei-Haï-Wei (E. N.-E.). La route longe à peu de distance le bord de la mer, franchissant quelques cours d'eau dont un seul, le Loung-Tchuan, mérite d'être mentionné ; le village de Lou-Kéou marque la première étape.

De Young-Tcheng deux chemins conduisant à Wei-Haï-Wei s'offrent à l'état-major japonais.

. L'un, au nord, le plus facile et le plus direct — environ 45 kilomètres par Hoka — mais exposé en fin de parcours aux vues des forts de la place.

L'autre, au sud, par Mokasho et Onsento, dans de meilleures conditions de sécurité, par contre, franchissant une région montueuse, d'une praticabilité difficile, aggravée à cette époque de l'année par l'obstruction des neiges.

*
* *

Le samedi 26 janvier, à 2 heures du matin, la flotte japonaise, observée de loin par l'escadre anglaise (1), quitte la baie de Young-Tcheng, à destination de Wei-Haï-Wei : trois divisions de cuirassés et de croiseurs avec cinq torpilleurs en flanc-gardes et, un peu plus à l'est-nord-est, la division légère de huit petits navires et d'un torpilleur; ensemble vingt-trois vaisseaux de guerre, six torpilleurs et huit bâtiments de moindre importance.

On a prêté à l'amiral Ito l'intention d'avoir voulu, avec les 1re et 2e divisions, forcer la passe est ; mais les projecteurs électriques et les torpilleurs postés en vedettes dénoncent à plus de quatre milles l'approche de l'escadre japonaise obligée, dès lors, de s'engager dans une lointaine canonnade à laquelle s'associent et les forts et les navires chinois.

Ce même jour, 26, l'armée a marché en deux colonnes : à droite, par Haï-Shi-Ingan-Sou et côtoyant le littoral, la 11e brigade ; à gauche, par la passe de Kosan, la 2e division, dont la brigade de tête (général Foushimi) escarmouche à Fouliousou avec quelques bandes chinoises.

---

(1) Flotte de l'amiral Fremantle : *Centurion, Edgar, Undaunted, Leander, Mercury, Severn, Æolus, Spartan, Archer, Porpoise, Gibraltar, Alacrity.*

Flotte française : *Isly, Alger, Bayard,* le *Forfait,* le *Beautemps-Beaupré,* le *Duguay-Trouin,* l'*Inconstant,* le *Lion,* le *Styx.*

Flotte russe : *Amiral-Nachimoff, Amiral-Korniloff, Pamyat-Azova, Rynda, Krezser, Gaïdamak, Vzadnik;* et en route pour les mers de Chine : *Vladimir, Monomach, Gremyatschky, Sveaborg, Otoagny-Reval, Borgo.*

Une escadre américaine de cinq bâtiments.

Un navire italien, un navire allemand.

Le 27 au soir, la 2ᵉ division occupe la vallée de Goliu-Shiou : la 3ᵉ brigade à Haotiha-Hao et Moho-Hao ; la 4ᵉ brigade à Sooliou d'où elle a eu à expulser un poste ennemi.

Le lendemain l'avant-garde prenait possession de Hou-Sen-Tao (Oushiento), télégraphiquement reliée à la 11ᵉ brigade tenant Hoho-Dja, à l'embouchure de la rivière.

Comme le fait si exactement observer le correspondant du *Temps* (lettre du 10 février) : « Chiao-Tao-Ki, solidement occupé, garantissait la deuxième armée contre toute attaque de flanc ou d'arrière. Oushiento n'a pas une moindre importance. Il est au centre des routes qui mènent dans la presqu'île de Ookakou, au golfe et à la ville de Wei-Haï-Wei et dans la presqu'île nord-ouest. Les deux massifs qui accotent la baie sont, en effet, cernés par deux des affluents gauches de la rivière Chiao-Tao-Ki et par le cours inférieur de cette dernière. L'un, le torrent de Koosan, qui vient finir tout près de Oushiento, ouvre une gorge et un col qui mènent droit à la mer et à la ville, à travers une plaine étendue, presque ronde, fertile, et où j'ai compté dix-sept villages ou groupes de maisons. Quant au petit fleuve qui grossit, il longe, sur sa rive droite, le pied même d'une pyramide haute de 350 mètres et, sur sa rive gauche, les villages de Oolihiusou et Kosanko, au bas d'une longue pente qui monte, comme un glacis, jusqu'aux crêtes fortifiées de la presqu'île de Ookakou, avant d'aller ouvrir à la mer un golfe où peuvent mouiller les paquebots, près de Haïshi-Ingan-Sou. Des torrents qui le grossissent par la gauche ; un, parallèle au Koosan et finissant entre Oushiento et Ooliushiou, ouvre une route, bifurquée à mi-montagne péninsulaire, à l'ouest du Hiao-haha, la plus grosse agglomération de la plaine de Wei-Haï-Wei, à l'est sur les forts de Lioubioshi, Rokakoucho et Matcuri ; un autre, qui tombe entre Ooliushiou et Kosanko, découpe vers Chokobouchi et Hiohori un chemin relié au précédent par un ravin transversal. Les distances sont les suivantes, approximativement : de Oushiento à l'embouchure de la grande rivière 3 lieues ; de Oushiento à Koosan 1 lieue, à Hinohaha 2 lieues et demie ; de Ooliushiou-Kosanko aux fronts fortifiés de la presqu'île 1 lieue et demie ».

Le terrain se prêtait ainsi avantageusement à un effort d'ensemble pour prendre pied sur la crête d'Ookakou, sorte de plateforme autorisant l'écrasement des forts d'Itao et de Too-Nam-Sem ; la passe de l'est devait dès lors être ouverte aux torpilleurs de l'amiral Ito.

En exécution des ordres donnés le 29 au soir, la 11e brigade, objectivant le fort de Mateuri, abordera le massif à l'est du village d'Oolihiusou en ayant soin d'éviter de s'exposer aux feux de la flotte chinoise. La 2e division formera deux colonnes : à droite, la 3e brigade (général Yamagouchi) percera par Horinshu, pour coopérer s'il est besoin à l'attaque de la 11e brigade. A gauche, le général prince Fushimi (5e régiment, une batterie, deux pelotons de cavalerie) se portera d'Oushiento sur Koosan, de manière à interdire aux Chinois tout secours au secteur attaqué.

Les réserves (partielle et générale) groupent 3 bataillons et 3 batteries ; de plus 1 bataillon du 4e régiment et un escadron sont postés sur la gauche — vers Hoshin — en flancgarde.

La 11e brigade est prête dès 3 heures du matin à se saisir — par surprise, dans les ténèbres — du fort de Mateuri.

Les dispositions préliminaires ont été très judicieusement réglées : les deux batteries du commandant Ishii sont reléguées en queue de colonne ; les distances entre les groupes ont été accrues pour accommoder la marche dans un terrain malaisé, prévenir les à-coups et faciliter la surveillance d'une très rigoureuse discipline à imposer aux troupes pendant cette marche d'approche. L'avant-garde est conduite par un officier du génie qui, la veille, a été reconnaître l'itinéraire jusqu'au pied de la redoute. Enfin la colonne est couverte à droite par un détachement (un bataillon du 13e d'infanterie avec un peloton de cavalerie et une section d'artillerie) éventuellement chargé d'une diversion sur la route de Hoka à Hiohori.

Mais, comme nous avons déjà eu occasion (1) de le faire observer à propos du combat de Seikwan, la conduite des opérations de nuit se complaît dans une telle *circonspection des détails* que ces *précautions*, en apparence complètes, accusent néanmoins une insuffisante *minutie*.

Rappelons l'opinion émise par le général Zickow, à propos de l'opération tentée contre Kars dans la nuit du 17 au 18 novembre : il ne suffit pas que le chef de la colonne ou l'officier chargé de la guider ait procédé personnellement à la reconnaissance du terrain ; il est encore indispensable que cette reconnaissance, d'abord effectuée de jour, se reprenne dans les ténèbres et que l'itinéraire ait été soigneusement référé. L'officier du génie, conduisant l'avant-garde du général Otera, dans la nuit du 29 au 30 janvier, a omis cet excès de précautions ; il s'égare entraînant à sa suite la tête d'avant-garde.

De plus, la liaison étant trop imparfaitement assurée, le gros de l'avant-garde (2e bataillon du 13e régiment et une section du génie) se trouve, à un moment donné, dans un complet abandon ; le général est, en quelque sorte, obligé de s'aventurer au hasard.

Enfin, ces fâcheux incidents ont provoqué dans la colonne un bruyant désordre, si bien que les Chinois — quoique se gardant à peine — sont prévenus de l'approche des Japonais.

---

(1) L'intérêt de la question excusera notre insistance ressassée. Il ne nous paraît aucunement superflu de faire valoir, une fois de plus, par un épisode vécu, combien est prétentieuse la voulerie des sceptiques taxant de vain ergotage la laborieuse recherche d'enseignements qui ne peuvent se déduire que de l'histoire des campagnes.

L'aube déjà blanchit lorsque le général Otera, à la tête
d'un seul bataillon, tombe sous le canon de Mateuri ; l'audacieuse folie de brusquer l'attaque lui réussit. Les défenseurs de la redoute, abordée à revers, fuient vers Lioubioshi et Rokahoucho.

Le 3e bataillon du 13e a, — sur ces entrefaites, — retrouvé
la voie ; mais au lieu de rejoindre son 2e bataillon qui n'a
nullement besoin de son appui, il se jette avec beaucoup
d'àpropos sur Lioubioshi ; plus tard, Rohahoucho se li-
vrait à une simple patrouille. Cependant, vers 8 heures,
les deux batteries gravissent le plateau pour ouvrir, à
2.000 mètres, le feu sur la redoute de Hiohori.

Les Chinois répondent assez énergiquement aux shrap-
nels du commandant Ishii et aux obus que lancent les
navires japonais silhouettant leurs fuseaux gris au loin,
en se gardant sous la pointe de Ookakou du feu de Itao.

Subitement, à midi un quart, une fumée noire panache
Hiohori : un coup heureux — parti ou de Mateuri ou des
batteries de campagne — fait sauter le magasin de gargous-
ses et de projectiles ; les derniers défenseurs de la redoute
s'enfuient vers Chobokouchi et Chakasho entraînant, dans
leur désastre, les garnisons de ces ouvrages.

Aussi, un peu après midi, deux bataillons japonais
(13e d'infanterie), appuyés par deux batteries, avaient définitivement pris possession de la presqu'île.

Les pertes, si on ne compte que le nombre d'hommes
mis hors de combat — 121 tués ou blessés — sont réellement insignifiantes ; malheureusement, le général Otera
devait payer de la vie le glorieux succès de cette journée. Vers midi — sur les parapets du fort Mateuri — un
gros shrapnel, lancé par une canonnière chinoise, traverse
la poitrine d'Otera d'un éclat. L'héroïque soldat eut encore
le sang-froid de dégrafer sa capote et son dolman pour
montrer à un médecin sa blessure ; mais une heure plus

tard le délire s'emparait de lui et il succombait sans avoir repris connaissance (1).

Reportons-nous maintenant dans les lignes de la 2º division.

A droite, le général Yamagouchi a dépassé, avant le jour, les avant-postes, pour escalader les pentes de Tkousaï Kigancho, à l'est de Horinshu; il refoule, sans un coup de fusil, les bandes chinoises qui s'engouffrent dans le village pour gagner, à l'abri de ses maisons, la route littorale, ligne de retraite protégée par l'artillerie des vaisseaux (vers 8 heures).

Pourtant, — malgré les recommandations faites — un bataillon, dans l'entraînement de la poursuite, dévale les pentes qui ont vue sur la mer. Cette imprudence lui coûte, en quelques minutes, une cinquantaine d'hommes à terre. La brigade se rabat ensuite sur Ooliushiou et Kosanko.

A gauche, à 7 heures, — au moment où se décèle l'attaque de la brigade Otera, — le général Foushimi démasque son artillerie au sud d'Oushiento et ouvre le feu sur une batterie de huit pièces Krupp établie par les Chinois au-dessus de Koosan. Quelques coups de canon suffisent pour

---

(1) Le général Otera, venu en France en 1894 avec la mission du général Oku, était officier de la Légion d'honneur. Son corps fut incinéré et ses cendres transportées au Japon.

Relatons, à propos du général Otera, un fait curieux des mœurs japonaises, trait qui peut donner une idée du ressort moral que possède ce vaillant petit peuple :

Le télégramme annonçant à la femme du général Otera Yasuzumi le deuil qui la frappait était ainsi conçu :

«M. Yasuzumi est mort avec honneur ; ne regrettez rien.»

Et la veuve répondit simplement :

«Non, je ne regrette rien. Un soldat doit s'attendre à mourir sur le champ de bataille.» Elle montra la dépêche à sa mère. Et celle-ci : «Quoi, Yasuzumi est mort! Nous n'avons pas assez d'excuses ni de regrets à offrir à Sa Majesté de ce qu'il ait été enlevé trop tôt pour avoir pu être utile à l'Etat. »

Paroles d'un héroïsme qui n'est pas banal.

Le «*Qu'il mourût!*» du vieux Corneille est plus bref, mais n'est pas plus superbe.

réduire au silence l'adversaire et l'obliger à reculer sur le monticule dominant le col qui livre accès à la plaine de Hiahohaha.

Sans tarder, infanterie et artillerie passent la rivière, occupent la position abandonnée et, — moitié canonnant, moitié fusillant, — chassent l'ennemi d'un côté sur Hehehaha, de l'autre sur Hiahohaha (8 kilomètres).

La méthode des plus caractéristiques appliquée par l'infanterie de cette brigade mérite une mention spéciale; nous surprenons un véritable procédé d'école, très complètement à la manière de *von Scherff* et pouvant se paragrapher comme suit :

a) L'assaut (ou la menace de l'assaut) ne doit être tenté que lorsque la supériorité du feu est incontestablement affirmée;

b) Cet écrasement ne peut être réalisé que par le solide établissement, aux moyennes distances, d'une ligne de feu d'une densité suffisante et incessamment entretenue (1);

c) Cette ligne doit être tracée rapidement, autant que possible sans arrêt et sans recourir à la marche par échelons;

d) L'incessante alimentation de la chaîne exige le rapprochement des réserves.

Nous observons ainsi dans la phase préliminaire : une ligne de combat fournie par deux compagnies déployant sur un rang, coude à coude une ou deux sections, les autres sections tenues en arrière, comme nos soutiens de jadis. Tout au plus à 100 mètres de distance, une première compagnie de réserve, l'autre suivant à 300 ou 400 mètres.

Le front du bataillon n'excède pas 200 mètres et ne sera pas dépassé, les réserves intervenant par doublement et non par prolongement.

---

(1) Comparer avec le n° 161 du titre troisième du règlement du 29 juillet 1884.

A deux reprises, un témoin note le déploiement complet de trois, peut-être même des quatre compagnies d'un des bataillons du 5° d'infanterie et l'arrêt sur une position pour assurer par le feu le déblaiement du terrain en avant; mais la marche est reprise seulement par la ligne de combat, les fractions de renfort se soudant pour reconstituer les réserves.

Il est juste de faire observer : 1° que le terrain très accidenté offre de nombreux masques; 2° que le feu de l'ennemi n'est violent que par intermittence; 3° enfin, que le général Fushimi ne s'est pas ménagé de bataillon de deuxième ligne.

Cette belle journée, livrant aux Japonais les dehors de Wei-haï-Wei, était gagnée sans notable effusion de sang, l'état-major évaluant les pertes subies par les trois brigades à 200 hommes tués ou blessés (1).

Le soir du 30, le quartier général était établi à Oushiento; les 11° et 3° brigades se répartissaient entre Shiaohaho, Mohohaho et les forts conquis; la 4° brigade occupait Rokahoucho, Koosan et la plaine de Hiahohaha.

Le lendemain, à l'aube, une reconnaissance constate l'abandon du fort de Chakasho; la 11° brigade doit simplement régulariser et parfaire son installation dans les ouvrages. Par contre, une tâche plus laborieuse incombe à la 2° division.

Déjà dans la matinée du 31 janvier, le général Satsuma a pu constater, en poussant un bataillon en reconnaissance, qu'il était périlleusement prématuré de s'engager le long du littoral. Le maréchal Oyama a alors décidé — avec cette précautionneuse circonspection qui caractérise sa méthode — que la 2° division gagnerait par un long

____

(1) Plus explicitement, y compris les journées des 31 janvier et 1er février, 83 tués (5 officiers) et 219 blessés. Une autre statistique accuse un chiffre quelque peu différent : 11° brigade, 115 hommes; 2° division, 120 hommes hors de combat.

détour la route de Chefoo pour aborder à revers la position de *Wen-Chuan-Tao* (presqu'île occidentale).

La tempête de neige se déchaînant avec une cruelle violence augmente encore les difficultés de cette manœuvre à travers un terrain accidenté, hérissé d'obstacles. Pour comble d'infortune, l'avant-garde de la division se heurte dans l'après-midi du 1ᵉʳ février, près de *Son-Ka-Ton (Sung-Chia-Tsu)*, — sur la route de Chefoo, — à des avant-postes ennemis avec lesquels se noue sans plus tarder un vif engagement jusque très avant dans la soirée. L'avant-garde bivouaque — non sans alarmes — à *Rotoko*, le gros campe à *Toyo (Tong-Shan-Shu)*. On s'attend pour le lendemain à une chaude affaire, car il paraît hors de doute que le contact a été pris avec le secours envoyé de Chefoo à Wei-Haï-Wei. Si ce corps chinois réussit à rallier les fuyards de l'avant-veille, la situation menace de devenir critique.

Mais le lendemain, à la clarté naissante, les patrouilles hasardées prudemment reviennent sans avoir pu déterminer l'emplacement des postes chinois ; les reconnaissances qui suivent ne peuvent que constater la disparition de l'ennemi. Il s'est dérobé durant les dernières heures de la nuit ; il n'est même plus en vue, car c'est en vain qu'une patrouille d'officier a fouillé le terrain du haut du belvédère — au nord de Toyo — sur lequel se dresse un temple à Confucius (1).

Simplement la 2ᵉ division a bousculé l'arrière-garde, encore capable d'en imposer, de la garnison de Wei-Haï-Wei.

Le général Satsuma n'a plus — accentuant son crochet à l'est — qu'à marcher sur la place. Son avant-garde y pénètre à 10 heures du matin.

---

(1) Trois autres temples se voient entre Yung-Tcheng et Wei-Haï-Wei ; tous ces édifices ont la prétention de marquer le lieu de naissance du grand réformateur.

Les armes (de nombreux Remingtons), les caisses à cartouches abandonnées dans les lignes de défense — redoutes ébauchées et tranchées — témoignent suffisamment du désordre de la fuite.

On apprend d'autre part que les Chinois se sont également retirés des forts de l'ouest; toutefois, l'amiral Ting a pu faire procéder, dans l'après-midi du 1er février, à la destruction partielle du matériel et des munitions.

La résistance des Chinois a été, en somme, des plus médiocres. Seules, les troupes de la marine, peu nombreuses et disséminées dans de nombreux postes, ont fait contenance honorable. Le reste a fui, se débandant dans la campagne. L'artillerie — à l'exception des pièces mises hors de service par M. Howard — a été abandonnée intacte, si bien que les Japonais ont pu — presque immédiatement — renvoyer aux Chinois leurs propres boulets.

Le 2 février au soir, le général Satsuma occupe Weï-Haï-Weï avec l'état-major et un de ses bataillons; le reste de la division bivouaque sur le plateau au nord-ouest, faisant ainsi — à travers la baie — vis-à-vis à la 11e brigade. Le maréchal Oyama marque son quartier général à Koosan ; avec lui se trouvent le représentant du *Times*, MM. G. W. Ward de la *Pall Mall*, et O'Shea du *New-York-Herald*. La flotte, en ces trois ou quatre dernières journées de janvier, évitant toute intervention sérieuse, se borne à un simple rôle de surveillance. Divers bâtiments — la *Naniwa*, l'*Akitsushima*, le *Katsuraki* — détachés des escadres mouillées à Insanko, s'associent aux efforts de l'armée de terre.

*
**

L'inclémente tempête du nord, chargeant de glaçons les ponts des navires, a obligé l'amiral Ito à chercher un refuge dans la baie de Young-Tcheng. Une seule division reste péniblement en croisière devant les passes. La flotte chinoise, bravant l'ouragan, aurait peut-être pu — comme l'insinue un « naval correspondant » au *Honkong Télégraph* — tenter cette dernière chance de forcer l'étreinte ; elle n'a pas osé risquer l'aventure ; peut-être aussi craignait-elle l'explosion de ses propres engins, n'ayant su relever les postes de ses torpilles.

Elle est maintenant — quoi qu'il puisse survenir — infailliblement condamnée : les Japonais mettront en œuvre pour la détruire et le canon et la torpille.

Le 3 février, du large et du continent, la canonnade est reprise contre la flotte bloquée et les forts des îles ; elle se poursuivra, d'ailleurs assez inefficace (1) jusqu'au jour de la capitulation ; tous les motifs que nous aurons à noter sont soutenus par ce brutal accompagnement.

Le premier épisode sera l'attaque deux fois renouvelée des torpilleurs japonais dans les nuits du 4 au 5 et du 5 au 6, attaque qui peut-être a été précédée d'autres essais..... mais moins heureux.

Le mardi soir, tandis que la première division de torpilleurs gardait l'entrée ouest, les seconde et troisième divisions forcent la passe est, au coucher de la lune, en se glissant à travers l'estacade interrompue par un étroit chenal.

La flotte chinoise sommeille sous la protection de ses torpilleurs ; un japonais (le n° 10) parvient, inaperçu dans les ténèbres, à démêler les mailles du réseau : il s'approche de Ting-Yuen et lui tire presque à bout portant une torpille. Instantanément l'alarme est donnée.

---

(1) Ainsi la relation donnée par la *Gazette de Cologne* (*Vom Standpunct der, Verteidigung aus*) mentionne seulement deux coups dangereux sur l'île de I-Tao. Le *Chen-Yüan* et le *Kwang-Ping* participent à l'action ; ce dernier bâtiment réussit même à débarquer sur la côte de la presqu'île occidentale un petit détachement de marins ; bravade audacieuse sans grave conséquence.

La retraite sous le feu de tous les canons de la flotte chinoise est désastreuse : trois torpilleurs se sont échoués ou ont été coulés ; deux autres (n⁰ˢ 8 et 14) ont brisé leur gouvernail sur des rochers ou des obstructions ; le n⁰ 2 a reçu dans sa machine un gros projectile mettant hors de combat tout le personnel. Le n⁰ 6 a reçu 47 projectiles ; le n⁰ 10 a été atteint dix fois. Un seul torpilleur revient à peu près indemne, mais le lieutenant Sazuki qui le commande et deux matelots, sont morts de froid.

La nuit suivante dans les mêmes conditions, nouvelle expédition ; la première division (5 bateaux) attaque, les deuxième et troisième divisions surveillant l'entrée ouest.

Le n⁰ 23 (capitaine de frégate Kotaka) et le n⁰ 11 jettent sept torpilles, le Laï-Yuen, le Wai-Yuen et le Pao-Fah sont coulés.

L'escadrille se retire sans pertes et sans avaries.

Tel est le beau fait d'armes accompli par les torpilleurs japonais. Il mérite de prendre une place des plus honorables dans les annales maritimes, car il revient ainsi aux marins de l'amiral Ito, de confirmer après les Chiliens par des actes probants, la puissance des nouveaux engins de la guerre navale.

Le 7, autre incident.

En plein jour, les Chinois veulent, à leur tour, tenter de forcer la passe ouest. Leurs onze torpilleurs débusquent crânement, mais la division légère leur donne aussitôt la chasse ; 9 de ces bâtiments sont obligés de se jeter à la côte ; deux autres, que l'on voit passer au large de Chefoo, suivis par le Yoshino et la Naniwa, s'échappent en pénétrant dans un estuaire dérobé et sont ensuite abandonnés par leurs équipages.

S'il faut en croire et M. Hart, le correspondant de l'agence Reuter un des témoins du drame, et l'auteur de la relation donnée à la *Gazette de Cologne*, il est à peu près

acquis que cette entreprise hardie, en apparence commandée par un héroïque sentiment du devoir, a simplement
caché une tentative de désertion.

On sait aujourd'hui, que déjà à cette date, la garnison
des forts sur les îles, s'était rendue coupable de divers actes de mutinerie ; la marine, qui jusque-là avait bravement
fait son devoir, ne devait pas non plus tarder à être gagnée
par l'indiscipline.

La *China Mail*, aigrement, raconte l'histoire — ou l'anecdote (1) — à peu près comme suit :

Au moment du danger, la plupart des étrangers grasse-
ment rétribués et qui s'étaient en termes solennels engagés vis-à-vis de l'amirel Ting « à servir avec honneur »
abandonnèrent la flotte pour se retirer à Chefoo et à Shang-
Haï. Parmi eux, se trouve un ancien sous-officier allemand
depuis quelques années au service de la Chine. Vers le 29
janvier, il quitte Chefoo, poussé — disent les uns — par le
désir de recueillir son avoir, délaissé dans Wei-Hai-Wei ;
soucieux — prétendent d'autres — de tenir, après un moment d'oubli, les obligations de son contrat. De Wei-Hai-Wei
il gagne Liu-Kung-Tao, cela se devine, avec l'assistance —
suspecte ou intéressée — peu importe, des Japonais. Admis
à bord du Chen-Yuen en présence de l'amiral Ting et de
Mc-Clure, ses discours ne laissent aucun doute sur son
caractère et sur son rôle. L'amiral chinois se contente de
le faire chasser. Mais fâcheusement, l'homme a déjà eu le
temps de suborner quelques subalternes ; ses propos ont
été entendus ; ils sont propagés, commentés (loi de l'unité
mentale des foules) et bientôt ainsi se manifestent les premiers actes d'indiscipline.

A bord du vaisseau-amiral, et dans un des forts de Liu-

---

(1) Comme bien on pense, la *Gazette de Cologne* (relation déjà citée
16 juin) expose, explique fort différemment l'emploi tenu par Schnell,
instructeur des troupes de terre et par son associé (ou complice?) Ty-
ler, instructeur des équipages de la flotte.

King-Tao, les marins refusent le service. Les mutins ne veulent plus combattre et prétendent imposer à l'amiral une capitulation; leurs officiers cherchent à les ramener au devoir, affirmant que sous peu — dans deux jours, peut-être — arriveront les renforts espérés.

Les meneurs ne veulent rien entendre et menacent de se saisir du Kang-Chi avec lequel ils iront porter leurs propositions à l'ennemi... L'amiral Ting en est alors réduit à faire fusiller les plus coupables. Ces exécutions suffisent pour rétablir l'ordre, en apparence, tout au moins.

Mais — comme bien on pense — ces défaillances ont été funestes aux Chinois, la vigueur de la défense a été infirmée; et il devient évident, le 9, après l'explosion du fort d'Itao, que les Japonais ont acquis la supériorité du feu. Les forts sur l'île de Liu-Kung-Tao ne ripostent plus que mollement; il est devenu presque impossible aux navires de faire du charbon; puis encore l'amiral sait qu'il n'a plus à compter sur les renforts annoncés de Chefoo. Le conseil de guerre, réuni le 8, (1) a déjà envisagé l'obligation prochaine de capituler; l'amiral Ting s'y décide le 12.

De son côté l'amiral Ito, constatant ces indices précurseurs de l'acte final, est résolu à brusquer la scène dernière. Dans la matinée du lundi 11, les batteries de terre ont été armées d'obusiers de 9 centimètres et la flotte, vers dix heures du matin, reprend avec rage — comme en un bouquet d'artifice — son désastreux bombardement.

Dans l'après-midi, sous ces gerbes, les vigies signalent que les bâtiments chinois ont arboré le drapeau blanc; le feu cesse aussitôt. Une canonnière chinoise avec pavillon parlementaire est vue faisant route sur la flotte japonaise; à petite distance du *Mahushima* elle amène un canot dans lequel prend passage un officier de l'état-major de l'amiral

______

(1) Le lendemain 9, le Ching-Yuen, frappé par un obus de rupture tiré des forts du sud, coule.

Le 10, nouvelle mutinerie, le général Chang est gardé à vue.

Ting, porteur d'une lettre de cet officier général au commandant en chef de l'escadre japonaise.

L'amiral Ting demandait à capituler aux conditions suivantes : tous les navires encore à flot, les armes, les approvisionnements, les forts de mer seraient remis aux vainqueurs, sous la seule condition que les marins et soldats chinois, ainsi que les Européens au service du Céleste Empire, auraient la vie sauve.

L'amiral Ting reçut le lendemain (mardi 12) la réponse écrite du commandant en chef de l'escadre japonaise, lui annonçant que les conditions étaient acceptées et qu'il serait tout d'abord procédé à l'occupation du port militaire.

Les arrangements nécessaires sont pris dans la journée du mercredi.

Le jeudi matin, d'étranges et incompréhensibles échanges de signaux se produisent à bord des navires chinois ; on ne tarde pas à apprendre la nouvelle du suicide jusque alors célé de l'amiral Ting et de quelques autres officiers (1) Le *Tao-Tai-Nui* (assisté de Maclure) prenant la suite des négociations, suggère alors que les Japonais pourraient bien donner à l'amiral anglais ou à tout autre officier des nations neutres, des titres garantissant les stipulations précédemment convenues. L'amiral Ito répond qu'il est lié par sa parole et que cette garantie suffit.

______

(1) L'amiral Ting s'était empoisonné dans sa maison sur l'île de Lui-Kung-Tao, le 12, à 2 heures du matin, en partageant une boîte d'opium avec le général Chang, commandant les forts de l'île. Le commodore Liou-Pu-Chen du Ting-Yuen, le capitaine de vaisseau Yang (Lui-T'ai-Tsang) du Ching-Yuen et le général Tai, commandant les troupes de la place de Wei-Hai-Wai, avaient également attenté à leurs jours.

A propos de l'amiral Ting, le correspondant de Shang-Hai du *Central News* prétend savoir qu'il était de longue date en relations fort cordiales avec l'amiral Ito. Ce dernier aurait même tenté, à diverses reprises, d'engager l'amiral chinois à se retirer au Japon, en attendant une meilleure occasion de servir sa patrie avec profit. »

Les Chinois, n'ayant plus qu'à se soumettre, amènent leurs pavillons.

Le dimanche 17, la flotte japonaise pénètre par la passe ouest dans la rade de Wei-Hai-Wei. Les troupes occupant les forts de l'île de Liu-Kung-Tao furent les premières désarmées et conduites à terre ; elles franchissent sous escorte les lignes, puis sont lâchées dans la campagne. On les traita avec des égards dont elles parurent surprises mais sans le moindre éclat d'émotion. Le vendredi, s'accomplit, dans les mêmes formes, la capitulation des équipages.

Le Kang-Chi transporta solennellement à Chefoo les dépouilles mortelles des officiers chinois, qui n'avaient pas voulu survivre à une défaite des plus honorables en ce qui les concerne, car aucune particulière responsabilité ne peut accabler la mémoire de ces héroïques soldats.

Les étrangers au service de la Chine, entr'autres M. Pieter Nelsen jeune officier de la marine norvégienne, le Dr Kirk, M. Tiler, M. Schell le correspondant de l'agence Reuter, furent internés à bord du *Mahushima* puis transférés à Chefoo. Un M. Howie (Harwey), fut seul excepté de cette mesure et détenu par les Japonais pour être déféré aux tribunaux militaires. Cet Américain, associé à un nommé Brown, avait précédemment offert à la Chine, contre forte somme, un infaillible procédé pour émietter la flotte japonaise; arrêté à Kobé, à bord du *Sydney* des Messageries maritimes, il avait pris l'engagement de ne pas entrer au service de la Chine. Cet aventurier ayant violé sa parole, est de droit justiciable des vainqueurs.

La reddition de Wei-Hai-Wei livre aux Japonais de nombreux approvisionnements, une station de torpilleurs et les débris de la flotte chinoise (1). Ses avantages politi-

---

.(1) Chang-Yuen, Kwang-Pin, Chen-Pin, Chen-Nan, Chen-Tsi, Chen-Long, Ping-Yuen, Chen-Chun, Tschih-Yuen (Coules : Ting-Yuen, Lai-Yuen, Tching-Yuen et Wei-Yuen.(Valeur de ce matériel au moins 75 millions.

ques sont encore plus considérables; sous peu sera toute grande ouverte la route de Pékin.

* * *

Première observation. — 1° Les Chinois avouent 400 tués, y comprenant les naufragés du Lay-Yuen et les victimes des exécutions militaires.

L'escadre japonaise accuse 29 tués, 36 blessés et l'avarie ou la perte de 9 bâtiments.

Ces chiffres cadreront à merveille avec les documents statistiques fournis par les deux autres armées : sur un effectif général de 61.000 hommes, 4.122 morts, dont 974 tués sur le champ de bataille ou ayant succombé à leurs blessures(1).

Oh ! combien peu meurtriers ces engagements, sans même en excepter la bataille de Ping-Yang, avec ses 746 hommes hors de combat, soit à peu près 2,5 0/0 de l'effectif engagé.

A Antietam (guerre de la Sécession), le second corps égrène plus de 30 0/0 de son effectif ; le déchet est de 27 0/0 pour le cinquième corps, dans la néfaste semaine qui comprend Wilderness et Spottsylvania.

En 1866, les Prussiens et les Autrichiens perdent sur l'ensemble, les premiers 3,56 0/0, les seconds 9,24 0/0.

Proportionnellement, les pertes les plus sérieuses sont éprouvées par les Prussiens à Jicin (5,25 0/0) par les Autrichiens à Trautenau (17,74 0/0).

Pendant les sept mois que dura la campagne de 70-71, les Allemands appauvrissent leur masse de 33 0/0 ; à Saint-Privat, la garde royale laisse 76 0/0.

S'il faut en croire un économiste russe, M. Bloch, dont

---

(1) D'après une autre statistique, en 23 rencontres, du 26 juillet 1894 au 15 mars 1895 : 32 officiers tués, 139 officiers blessés, 422 hommes de troupe tués et 1.089 blessés.

la *France militaire* analysait récemment la peu réconfortante étude, les prochaines guerres nous réservent des deuils encore plus cruels. Suivant toutes prévisions, 60 à 70 0/0 des combattants paieront de leur vie les frais des batailles futures.

Heureusement, l'œuvre des théoriciens s'est si souvent effondrée dans de navrantes faillites, que leurs prévisions méritent tout au plus la créance accordée aux prédictions des astrologues.

Deuxième observation. — La très minime relativité des pertes contribuera encore à nous renseigner sur le caractère de la lutte.

D'une part, attitude fort prudente de l'amiral Ito qui, à une attaque brusquée à *La Farragut*, a préféré la méthode préconisée au cours des manœuvres anglaises de 1884 dans la *Bantry-Bay*.

D'autre part, impuissance reconnue et avérée des navires dans la lutte contre les ouvrages sur les îles Liu-Kung-Tao et de J. Tao. Le correspondant du *Times* (Tokio, 9 mars), ayant visité ces ouvrages, a pu constater que l'un d'eux était à peu près intact, qu'un second portait quelques éraflures, qu'un troisième avait — il est vrai, — davantage souffert, mais sans que ses parapets fussent bouleversés.

Cette dernière constatation et les enseignements qui en peuvent être déduits, avec quelque semblant de raison, ont été, particulièrement en Angleterre, l'objet d'une attention intéressée.

La question « *Policy of fortification opposed to the policy of commanding the sea* (1) » a été envisagée sous tous ses

---

(1) Nous renvoyons le lecteur désireux d'approfondir cette intéressante discussion, aux ouvrages de M. Spencer Wilkinson : *The command of the sea* (1894) et *the brain of the navy* (1895), dont le titre seul évoque le souvenir d'un autre volume qui, à son heure, fit quelque bruit : *The brain of an army* (1890).

aspects, pour aboutir à la conclusion — à défaut d'autre mérite, dépourvue d'hypocrisie — : « L'Angleterre, pouvant être éventuellement appelée à une action sur les côtes de France, a besoin de se constituer une solide base d'opérations, en fermant les ports, en les rendant inaccessibles aux insultes des torpilleurs ».

C'est également dans la presse anglaise qu'a été laborieusement façonnée l'analogie que l'on prétend établir entre Wei-Hai-Wei et Vigo, alors que Sir George Rooke et le duc d'Ormond forcent l'entrée du port défendue par des ouvrages, pour capturer, dans la rade intérieure, les gallions et la flotte de Château-Renault.

Le duc d'Ormond, débarqué à six milles au sud de la place, s'empare, sans plus tarder, d'un des ouvrages du front de mer ; aussitôt s'affirme — pour aboutir au résultat décisif — *la coopération intime des forces de terre et de mer.*

Les conditions respectives de cette coopération sont à définir très exactement. M. le major *F. B. Elmslie R. A.* s'est donné pour tâche de les rechercher en une fort savante étude (1) publiée, mai 1895, par le *Journal of the united service institution.*

Sachons nous borner — pour ne point trop lourdement obérer cette fin de chapitre — aux principaux alinéas du paragraphe *conclusion.*

— Condition préessentielle de toute entreprise de débarquement d'un corps expéditionnaire : être maître de la mer.

— La préparation de l'expédition exige une très spéciale et prévoyante attention : composition des troupes, grou-

---

(1) *Lessons to be derived of the Opérations of landing an expeditionary force on a ennemy's coast in past war with spécial reference to similar operations on the part of our Army in the future.* La campagne d'Egypte, en 1882, a évidemment servi de prototype.

Lire également deux études *The attack of a coast fortress,* l'une de l'auteur ci-dessus cité, l'autre du major R. F. Johnson. Elles ont été publiées, en juillet 1893, par les *Proceedings of the royal Artillery Institution* à la suite du concours de l'année.

pement des forces, équipement, matériel, y compris celui destiné à assurer le débarquement (nous savons que les Japonais n'ont négligé ce détail ni à Port-Arthur, ni à Wei-Haï-Wei). Il sera opportun également d'exercer les troupes à cette opération même du débarquement, comme sut le faire, en 1801, dans la Marmarice-Bay (sur la côte d'Asie-Mineure), l'amiral Abercrombie, se souvenant sans doute de la mésaventure éprouvée en rade de Cadix.

— Les diverses unités de transport doivent être pourvues de tout ce qui leur revient en matériel et en vivres (ce qui a été fait pour la campagne d'Egypte, 1882) sans même négliger un premier approvisionnement en eau douce. Cette dernière précaution a été trop souvent omise ; il en est résulté d'inutiles souffrances imposées aux troupes, comme à Aboukir, comme sur la côte des Ashanti et comme en Chine (campagne d'août 1860, entre toutes, défectueusement organisée).

Les commandants des forces de terre et de mer doivent être des hommes se recommandant principalement par leur *caractère* et leur *résolution*. Confier autant que possible cespostes élevés à des officiers ayant déjà acquis de l'expérience dans de précédentes campagnes. Le caractère incertain et le précaire état de santé du lieutenant général Sir. J. Mordaunt, ont été pour beaucoup dans l'insuccès de l'expédition d'août-septembre 1757, contre l'île de Ré.

— Le secret le plus absolu est nécessaire à la réussite de l'entreprise ; on doit ignorer non seulement son but, mais aussi le lieu de rendez-vous de ses divers éléments et la date du départ ; il ne sera pas inutile de faire à cette occasion appel au patriotisme de la presse (rappelons-nous l'attitude si parfaitement correcte des journaux japonais). Le plus souvent les ordres ne seront décachetés qu'en route (expédition contre l'île de Ré).

— On usera amplement des plus divers stratagèmes pour dérouter l'ennemi :

Répandre de fausses nouvelles habilement colportées par la presse (presse nationale et correspondants des journaux étrangers au Japon).

Tromper l'ennemi par de vaines démonstrations (les divisions légères de l'escadre japonaise se montrent sur divers points de la côte du Shantung), et accentuer tout au moins la menace de multiples débarquements afin de contraindre l'adversaire à égrener ses forces.

L'attaque démonstrative peut éventuellement devenir principale. Ainsi le 2 novembre 1879, un corps de 7.000 Chiliens se présente en vue de Pisagua. Le gros débarqué à Jamnia doit aborder la ville par le front de terre, tandis qu'un petit détachement de 700 hommes absorbe, par ses démonstrations, la garnison de la place ; c'est pourtant à cette faible troupe, après une première tentative avortée, que revient tout l'honneur du succès.

Même procédé le 25 février 1880 : 9.000 hommes et 600 chevaux à Pacocha, 3.000 hommes à Vitor, vingt milles au sud. Notons incidemment le curieux rapprochement avec Aboukir qu'autorise cette dernière expédition ; les effectifs sont sensiblement égaux ; par contre, les Chiliens n'ont à employer que 20 transports alors que sir R. Hercombie avait dû assembler une flotte de 175 bâtiments !

Reconnaissance minutieuse des points de débarquement ; y employer, de préférence, en temps de paix, des officiers de choix. (Nombreux travaux des officiers de la marine japonaise en 93 et 94 ; c'est également un officier anglais du nom de Clarke, voyageant en touriste, qui explora le Pertuis d'Antioche et l'embouchure de la Charente à la veille de l'expédition de 1757).

— Le lieu choisi doit satisfaire à diverses conditions de sécurité et de commodité. Une côte plate comme à Aboukir et à Sfax motive une gêne préjudiciable. Une rade exposée aux fortes houles rend le débarquement périlleux, tout au moins le grève de lenteur. Le succès de l'opération peut alors être compromis ; l'effort hasardeux des Anglais à Aboukir et dans la baie de Gabarousse (Général Amherst, île du cap Breton, 8 juin 1758) est à admirer mais non à imiter.

Le plus sage sera toujours de chercher par surprise à s'emparer d'un port.

La campagne de Chine (1840-1841) nous offre de nombreux exemples du mode à adopter pour procéder à un débarquement de vive force (notamment 5 juillet 1840 à Tiag-Hac). Pendant que les bâtiments de guerre entament le bombardement de la place, les transports descendent les troupes d'attaque, en un point de la côte choisi le plus à proximité. Le feu des navires ne cesse que lorsqu'il menace de devenir dangereux pour les forces de terre ; à ce moment interviennent les compagnies de débarquement soutenues par des canonnières ou par des chalands armés de canons à tir rapide (Sfax).

Troisième observation. — Wei-Hai-Wei fait encore valoir — au double point de vue de l'attaque et de la défense, — le rôle essentiel du torpilleur.

L'Army and Navy Journal, adoptant complètement les conclusions d'une étude de la *New-York Tribune,* estime que les opérations maritimes de cette guerre sino-japonaise auront définitivement discrédité les gros et coûteux cuirassés auxquels on préférera de rapides croiseurs, des torpilleurs et des gardes-côtes non cuirassés, simples batteries flottantes.

N'ayant point la compétence voulue pour engager une discussion au sujet de l'emploi du torpilleur, nous nous bornerons à établir que l'expérience de Wei-Hai-Wei infirme, — comme il n'en est que trop souvent le cas, — les théoriques enseignements déduits des manœuvres.

Nous viserons en particulier les appréciations émises par le contre-amiral von Werner, dans son ouvrage « *Die Torpedo-Waffe* » ainsi que les nombreux articles écrits au lendemain des manœuvres anglaises de 1894. Il s'agit — on s'en souvient — de deux attaques infructueuses tentées dans la soirée du 28 juillet contre l'escadre D de la flotte bleue.

L'amiral Ito n'a pas voulu se souvenir des exploits de Tegethoff et n'a pas davantage tenu à rééditer les scènes héroïques du combat entre le *Huescar* et l'*Esméralda* (21 mai 1879). Oserait-on lui reprocher sa ménagère prudence n'envisageant que le résultat final?

L'éperon est demeuré inemployé.

M. W. .Laird Clowes, dont la conférence si richement documentée à l'*United-States Naval Institution* a fait à l'époque quelque bruit dans les cercles maritimes, triomphe ainsi très honorablement dans le rôle ingrat de prophète.

Qaatrième observation. — La défense peu honorable de la place de Wei-Hai-Wei n'offre aucun intérêt, les Chinois se bornant à une résistance passive de quelques heures derrière les parapets de deux grands forts de terre; ni les approches, ni les dehors, n'ont été disputés à l'assaillant.

Etant donnée la très médiocre qualité de l'adversaire, le déployement des brigades du maréchal Oyama a pu s'effectuer en parfaite sécurité, même avec un certain relâchement dans lequel il ne serait pas toujours prudent de se complaire.

Seul, un détail mérite d'être relevé : la reconnaissance faite dans la matinée, 31 janvier, par un bataillon de la 2ᵉ division. La méthode, basée sur l'emploi très largement interprété des éclaireurs, a donné les résultats les plus satisfaisants, confirmant en tous points les procédés d'école préconisés par Grebenschtchikow.

CHAPITRE VIII

En Mandchourie.

Esquisse géographique. — Retraite excentrique de l'armée chinoise sur
Mukden et Niu-Tschuang; évaluation des forces chinoises. — Déploiement de la Ire armée; échecs du détachement du général Tatsumi;
arrêt du général Osaka. — Première observation relative aux positions de flanc. — Deuxième observation relative au service des renseignements. — Le général Nodzu remplace le maréchal Yamagata;
reprise du mouvement, prise de Hai-Tcheng. — Retour offensif des
Chinois sur tout le front. — Les quatre attaques des Chinois contre
Hai-Tcheng; affaire du 24 février 1895. — Approche de la division
Yamagi; occupation de Kaiping; attaque des Chinois. — Définitive
reprise de l'offensive japonaise; marche sur Niu-Tschuang; combat du
4 mars; combat de Kaiping (4 et 5 mars); combat et occupation de
Ying-Tsu; jonction des Ire et IIe armées. — Combat de Chenshotai (9
mars). — Armistice. — Groupement de toutes les forces japonaises
en prévision d'une campagne dans le Petchili. — Observation relative aux avant-gardes et aux flanc-gardes. — Observation relative
au service des estafettes et des courriers.

Déjà il a été dit à la fin du chapitre V (*Corée*) que l'occupation d'Antong, de Taku-Schan et de Feng-Huang-Cheng,
dans les derniers jours d'octobre, ouvrait à la Ire armée
japonaise les seuils de la province de Ljao-Tong avec les
deux objectifs essentiels : Mukden et Niu-Tschuang.

Von Richtofen, dans le second volume de son œuvre clas-
sique *China* (Berlin 1882), modèle les caractères géogra-
phiques de la presqu'île : une succession de murailles gra-
nitiques (1.200 à 1.500 mètres), s'étirant du nord-est au
sud-ouest; quelques brèches livrant passage à de misérables chemins; une population pauvre, éparse, épuisant,
pour son insuffisante subsistance, de maigres cultures.
Seule l'ample vallée du Ljao-Ho — mais encore combien

lointaine ! — offre, dans une productive abondance, les ressources de tout genre indispensables à l'entretien d'une armée.

Notons aussi l'extrême rigueur de la température observée près de Niu-Tschuang en décembre et en janvier — 7 et 12 degrés au-dessous de zéro, — par conséquent encore bien plus pénible à endurer sur les plateaux dénudés de l'intérieur. A Ying-Tsu même, le port de Niu-Tschuang, la navigation est habituellement obstruée par les glaces de la fin de novembre aux premiers jours de mars.

Ainsi servie par la configuration du terrain et avec l'assistance de l'hiver — qui, comme l'observe le major Kunz (1), est l'auxiliaire précieux de la défensive — la résistance chinoise pouvait opposer des obstacles presque insurmontables à l'invasion japonaise.

Fâcheusement pour le général Sung, son armée, désorganisée par la défaite de Kiulendsche (25 octobre), s'est trop hâtivement repliée en deux excentriques directions sur Mukden et Niu-Tschuang. Le retour des arrière-gardes n'a été ni suffisamment tenace ni assez prompt.

Une partie de cette armée sera recueillie sur le Ljao-Ho par les dernières réserves de Li-Hung-Chang ; plus tard Liu-Kung-Yi — l'ancien vice-roi de Kiang-Su — lui amènera de successifs renforts, avec lesquels s'entreprendront, contre la temporaire inaction des Japonais, les reprises offensives de janvier et de février.

Le général Sung ne tarde pas ainsi à disposer d'une quarantaine de mille hommes dont un quart tout au moins de cavalerie mandchoue. L'infanterie à peu près tout entière est armée de Mausers M. 71, de Winchesters et de Peabodys ; l'artillerie est assez suffisamment représentée par des Krupp et des canons à tir rapide. Deux groupes sensiblement d'égale force sont à distinguer : l'un autour de

---

(1) A propos de la bataille de Nuits.

Niu-Tschuang (général Mâ), l'autre plus au sud, vers Ying-Tsu (général Chang).

Au nord, venant de Ljao-Yang, le corps (*chüp*) d'une quinzaine de mille hommes du général Nieh, couvert en arrière par la garnison de Mukden (une dizaine de mille hommes), et secondé par les irréguliers du général E Ko-Tang; enfin, les réserves du général Wu-Ta-Cheng assemblées à Schan-Hai-Kwan. Ces troupes figurent sur les contrôles pour approximativement 60.000 hommes desquels 40.000 d'infanterie; en réalité, — abstraction faite de 20.000 recrues qui ne peuvent rejoindre que dans le courant de juin, — le général Wu-Ta-Cheng disposait au plus de 10.000 hommes d'infanterie, c'est-à-dire de 40 petits bataillons. Le correspondant du *Daily-Graphic*, qui a vu plusieurs de ces bataillons quitter Schan-Hai-Kwan pour Niu-Tschuang, nous fournira sur leur organisation de véridiques mais lamentables détails. Le bataillon, à cinq compagnies (avant-garde, arrière-garde, centre et ailes), avec son major, ses 4 capitaines et 5 lieutenants, n'encadre pas quatre cents et quelques combattants, desquels 125 seulement armés du fusil, deux cents piquiers ou archers et au moins quatre-vingts porte-bannières !! Par unité, quatre petites pièces légères (nos anciens canons à la Rostaing et à la suédoise) attelées et approvisionnées comme les circonstances le permettent.

Wu-Ta-Cheng, à défaut de talents militaires, doit une éphémère illustration à la vaniteuse phraséologie de ses bulletins. La proclamation ci-après est une des meilleures de son œuvre :

Moi, Wu, commissaire impérial adjoint de la défense, officier du premier bouton, président du ministère de la guerre, vice-président du département des censeurs, et gouverneur du Hunan, ayant achevé de mettre en garnison à Shan-Hai-Kouan 50 bataillons de troupes hunanaises pendant les trois derniers mois, les ayant exercés dans l'art de la guerre et armés de fusils à répétition, je suis prêt à marcher à la rencontre de l'ennemi. Mais je vous demande auparavant, Japonais, comment, dans l'état où vous êtes, décimés par la maladie et le froid, vous osez rêver de résister à mes jeunes soldats ? Vous avez de jeunes femmes et des enfants dans vos maisons, qui pleurent et languissent après votre retour ; vous n'êtes que les jouets d'Otori (l'ex-ministre japonais en Corée) ; la conscription vous oblige à offrir vos corps aux boulets. Quand vous êtes victorieux, toute la gloire en revient à vos chefs ; si vous êtes battus, ils vous en font porter la faute.

Mais moi, étant d'un tour d'esprit charitable, je ne peux me résigner à prévoir votre destruction par mes valeureux bataillons, en cet hiver rigoureux et sans nulle offense de votre part. C'est pourquoi je vous informe, soldats japonais, que quand, dans la défaite, vous ne saurez où fuir et verrez mes pavillons portant ces mots : « Reddition et vie sauve », vous n'aurez qu'à vous livrer aux officiers délégués à ces signaux et commis à cette tâche, par suite de leur renom de charité. Jetez vos armes et prosternez-vous devant les pavillons : aussitôt on vous accueillera dans nos camps, où vous recevrez deux repas par jour, le même traitement que nos hommes ; à la fin de la guerre, nos propres navires vous rendront à vos femmes et à vos fils.

Sur la terre, sur le ciel et sur les dieux, je jure que je ne reprendrai pas ma parole. A vous de vous décider. Si vous faites le mauvais choix, craignez tout, car mon expérience des affaires militaires pendant les quinze dernières années me donne confiance en la qualité et l'habileté de mes troupes.

Rappelons qu'après la disgrâce de Li-Hung-Chang, *Liu-Kung-Yi* avait été investi du commandement en chef de toutes les troupes impériales en deçà et au delà de la Grande Muraille ; son autorité s'étendait ainsi sur les provinces de Mandchourie, de Chihli et de Shantung. L'empereur avait dû *gracieusement* insister, faisant appel à son dévouement, pour lui faire accepter cette lourde charge ; il établit alors son quartier général à Tien-Tschwang-Tai (1).

Pour achever ce dénombrement — simple notation — les masses grouillantes aux approches de la capitale.

A quel chiffre arrêter les évaluations ?

La différence est en effet sensible entre les données quelque peu fantaisistes du colonel Maurice (*United Service*

---

(1) D'une manière générale les hauts fonctionnaires chinois ne témoignent que d'un empressement très relatif à assumer la pesante responsabilité du commandement ou de l'administration dans ces difficiles circonstances ; c'est ainsi que *Fu-Yü*, nommé gouverneur civil à Mukden, prétexte d'une maladie pour ne pas rejoindre son poste. La raison de ces hésitations est aisée à pénétrer.

Magazine) et les indications plus sérieusement contrôlées des *Neue Militærische Blætter* (1). Nous adopterons de toute préférence ces derniers chiffres : environ 24.000 Mandchous constituant en manière de garde la garnison de Péking ; 55.000 hommes levés dans les provinces de Ho-Nan, Schan-Tung et Schan-Si ; 110.000 hommes appelés, dans les mêmes et plus que médiocres conditions, des régions méridionales ; 3.000 Mahométans de la province de Kuei-Tschu pourvus de Henry-Martini. Ensemble et en chiffres ronds, 300.000 hommes.

On sait que Tien-Tsin et Schan-Hai-Kwan (257 kilomètres) sont reliés par une voie ferrée dont l'initiative première appartient, dès 1878, à un Céleste, — homme d'un caractère remarquable, — M. Tong-King-Sing ; ce n'est pourtant qu'en 1881 que l'ingénieur C. W. Kinder peut mettre en service la première locomotive. Peu à peu (1891), avec la protection de Li-Hung-Chang — calmant les superstitieuses appréhensions de ses administrés, réprimant au besoin leur hostilité — la ligne s'achève jusqu'à Shan Hai-Kwan et doit même, en projet, être poussée jusqu'à Niu-Tschuang et Mukden. (Etudes de l'ingénieur allemand Bauer) (2).

---

(1) Les *Neue Militærische Blætter* (Berlin) ont consacré, sous le titre *Der Krieg in Ostasien*, une série d'articles très remarqués à l'étude sommaire de la guerre sino-japonaise. Dans la *Schweizerische Monatschrift für Offiziere aller Waffen*, également de fort intéressants articles, notamment la *Prise de Port-Arthur* (juin et juillet 1895).

Quant à la *Revue militaire de l'étranger*, nous ne la mentionnerons que pour mémoire ; c'est à elle qu'il convient de tout d'abord s'adresser pour se documenter.

(2) Il a été également question de construire la ligne Péking-Hankaw sur le Yang-tse-Kiang (1,150 kilomètres), avec prolongement jusqu'à Canton. L'empereur, par édit en date du 27 août 1889, avait même autorisé les travaux préliminaires ; ils furent empêchés par le mauvais vouloir du vice-roi de Canton, Tschang-Tschi-Tung.

Au Japon la situation est tout autre.

La première voie ferrée, Tokio-Yokohama (28k,8), a été ouverte le 12 juillet 1872 ; ce n'est pourtant qu'en 1884, après l'emprunt, que la cons-

* *

Peu nombreuses se présentent au choix du maréchal Yamagata les voies de pénétration :

De Taku-Schan, longeant la côte, pour aboutir à Port-Arthur (340 kilomètres);

De Taku-Schan, par Ju-Jang-Ting (ou Sin-Yuen), à Kaï-ping (150 kilomètres);

De Kiulendsche, par Scho-li-Djang (ou Simu-Tcheng) à Haï-Tcheng et Niu-Tschuang (245 kilomètres);

De Scho-li-Djang par la passe de Mothien et Ljao-Yang à Mukden (160 kilomètres).

Les deux dernières directions sont, en quelque sorte, imposées : elles conduisent au double objectif convoité et sont suivies par les arrière-gardes de l'armée du général Sung.

Une partie de la 5° division, sous les ordres du général Tatsumi, prendra au nord la route de Mukden, escortant les 8 à 10.000 Chinois du général Nieh.

La 3° division, avec laquelle marchent les généraux Nodzu (5° division) et Katsura (3° division), gagnera Haï-Tcheng et Niu-Tschuang, refoulant devant elle l'arrière-garde du général Mâ. Cette division sera à son tour encadrée par deux flanc-gardes :

---

truction du réseau prend son complet développement, servant très habilement les intérêts de la défense nationale. Nous distinguerons au principal :

1° La ligne du Nord, entreprise par une compagnie (1883-92), de Tokio à Aomori (731 kilomètres), avec les embranchements Omia-Takasaki-Manbaschi (82 kilomètres) et Takasaki-Naoetsu (188 kilomètres) ;

2° La ligne Tokio-Osuna-Nagahama-Kioto-Osaka et Kobé (606 kilomètres), construite par l'Etat, avec les embranchements Osuna-Iokosuka (16 kilomètres) et Nagahama-Tsuruga (511 kilomètres);

3° La ligne du Sud-Ouest, Kobé-Hirosima-Simonoseki (483 kilomètres), dont le dernier tronçon, Hirosima-Simonoseki (187 kilomètres), a été achevé par l'Etat au moment de la déclaration de guerre;

4° Le réseau de l'île Kiu-Siu (436 kilomètres), non encore complètement terminé.

A droite (nord), par Sha-Tsa-Kang et Simu-Tscheng, le détachement du général Osaka (2 bataillons de la 5e brigade);

A gauche (sud), piquant sur Kaïping, le détachement du colonel Sato (un bataillon, un escadron et une batterie).

La 9e brigade (5e division, général Oshima) est attribuée au service des étapes, très solidement organisé par l'établissement de gros centres de réapprovisionnement à Kwang-Tsju, à Wi-Tsju, à Taku-Schan et à An-Tsju. Cette dernière place, d'une importance particulièrement accusée, devient en quelque sorte le quartier général des services de l'arrière et le chef-lieu des pouvoirs administratifs.

Les deux divisions présentent un effectif d'au moins 25.000 rationnaires; en outre, près de 20.000 hommes occupent la Corée (1).

Cette étrange désagrégation des forces, cet éparpillement des colonnes sur un front de marche aussi étendu provoquent une certaine surprise.

Le procédé est répréhensible; rien ne le justifie.

Mukden, objectif par trop excentrique et d'une signification stratégique plus que médiocre, n'aurait pas dû figurer sur l'échiquier.

La recherche du contact avec une partie de la IIe armée était, à cette heure encore, un décevant illogisme.

Toujours et toujours la déplorable manie des détachements (2).

---

(1) La pacification de la Corée est loin, en effet, d'être complète.

Le comte Ihouye, l'énergique successeur de M. Otovi, a été obligé de prendre les mesures les plus rigoureuses pour en imposer aux factieux de la cour et tenir tête à la révolte des Tong-Haks. C'est ainsi que, d'une part, Li-Taï-Wun-Kun, l'ancien régent, a été éloigné des affaires, Li-Chun-Yon accrédité comme ministre à Tokio du royaume de Corée, dont l'indépendance était solennellement proclamée dans les premiers jours de janvier 1895, et que, d'autre part, les rebelles — contre lesquels guerroie le général Tsukulakard — installent à Cholla-Da l'usurpateur Kim-Kaï-Nam. Les provinces de Chyong-Chyeng et de Hwang-Haïdo sont en pleine insurrection.

(2) Relire la lettre du maréchal Bugeaud au colonel de Saint-Arnaud, en date du 24 avril 1845.

Les faibles colonnes du général Osaka et du colonel Sato étaient aussi inutiles que compromettantes ; la brigade du général Tatsumi aurait dû cheminer parallèlement et à petit intervalle du gros couvrant efficacement son flanc droit, le plus exposé ; au sud, une flanc-garde tactique.

Heureusement pour l'état-major japonais, — exagérant en cette circonstance la préciosité des procédés allomands, — les Chinois ont renoncé à toute pensée synthétique pour seulement se préoccuper de gagner l'espace et le temps.

Le 29 octobre, le général Nodzu, qui court l'avant-garde avec sa cavalerie, arrive à Feng-Huang-Cheng, que l'ennemi abandonne après incendie. Le général Nieh, suivi par la brigade Tatsumi, se replie d'abord vers Tsao-Ho-Key, puis par un brusque crochet appuie vers le Mothien-Pass ; les Japonais — quelque peu déconcertés par cette manœuvre — s'égrènent pour reprendre le contact. Divers engagements s'accusent assez confusément les 11, 12 et 15 novembre, aux environs de Liu-San-Kuan (aussi Soka-Ko et Tsichia-Pao) à 52 milles de Feng-Huang-Cheng.

Cependant, sur la gauche (au nord-ouest), l'autre fraction de la brigade japonaise a été sérieusement éprouvée : tout d'abord, le 20, une reconnaissance envoyée de Feng Huang, est fort malmenée à Topia-Key par des forces supérieures ; puis le 23, à Tsa-Ho-Ling, une première tentative pour forcer sur la route de Sui-Mal-Sui (1) est tant soit peu déroutée par E-Kô-Tang-A, général tartare (2).

Le 25, Tatsumi, qui n'a eu que le temps d'accourir, attaque à son tour et, après un violent combat, grâce à la supériorité de son artillerie, parvient à déloger les Chinois d'une position avancée aux abords du défilé.

L'importance « relative » des pertes subies de part et

---

(1) Fen-Shui-Pass, Fin-Chin, Foënn-Shui de la carte de Richthofen.
(2) Venu de Heilung-Chiang, dans la région de l'Amour.

d'autre — les Japonais 40 hommes hors de combat, les Chinois 100 tués — nous renseigne à peu près sur le caractère de la lutte; d'un côté, résistance d'une ténacité à laquelle les Japonais étaient loin de s'attendre sur des positions très méthodiquement préparées; d'autre part demi-succès se bornant à la simple prise de possession d'une avant-ligne d'ouvrages que le canon a rendus intenables.

De petites reconnaissances aventurées les jours qui suivent achèvent de faire comprendre au général Tatsumi qu'il ne saurait avoir la prétention de s'aventurer plus loin; il laisse alors de forts avant-postes à Tsao-Ho-Key et rapproche son gros de Feng-Huang.

Ainsi, de ce côté brusque arrêt; l'offensive japonaise est immobilisée au pied des plus hautes et plus âpres montagnes de la Mandchourie : le Taïko-San, le Ren-San, le Mo-thien-Lien, le Looshi-San, le Boumsich, le Send-San à l'ouest, et le Looshi-San à l'est.

Cet échec épandra sur tout l'échiquier une temporaire impuissance ; le général Osaka en éprouve le contre-coup.

Celui-ci, ayant quitté Taku-Schau le 15 novembre, remontant vers le nord la vallée du Ta-Yang-Ho, atteint, le 18, Siu-Yuen, que le général Mà abandonne après un simulacre de combat, laissant sur le terrain cinq de ses canons. Le corps chinois se replie, pour y être recueilli par le général Sung, sur Haï-Tcheng, place forte qui commande la route de Kaïping à Ljao-Yang et Mukden par Mothien-Ling.

Le détachement japonais, couvert à l'ouest par des avant-postes, sera contraint de séjourner à Sin-Yuen jusqu'au 9 décembre.

*
* *

L'état-major japonais vient de comprendre, — mais trop tard, — son erreur d'avoir cru que de simples avant-gardes, audacieusement exposées, suffiraient pour briser la résistance de cette dernière armée chinoise.

Cette appréciation inexacte de la situation a eu pour conséquence première de tenir fort en arrière, pour le mieux ménager, le gros de l'armée ; son déploiement, qui maintenant s'impose, sera long et difficultueux.

Les mouvements de troupes dans la pénible région déjà définie sont grevés d'une excessive lenteur. Les ravitaillements tardent davantage encore, cheminant le long d'une chaîne de stations-magasins dont le dernier anneau, Wi-Tsju, sur la rive gauche du Yalu, est à 250 kilomètres du quartier général (An-Tsju) ; puis, de Wi-Tsju à Foun-Houan, sur une longueur d'environ 80 kilomètres, s'échelonnent les gîtes fort insuffisamment desservis par le va-et-vient des files de voitures des « nidzokou ».

Comme le fait observer le correspondant du *Temps* (1) la pénurie des chevaux et leur mauvaise qualité — vices capitaux de l'armée japonaise — se font alors particulièrement sentir, obligeant à de nombreux emprunts de corvées aux combattants pour aider au transport de divers trains militaires ou sanitaires.

A ces labeurs s'emploient la dernière semaine de novembre et les premières journées de décembre. Le 12, la 3ᵉ division achève sa concentration autour de Siu-Yuen.

*
* *

Toutefois, cette période de stagnation tactique a été amplement mise à profit par l'état-major japonais.

Comme l'indique le rassemblement du gros, dans la direction de Siu-Yuen, une importante modification a été apportée au concept stratégique de la première heure.

On sait en effet à n'en pas douter — grâce aux infor-

---

mations fournies par le bureau politique de l'état-major général — que la masse principale de l'armée chinoise est postée non au nord, mais à l'ouest, sur le bas Ljao-Ho. Cette armée, primitivement destinée à pénétrer dans la presqu'île de Kuang-Tong, pour secourir Port-Arthur, se trouve disponible — par suite de la chute de la place — à être employée, en totalité, contre la Ire armée japonaise.

Une des lois fondamentales de la stratégie (1) impose au commandant de la Ire de se détourner de l'objectif *inerte* Mukden (2) pour tout d'abord disperser l'agglomération ennemie.

---

(1) *Blume-Stratégie*, chapitre : *Gesichtspunkte für die Strategische Offensive*.

Général Derrecagaix, *La Guerre moderne* : « La principale armée ennemie doit toujours être le premier objectif stratégique. » (Page 206.)

Von der Goltz, *La Nation armée :* « Le premier but auquel tendent les mouvements des armées, c'est la principale armée ennemie. » (IV, 4.)

Prince Kraft de Hohenlohe-Ingelfingen, *Lettres sur la stratégie*, deuxième et troisième axiomes : « Chercher l'armée ennemie pour la vaincre, et employer dans ce but toutes les forces disponibles. » (Egalement vingt et unième lettre.)

Lord Wolseley (*Le déclin et la chute de Napoléon*, page 108), critiquant la marche des Alliés sur Paris en 1814.

Nous avons caractérisé la loi fondamentale, ce qui ne veut pas dire que le principe soit *absolu* :

En mars 1814, après la bataille d'Arcis-sur-Aube, Schwarzemberg, au lieu de suivre Napoléon sur Vitry-le-François, marche sur Paris.

Après Regensbourg (avril 1809) Napoléon ne s'inquiète aucunement de l'armée autrichienne réfugiée en Bohême; son objectif est Vienne.

Après la bataille du 18 août et l'investissement de Metz, la IIIe armée et l'armée de la Meuse se portent sur Paris, mais sont contraintes de se laisser détourner de cet objectif par la posture prise sur leur flanc droit par l'armée du maréchal de Mac-Mahon. Comme le fait observer le major *von Bigge* du Nebenetat, la faiblesse des forces de la défense, leur éloignement, leur inaptitude offensive, sont de plausibles et suffisantes raisons pour exceptionnellement méconnaître les dispositions de la loi. »

(2) Mukden est situé sur le Houn-Ho, affluent de gauche du Lja-Ho, par 41° 40' de latitude nord et 121° 18' de longitude est, à 650 kilomètres N.-E. de la capitale. La cité est à double enceinte comme Péking ; la pre-

Ainsi, changement de front face à l'ouest; objectif Haï-Tcheng et Niu-Tschuang. La droite (1) surveillera les agissements des généraux Mâ et E-Ko-Tang-A, auxquels on prête l'intention, après leurs passifs succès, d'oser un mouvement offensif sur Feng-Huang par la grande route, insuffisamment verrouillée, et par le chemin de Ai-Yang-Pien-Ai-Hu. La gauche s'étirant, cherchera vers Kaïping le contact avec la 1re division envoyée de Port-Arthur; simple application du principe « faire donner tout ce qui

---

mière, de 18 kilomètres de tour, renferme un réduit de 3 kilomètres de développement : quartier central, palais et résidence d'un prince mandchou. Sa population est diversement évaluée de 30.000 à 180.000 âmes ; son commerce, jadis considérable, est aujourd'hui fort diminué. Mukden a été visité par le missionnaire protestant Williamson (été 1865), par le baron de Reichthofen, et, plus récemment, par M. de Mailly-Chalon.

C'est à 5 kilomètres de la ville, aux lieux dits : Tchaou-Ling, Pe-Ling et Fou-Ling, que se trouvent les tombeaux des ancêtres mandchous de la dynastie impériale.

Trois zones successives, entourées de murailles à créneaux, la défendent contre les profanations. Dans la première, il y a un grand parc planté d'arbres magnifiques, qui offre quelque analogie avec le parc impérial de Péking. La seconde enceinte est cultivée ; les prêtres gardiens du temple et leurs serviteurs y ont leurs habitations.

Plus loin, une grande avenue bordée d'immenses figures d'animaux en pierre, comme au tombeau des Mung et dans les ruines d'Angkor. Cette avenue aboutit à la troisième enceinte. Celle-là reste mystérieuse, car jamais Européen n'a pu y pénétrer. Là se dresse le temple élevé à la mémoire des Thaï-Thsing, où, suivant la croyance générale, on conserverait avec leurs tombeaux le trésor des empereurs évalué à 1.200 millions de dollars.

Ce fabuleux amas aurait été, dès le mois de septembre 1894, transféré à Géhol, ville de la Mandchourie, où s'était réfugié en 1860, l'empereur Hien-Gong.

(1) Il n'est pas tout à fait sans intérêt de comparer ces manœuvres à celles de la campagne d'avril 1848. Les Danois opèrent — comme les Chinois — une retraite divergente à l'est sur le Sundewit et Alsen, au nord sur Kolding et Fredericia. Wrangel doit, comme Yamagata, laisser une de ses divisions en observation devant Sonderborg pendant que le gros de ses forces envahit le Jutland et occupe Fredericia. Mais l'armée danoise, renforcée en l'île d'Alsen par les troupes envoyées de Copenhague, ayant pu reprendre l'offensive dans le Sundewit, contraint Wrangel à évacuer le Jutland (fin mai).

est disponible de ses troupes sur le point essentiel ; ne s'engager qu'avec toutes ses forces assemblées ».

Ajoutons secondairement que l'extrême rigueur de la température ne permet plus de maintenir les troupes dans les misérables cantonnements fournis par les huttes villageoises. Il est devenu urgent d'améliorer les conditions de l'hivernage. Seules des villes comme Haï-Tcheng Niu-Tschuang, Kaïping ou Ying-Tsu peuvent procurer ces indispensables ressources.

Nous admettons, en conséquence, que le changement de front est sollicité par le déplacement de l'objectif, lequel se transpose du nord à l'ouest ; nous répudions ainsi — comme mal fondée — la théorie vulgarisée attribuant à cette dislocation les caractères d'un mouvement tournant pour se saisir de la route de Haï-Tcheng à Mukden par Ljao-Yang.

*_**

Il n'est aucunement surprenant qu'à ce complet bouleversement du programme stratégique corresponde un changement de personnel.

Le maréchal Yamagata quitte le commandement de la Ire armée pour rentrer à Hiroshima ; il est remplacé par le général Nodzu, auquel le général Oku succède à la tête de la 5e division.

Ce rappel a été diversement interprété (1) ; d'aucuns prétendent que le maréchal Yamagata, rendu responsable de l'insuccès sur la route de Mukden, a encouru la défaveur impériale ; d'autres font valoir les fatigues et la maladie. Nous pensons plus simplement, et peut-être aussi plus véridiquement, que le vainqueur de Ping-Yang a sollicité son remplacement, ne voulant pas assumer la res-

____

(1) Le bruit de la mort du maréchal s'est même répandu au Japon et le *Japon-Gazette* lui consacra un nécrologique élogieux.

Bien mieux encore, le correspondant du *Standard* à Berlin a fait une découverte dont il serait réellement regrettable de ne point con-

ponsabilité d'un projet auquel il était étranger et qui — à tort ou à raison — ne lui inspirait qu'une médiocre confiance.

« Ainsi, en juin 1706, Villeroy demande et obtient du Roi d'être relevé de son commandement, attribuant à la fatalité de son étoile les malheurs qui lui sont arrivés à la tête des armées.

Ainsi, en avril 1792, Rochambeau écrivait au Roi : « J'ai perdu, Sire, la confiance de l'armée. Dieu sait et Votre Majesté si je l'ai mérité et si je suis l'auteur de ce projet infernal: M. de Biron en a été l'auteur d'après les ordres de votre conseil. En tout état de cause, il est indispensable de me relever le plus tôt possible. » (De Valenciennes après les échecs de Biron à Quiévrain et de Dillon à Tournay.)

Comme l'a écrit Mathieu Dumas (1), l'acceptation du commandement d'une armée est le plus grand acte de dévouement qu'un citoyen puisse faire à la Patrie; encore est-il indispensable qu'il ait confiance en soi (2), foi dans son étoile (3), qu'il n'ait pas été rendu trop prudent par des malheurs antérieurs (4), qu'il ne soit pas suggestionné

---

server trace. Le maréchal Yamagata ne serait autre que l'archiduc Jean d'Autriche.

Et péremptoires sont les raisons sur lesquelles l'articlier fonde son hypothèse :

1° Après s'être séparé de ses compagnons à l'embouchure de la Plata, l'archiduc quitta, dit-on, le Brésil pour passer au Japon;

2° Les méthodes tactiques des Japonais dans la présente guerre sont exactement celles que recommandait l'archiduc dans ses écrits;

3° Il n'y a pas de famille princière du nom de Yamagata au Japon, sauf depuis quelques années.

Nous n'avons pas à refaire ici, quoique trop brièvement résumée dans un précédent chapitre, la biographie du maréchal Yamagata.

Il nous suffira d'ajouter que l'empereur Mutsu-Hito l'a appelé à siéger au conseil supérieur de la guerre avec le titre d'inspecteur général de l'armée.

(1) Voir également Gouvion-Saint-Cyr.

(2) Cette confiance faisait défaut au prince de Brunswick. La conduite des opérations en 1792 s'en est fatalement ressentie.

(3) Villeroy, cité.

(4) Rochambeau, cité.

par des idées préconçues (1); enfin, le général en chef doit pleinement posséder la confiance de son gouvernement, qui lui laisse une complète latitude et lui assigne seulement le but à remplir (2).

Le maréchal Yamagata, nous en avons la facile intuition, ne se trouvait plus, en ces premiers jours de décembre, dans les conditions psychologiques lui garantissant le libre exercice du commandement; dès lors s'imposait son remplacement.

***

Première observation. — Il peut nous être permis, sans attribuer au fait une signification exagérée, de noter le préjudice considérable causé à l'offensive japonaise par la menace qu'accentue le corps du général Nieh au débouché de la passe de Mothien.

En une lettre connue, Napoléon instruit le prince Eugène, au début de la campagne de 1813, des avantages d'une position de flanc pour couvrir les approches de Berlin, position que de Moltke discutera à son tour dans un *Mémoire* un peu oublié, daté de 1860.

Trois hypothèses sont envisagées et, comme la Prusse est à cette époque encore réduite à l'attitude expectante, le chef d'état-major général de l'armée recourt, dans chacune de ces éventualités, à l'expédient d'une indirecte protection :

Guerre avec l'Autriche : groupement sur l'Elbe, Torgau-Wittemberg ;

---

(1) Les idées préconçues nous portent à interpréter les événements dans le sens désiré : Giulay s'obstinant à croire que l'armée franco-italienne l'attaquera par sa gauche. Napoléon, en plus d'une circonstance de la campagne de 1814, notamment à Arcis-sur-Aube, rejetant comme erronés les rapports de la cavalerie; il ne veut pas croire, parce qu'il a besoin de ne pas y croire, à la présence de toute l'armée de Schwarzemberg.

(2) Bonaparte, plan de la campagne pour l'armée d'Italie, 19 janvier 1796.

Guerre avec la France : posture au confluent du Rhin et du Mein, Coblence-Francfort ;

Guerre avec la Russie : rassemblement autour de Thorn ou de Bromberg.

Plus tard, en 1864 et en 1866, les adversaires qu'aura à combattre le général de Moltke useront à son égard des mêmes procédés.

La position prise par les Danois à Düppel, avec refuge en l'île d'Alsen, répond au mieux à toutes les conditions requises, car elle ne peut ni être négligée, ni simplement être investie ou surveillée. Par contre, Benedek — retiré sous Olmütz — n'inquiétera en rien le mouvement sur Vienne de l'armée prussienne ; sa menace est par trop inerte, il est inapte à ressaisir l'offensive.

Par la suite encore, dans son rôle *d'éducateur*, le maréchal confirmera cette prédilection pour les positions de flanc, développant l'enseignement un peu trop sommaire de son maître Clausewitz (chapitre XIV, livre VI) ; les thèmes n°s 46, 50 et 63 des *Taktischen Aufgaben* dénotent cette insistance.

Comme il a été dit par incident, la recherche d'une position de flanc doit satisfaire à certaines conditions ; elles sont excellemment formulées par le major *von Bigge* dans la conférence faite le 7 novembre 1894 à la réunion des officiers de Berlin :

a). La position sera à peu près parallèle à la ligne d'opérations de l'ennemi ; la direction de retraite y aboutira perpendiculairement. Nous ferons observer que ces conditions s'imposent, inexorables, lorsqu'il s'agit de couvrir une retraite : ainsi, à Vittoria le 23 juillet 1813, la direction de retraite de l'armée française court par Vergara à l'aile droite et parallèlement au front : il suffit à Wellington d'agir contre cette aile pour forcer l'armée française à une désastreuse retraite sur Pampelune. (Iéna, Engen, etc.)

b). La position influe d'autant plus *sûrement* qu'elle est proche de la ligne d'opérations de l'ennemi, d'autant plus *efficacement* qu'elle en est éloignée. Il est aisé, en effet, de se rendre compte qu'un site qui, comme celui des Autrichiens à Collin, prend sous son feu la ligne de marche de l'ennemi, l'oblige coûte que coûte à l'attaque. D'autre part, la raison même de la menace est de détourner l'adversaire de l'objectif convoité, lui faisant perdre Temps et Espace; plus il aura à marcher, meilleur sera, au profit de la défense, le rendement de ces deux facteurs essentiels du problème stratégique. (L'armée du maréchal de Mac-Mahon entraîne de Châlons à Sedan les deux armées allemandes ayant pour objectif Paris.)

Il est pourtant certaines limites qui ne peuvent être excédées. En 1759 le comte Dohna s'était établi avec 25.000 Prussiens à Cüstrin, sur le flanc d'une armée russe suivant la direction Posen-Berlin; l'emplacement était bon pour commander le passage de l'Oder à Francfort; la mesure demeura sans effet, les Russes ayant pris au sud par Gossen.

c). La position doit toujours être plus proche de la ligne d'opérations de l'ennemi que de l'objectif sur lequel il se porte, à moins, toutefois, que cet objectif soit susceptible de protection. Ainsi le major von Bigge indique Soissons, sur l'Aisne, dont l'occupation en août 1870 aurait permis au maréchal de Mac-Mahon de flanquer la route de Paris, et ce, quoique Soissons soit moins éloigné de Paris que Châlons traversé par l'itinéraire de l'armée allemande.

d). Enfin l'attitude à observer sur une position de flanc ne saurait être purement expectante, ce qui revient à dire que les troupes qui la garnissent doivent être numériquement et moralement en état de manier l'offensive.

A l'exemple déjà cité d'Olmütz ajoutons — empruntés à la campagne de 1870-71 — ceux du général de Curten et de von Werder. Le premier se fixe à Saint-Amand (premiers jours de janvier), sur le flanc de l'armée du prince Frédéric-Charles, mais demeure inactif et ne peut enrayer

la marche des Allemands sur Le Mans ; le second engage à
Villersexel une partie de son corps d'armée dans le but de
retarder la course de Bourbaki de Besançon à Belfort et de
se donner du répit pour organiser la barrière de la Lisaine.

Von der Goltz et le prince de Hohenlohe ont aussi écrit,
en quelques paragraphes, des positions de flanc. Le colonel H. Bernard a également consacré à cette question
stratégique une brochure richement documentée, se recommandant à notre attention au même titre que le *Traité de
Tactique expérimentale*.

Deuxième observation. — C'est — a-t-il été dit — grâce au
parfait fonctionnement de son service de renseignements
politiques que l'état-major japonais a pu obtenir, fin novembre, des données certaines sur le groupement et l'affectation des forces chinoises.

Dans le cas particulier que nous envisageons et qui n'est
nullement un incident anormal, les moyens d'information
à la *disposition immédiate* du commandant de la Iʳᵉ armée eussent été d'une lamentable insuffisance.

Ainsi se fait valoir la significative importance d'un service de renseignements *politiques*, organisé avec soins et
précautions, dont les trames viennent aboutir — du pays
même de l'ennemi et des contrées limitrophes — au quartier général du généralissime.

Il ne peut nous convenir d'insinuer quelles ont été les
ressources de ce service actionnant les rouages les plus
disparates : le prince Eugène ne s'est-il pas servi du duc
de Savoie, du général Colmenero, d'un maître de postes ?
Frédéric n'a-t-il pas eu à ses gages le secrétaire du comte
de la Puebla, et n'a-t-on pas été même jusqu'à soupçonner certaines indiscrétions dans l'entourage d'un prince
royal ? (1)

____

(1) Le prince Eugène avait su gagner son parent le duc de Savoie,
alors allié de la France, et se faire avertir par lui des projets de Ville-

Il nous suffira — au bref — de préciser que l'organisation japonaise repose sur le système des agents secrets ;
elle semble s'être fidèlement inspirée des instructions
données par Carnot, en 1793, à notre ministre en Suisse (1).
Cette correspondance crée au profit du Comité de Salut
public — en matière d'informations militaires — un service remarquablement organisé, en sa spécialité, un chef-
d'œuvre depuis vaguement imité mais jamais égalé.

Cette appréciation peut paraître outrée. Une très sommaire enquête historique fournit la preuve de son exac-
titude.

Napoléon Ier n'a pas eu à proprement parler de service
d'informations politiques ; il mésestime les agents, n'accordant sa confiance qu'à des officiers envoyés en mission.

Marbot, en ses *Mémoires* (t. II, p. 407), nous dira dans
quelles conditions absolument invraisemblables Masséna

---

roy ; puis c'est le général espagnol Colmenero qui le renseigne aux dé-
pens de Vendôme ; enfin c'est le maître de postes de Versailles auquel il
paye pendant longtemps une pension. (Frédéric, *Instructions militaires*.)

Frédéric a été fort bien servi par le secrétaire du comte de la Puebla,
ministre d'Autriche à Berlin, et par un clerc de la chancellerie de
Dresde.

Gustave Freytag, l'auteur du fameux roman *Doit et Avoir*, l'ami du
prince Frédéric, dans le volume qu'il consacrait en 1889 à l'éphémère
empereur, raconte que pendant la campagne de France le prince royal
écrivait tous les jours à la princesse sa femme, et que des extraits de ces
lettres revenaient à Paris en passant par Londres. Déjà, à propos de l'affaire Geffken, M. de Bismarck avait prétendu qu'en 1870 on se méfiait
d'indiscrétions commises dans l'entourage du prince.

(1) Barthélemy réussit en quelques mois (hiver 93-94), grâce aux aptitudes et aux connaissances de son secrétaire Bacher, à se procurer et
à façonner des agents dont les correspondances militaires fournissent de
précieuses informations : trois agents en Angleterre ; un ancien diplomate, Caillard, écrivant d'Altona ; Rivalz à Bâle, Probst à Nuremberg,
Schweizer dans les Grisons, Venet à Lausanne, etc.

Malheureusement, Deforgues, cette ombre d'un ministre des relations
extérieures, prétend par la suite déspécialiser le service, lui imposant,
outre la recherche des renseignements politiques, des investigations po-
licières, mêlant espionnage, prosélytisme, embauchage, etc. Le service,
qui n'est plus *dirigé* par un *spécialiste*, ne tarde pas à péricliter.

engage la campagne de Portugal ; la préparation de la campagne de 1812 accentue mieux encore les lacunes et les défectuosités du système, car il existe alors un office de renseignements à la tête duquel est placé le baron Bignon. (Lettre du 20 septembre 1811.)

Courant mai 1812, l'empereur dépêche en mission deux de ses aides de camp — d'Hautpoul et Durosnel —; deux officiers polonais — le général Sokolnicki et le lieutenant-colonel Soltyk — poussent au loin de hasardeuses reconnaissances. L'ensemble des rapports ne fournit que de piètres indications. L'empereur n'ignore pas la présence de Wittgenstein sur le Niémen à Jurburg; il estime Bagration à Brest et à Bielostock, ce qui est à peu près exact; par contre, il exagère grandement les forces, à Kowno et à Olita, de Barclay de Tolly, qui — en réalité — n'étire devant lui qu'une avant-garde; enfin, il place à Nieretsch et à Grodno les quatre divisions d'un général Essen pourtant demeuré en son gouvernement de Riga. .

L'empereur se fait ainsi une idée inexacte du groupement des masses russes, il apprécie avec exagération la valeur des forces placées en première ligne ; son projet, qui consiste à manœuvrer pour séparément battre les armées russes, se ressent fatalement de l'erreur du début.

En 1813, Napoléon n'est pas mieux instruit: il ne soupçonne pas après l'armistice l'arrivée des Russes en Bohême, il croit encore n'y trouver qu'une armée autrichienne; il enfle obstinément l'importance des armées de Silésie et du Nord ; le concept stratégique angoissera.

En Crimée, la direction du *service d'exploration et de renseignements* était confiée dans chaque corps d'armée à des capitaines; le capitaine Baudouin en fut chargé pour le corps de réserve. « A partir du 1er août — écrit le général Lebrun [1] — il ne se passa presque pas de jour sans qu'une

---

[1] Général Lebrun, *Souvenirs des guerres de Crimée et d'Italie*, p. 90.

attaque des Russes ait été annoncée au général Herbillon comme devant être imminente... Comme les jours se suivaient sans que l'événement vînt justifier le bien-fondé de ces prédictions, il en était résulté qu'on avait fini par ne plus y attacher la même importance. »

En Italie, le bureau dit « *politique et topographique* » fonctionne dans les plus que médiocres conditions, prêtant aux amères railleries de M. le comte d'Hérisson (1).

En 1870 — n'ayons souci de la légende — les Allemands ne savent rien ou presque rien. Ils ignorent — avouent le général américain Shéridan et le prince royal — la présence à Sedan de l'empereur Napoléon III ; M. de Bismarck le croyait à Paris. Et encore, c'est un renseignement recueilli sur place, et non une information télégraphiée de Londres (2), qui éveille l'attention du quartier général sur le mouvement vers le nord de l'armée du maréchal de Mac-Mahon.

Les Japonais — pour en revenir à eux — ont su profiter de ces enseignements négatifs ; se rendant compte de l'essentielle importance d'une *branche politique* du service des renseignements, ils jettent un regard en arrière et arrivent à cette conviction que le meilleur de tous les systèmes est encore celui basé sur le rôle d'agents disséminés un peu partout de Hong-Kong à Niu-Tschuang ; ils s'en sont au demeurant fort bien trouvés, ayant eu la bonne fortune de rencontrer plus d'Allan Pinkerton que de Jean Landrieux.

Le rendement a été non moins productif dans cette autre

----

(1) *Campagne de 1859*, p. 130.

(2) De Moltke prétend qu'un télégramme venu de Londres décida le grand quartier général à ordonner le changement de direction. Le prince de Hohenlohe écrit dans ses *Lettres sur la cavalerie* avec plus de circonspection : « Le 25, les rapports de la cavalerie viennent confirmer la supposition, due à d'autres renseignements, que l'armée de Mac-Mahon a pris la direction du nord. »

La relation de la section historique fait plus véridiquement mention des indications d'un paysan qu'elle qualifie — on se demande pourquoi — de « rouge ».

partie du service des renseignements s'appliquant sur le terrain même, dans le domaine de la stratégie ou dans le champ plus restreint de la tactique. Rappelons-nous, entre autres, que dans leur position autour de Haï-Tcheng, les Japonais sont toujours avisés — et à temps — des entreprises offensives des Chinois.

S'ils ne disposent pas de toutes les ressources habituellement exploitées par la *branche technique* du service des renseignements, ils usent, par contre, dans une très ample mesure *d'émissaires* et *d'espions* dont l'action est dirigée et contrôlée par un officier spécialement affecté à l'état-major de chaque division; c'est également à cet officier que parviennent — uniformément établis — les interrogatoires des prisonniers, des déserteurs et des gens du pays.

Les officiers chargés de la direction de ce service arrivent en très peu de temps à une extrême dextérité, ne s'attachant exclusivement à aucun mode — le grand péril à éviter (1) — et ne réputant utile que le renseignement recoupé, confirmé (2).

---

(1) Le particularisme systématique n'estompe que de veules images.

L'empereur Napoléon, tout en acceptant l'emploi d'émissaires et d'espions (lettre du 20 septembre 1797 au général Dumas; campagne de 1806, Bélliard et Bernadotte; lettre du 4 mars 1807 au général Murano; lettre du 20 septembre 1811, etc.), n'admet qu'un seul moyen sérieux d'obtenir des renseignements sur l'ennemi, c'est de faire des prisonniers. Ainsi, dans une lettre à Joseph en 1808 : « A la guerre, les espions, les renseignements, ne comptent pour rien : ce serait aventurer la vie des hommes sur de bien faibles calculs que de s'y fier. On n'abandonnera Tudela que lorsque l'on aura vu l'ennemi et fait 30 ou 40 prisonniers qui donneront des renseignements précis, et alors on saura à quoi s'en tenir. » Et plus explicitement encore à Marmont, le 18 février 1814 : « Vous devez tous les jours faire faire des prisonniers par vos avant-gardes; c'est le moyen d'avoir des nouvelles, il n'en est pas de plus efficace. »

Pendant la campagne de 1859, Giulay, craignant pour sa cavalerie les coups de fourche des paysans lombards, se fie uniquement aux rapports de ses espions, lesquels « le servent comme s'ils avaient été vendus aux Français », suivant la sévère appréciation du prince de Hohenlohe dans ses *Lettres sur la stratégie*.

(2) L'exploration sans association d'autres moyens n'aboutit pas; l'étude critique des campagnes de 1806 et de 1870 en fait foi.

Seule la combinaison des divers modes de renseignements auto-

Désirant nous abstenir de pénétrer dans les détails mêmes du *métier*, nous conseillons au lecteur — curieux de s'instruire des devoirs incombant à un officier chargé de ce service — de parcourir l'intéressante brochure du lieutenant-colonel *Klembowsky*, de l'état-major russe. Il pourra également consulter avec profit, en ce qui concerne l'organisation du service de renseignements, par les troupes de couverture, un des derniers ouvrages du général Verdy du Vernois : *Studien über den Krieg* — I. Theil — *Ereignisse in den Grenzbezirken* (page 88).

* *

Le général Nodzu, ayant transporté son quartier général proche de Feng-Huang, fait reprendre, le 9 décembre, sur tout le front, le mouvement offensif.

Sur la route Siu-Yuen - Haï-Tcheng chemine lentement, sous le couvert d'une forte avant-garde, le gros de la 3e division. Le 11, vers midi, la cavalerie japonaise se heurte à Tâo-Hot-Sû — à 30 milles de Siu-Yuen — à un corps ennemi de 3.000 hommes d'infanterie, 500 chevaux et 8 canons. Après quelques passes peu sérieuses, les Chinois se replient sur Su-Men-Cheng, dont ils cherchent encore le lendemain matin à couvrir les approches en prenant position à Potso-Do-Ken. Le jour même l'avant-garde de la 3e division

---

rise une quasi-certitude. Un curieux exemple, détaillant le procédé, nous est fourni par l'état-major du général von Göben, le 17 janvier, cherchant à établir dans quelle direction se retire l'armée du général Faidherbe :

Tout d'abord, dans la matinée du 16, rapport d'un émissaire annonçant la retraite sur Saint-Quentin de l'armée française. L'état-major, pour recouper cette information de très grande importance, prescrit des reconnaissances aux généraux von Kummer et von Barnekow; très tard dans la soirée du 16, un officier de l'artillerie de la garde mobile, fait prisonnier à Fins, indique quelques cantonnements ; enfin, le 17, au matin, parvient le rapport du lieutenant von Häseler, du 7e uhlans, qui la veille au soir a pu pénétrer dans Albert. Göben se décide alors à suivre l'armée française.

occupait Su-Men-Cheng et y était rejointe par le détachement du général Osaka ; celui-ci, venu directement de Feng-
Huang, après avoir culbuté les Chinois à Panchia-Hot-Sù,
s'était rabattu sur leur flanc gauche, menaçant ainsi leur
ligne de retraite ; ces divers petits engagements occasionnent aux Japonais une perte de 7 tués et d'une vingtaine
de blessés.

Le général Mà, laissant sur la route de Haï-Tcheng une arrière-garde de 1.500 hommes, se retire avec le gros de ses
troupes vers Kaïping.

Le 13, au matin, les Japonais suivent vivement (1). Haï-
Tcheng est occupé sans la moindre difficulté. Par contre,
le colonel Sato, lancé sur les traces du général Mà, se
heurte —proche de Kaïping —à des forces très supérieures.

Le général Sung, dont l'activité et l'initiative impriment
à cette partie de la campagne un caractère nettement
accentué, le général Sung — disons-nous — est accouru
sur ces entrefaites de Kaichow (Tsin-Tschou) à la nouvelle
de la défaite de Su-Men-Cheng.

Aucuns discoureurs lui ont prété la fort complexe et
aventureuse résolution d'oser, devant les avant-postes japonais, une marche de flanc sur Ljao-Yang pour rallier l'aile
gauche de son armée. Nous croyons plus bénévolement
que le général chinois n'a eu qu'une prétention, celle de
foncer avec ses 10.000 hommes sur Haï-Tcheng.

---

(1) Un incident qu'il n'est peut-être pas superflu de relater, connaissant déjà les détails concernant la prise de Port-Arthur :

Quelques soldats de l'arrière-garde chinoise quittent à Haï-Tcheng
leurs vêtements militaires et demeurent cachés dans la ville ; ayant été
reconnus, les Japonais en fusillent une dizaine.

Par contre, les Japonais s'abstiennent, au moment de leur pénétration
dans la place, de tirer sur une masse de fuyards à laquelle est mêlée
une foule affolée d'inoffensifs habitants.

Il convient ici de rendre témoignage à l'excellente discipline des troupes. Pas un excès ne fut commis à Haï-Tcheng : peu de jours après
l'occupation japonaise, la confiance renaît et la ville se repeuple.

Quoi qu'il en soit, à la nouvelle de sa marche, le général Katsura porte ses forces sur la rive gauche de la rivière de Niu-Tschuang, entre Haï-Tcheng et Hachiao, pour occuper par de solides avant-gardes les deux routes du sud conduisant — par Kangwantsai (Hung-Wai-Sai) et Daisekikyo — à Ying-Tsu et Kaïping.

Le 18, le général Sung prend poste à Kangwantsai en présence du détachement du général Osaka fort de trois bataillons, d'un escadron et de deux batteries; le contact est établi dans la soirée même.

Le 19 au matin, les Chinois entament l'action par une bruyante canonnade, à laquelle répond aussitôt le feu bien réglé des batteries japonaises. Le général Osaka, observant les progrès du bataillon qu'il a chargé de l'action démons·trative, croit le moment venu de pousser l'attaque à fond.

La position ennemie, nettement indiquée par quelques ouvrages, va être abordée lorsque surgit de toutes parts un feu rapide d'une extrême violence. L'élan des troupes est rompu; c'est en vain qu'interviennent les dernières réserves, l'assaut est repoussé. Le général Osaka ainsi contraint de ramener ses troupes en arrière soutient le combat traînant sur un front démesurément étendu en attendant l'arrivée des renforts qu'il a dû solliciter.

Quoique n'ayant guère plus de 6 à 7 kilomètres à parcourir, les difficultés du terrain sont telles que la brigade Oshima emploie 3 heures 1/2 à gagner le champ de bataille. L'artillerie qui la précède prépare, par une vigoureuse canonnade, le déploiement de son infanterie. Puis, sur toute la ligne, stimulée en avant, simulacre d'assaut pour aborder les ouvrages, que les Chinois abandonnent sans même tenter la contre-attaque... Les Japonais bornent leur succès à l'occupation de cette position, sans inquiéter la retraite de l'ennemi vers Niu-Tschuang où se trouve le général Mà.

Les Japonais ont subi dans cette affaire des pertes relativement très-considérables : tués, 2 officiers et 52 hommes (1) ; blessés, 12 officiers et 346 hommes.

L'exagération de ces pertes doit être attribuée à la prodigieuse consommation de munitions faite par les Chinois, très habilement tapis dans des enclos et dans des fourrés dont il est à peu près impossible de les déposter.

* * *

Le jour même où l'avant-garde de la 3ᵉ division occupait Su-Men-Cheng, le général Nieh prenait contre la brigade Tatsumi une énergique offensive.

Les relations chinoises tendent à fusionner ces actions partielles en un engagement général « la bataille de Su-Men-Cheng », laquelle, commencée le 11, se serait continuée par le splendide clair de lune d'une nuit glaciale pour ne finir que le 12 dans l'après-midi.

Les Chinois auraient mis en ligne de 15 à 20.000 hommes sous les ordres des généraux Mâ, Nieh et Feng ; leur défaite a entraîné la désagrégation de cette armée : Mâ se repliant sur Niu-Tschuang, Nieh et Feng sur Ljao-Yang.

Cette thèse, croyons-nous, n'est point acceptable ; nous opinons pour deux actions très distinctes engagées, l'une par l'avant-garde de la 3ᵉ division, l'autre au nord par le détachement du général Tatsumi.

Celui-ci — ne l'oublions pas — s'est immobilisé au nord de Feng-Huang, couvert vers Tsao Ho-Ken par de forts avant-postes. Les 8 et 9 décembre, les Chinois attaquent avec 4.000 hommes ce poste avancé et l'obligent à rétrograder ; le général Nieh, profitant de l'éparpillement des

---

(1) Des correspondances citent également le chiffre de 164 incinérations.

Le correspondant de Niu-Tschuang du *North-China Herald* (Schanghaï, 11 janvier) va même jusqu'à prétendre que cette bataille a été une des plus sanglantes de la campagne.

forces japonaises, semble avoir pu pousser son audacieux
retour offensif jusqu'à une dizaine de kilomètres de Feng-
Huang. Les 10 et 11, la brigade Tatsumi, partiellement ras-
semblée, refoule à son tour les Chinois sur le chemin de
Ljao-Yang.

Trois jours après — sur la droite — le détachement du
colonel Tomayusu se trouve également aux prises avec la
horde mandchoue trop tardivement amenée, de Ai-Yang-
Pien par le général E-Kô-T'ang-A, pour avoir pu contribuer avec efficacité au succès de l'attaque du général Nieh.
Le 14 au matin, les deux bataillons du colonel infligent
à l'ennemi un échec sérieux, encore aggravé le lendemain
par une énergique poursuite.

Ces engagements partiels occasionnent aux Japonais une
perte d'une vingtaine de tués et d'une centaine de blessés.
Les Chinois, en plus de 4 pièces et d'un grand nombre de
prisonniers, abandonnent sur le terrain près de trois cents
tués ou blessés ; au nombre des tués, le général Yung-Shan,
de la garde impériale, qui s'est très héroïquement employé
le 15, à la tête d'un corps de cavalerie, à couvrir la déroute
des troupes mandchoues.

L'armée du général Mà a ainsi été coupée en deux tronçons: l'un fuyant vers Kirin, l'autre rejeté sur Sai-Matsui -
Liao-Yang.

***

Nouvelle intermittence, dans les deux camps, mise à
profit pour masser les forces et accorder quelque repos aux
troupes, très éprouvées par la rigueur de la température.

Comme nous le savons déjà par les indications fournies
au début de ce chapitre, le vice-roi Liu-Kung-Yi (1) a tenté

---

(1) Liu-Kung-Yi n'exerce pas le commandement suprême au même
titre et avec la même indépendance que son prédécesseur disgracié Li-
Hung-Chang. Il est simplement le représentant aux armées — avec dé-

de prodigieux efforts pour amener des provinces du sud. de nouvelles troupes et organiser, sous les ordres du général Wu-Ta-Cheng, une armée de réserve destinée à soutenir le général Sung.

Cette armée, dont la valeur nominale doit être de 40.000 hommes, atteint tout au plus le quart de son effectif; quant au général Sung, nous ne pensons pas — malgré l'exagération de certaines évaluations — qu'il tienne réellement sous ses ordres plus d'une trentaine de mille hommes.

Les Japonais, pour leur part, n'ont qu'une médiocre hâte de poursuivre l'offensive; ils attendront pour agir que se fasse sensible sur la droite chinoise — vers Kaïping — l'approche de la division détachée de la IIe armée. L'essentiel pour eux est de se ravitailler et de se refaire.

Le quartier général est porté à Tâo-Hot-Sû; il est procédé à un resserrement des services de l'arrière, et sur le front à l'organisation défensive des points les plus vulnérables; ainsi Haï-Tcheng : près de 2.000 Coréens, avec de nombreuses corvées de Chinois, sont employés à dégager les approches de la place, abattant murs et talus, rasant les fourrés, n'épargnant même pas la digue qui doit préserver la campagne des inondations; les enseignements de la journée du 19 décembre ne sont point négligés.

Dans un autre ordre d'idées, de très grandes précautions sont observées pour réduire dans la mesure du possible

---

légation de certains pouvoirs — du *tson-tso-chu* ou conseil supérieur de la guerre.

Ses relations avec le ministère de la guerre (*bin-bu*) s'expriment par des demandes que transmettent directement les secrétaires de chacun des départements du ministère adjoints à son état-major : *Wu-Sjuang* (personnel) *Che-Tsja* (remonte et postes) *Tschi-Fau* (cartographie et statistique), *Wu-Ku* (réserves et armements).

Les généraux Sung et Wu-Ta-Cheng sont mandarins militaires de première classe et lieutenants généraux (*tidu*).

Les généraux Mà, Nich, Tsao, Sch, etc., sont brigadiers (*tsun-bin*).

les souffrances et les fatigues imposées aux troupes, cruellement décimées par la dysenterie et la fièvre typhoïde. Les ressources trouvées aux environs de Hai-Tcheng permettent — mieux vaut tard que jamais — d'assurer de régulières distributions, voire de régler dans des conditions très satisfaisantes l'alimentation. Puis aussi en cette accalmie — la marche des convois plus facilement organisée — parviennent aux troupes les chauds et confortables vêtements envoyés de la métropole : chemises de flanelle, chemises et caleçons en papier imperméabilisé, brodequins en paille de riz (1) manteaux doublés de fourrure, etc., etc.

---

(1) Nous trouvons dans un ordre très curieux d'un des régiments certaines recommandations relatives à l'hygiène des pieds; elles se résument ainsi :

« La chaussure doit être large, de manière à permettre au pied de se mouvoir à l'aise; le jeu des doigts doit être très complètement assuré. Cette condition est la première de toutes pour préserver les hommes du froid et de la congélation.

Il est formellement interdit d'envelopper le pied de linges et de chiffons; le pied dans la chaussure doit être nu; il n'est pas de meilleur moyen pour éviter les excoriations et pour maintenir le pied propre.

Chaque jour, dans la mesure du possible, mais obligatoirement les jours de repos et lorsque la troupe stationne, il sera procédé, immédiatement après le repas du soir et sous la surveillance de tous les officiers de la compagnie, au lavage des pieds; il sera mis à cet effet à la disposition des hommes des récipients d'eau tiède; les pieds ne doivent pas être trempés, mais seulement mouillés en prenant à deux ou trois reprises de l'eau avec la main.

Lorsque les circonstances le permettront il ne devra pas être négligé de procurer aux hommes l'avantage de bains de pieds chauds.

Les médecins du corps, auxquels des hommes se présentent pour une indisposition quelconque, sont invités à profiter de l'occasion de cette visite pour examiner les pieds du soldat et s'assurer de la stricte observation des prescriptions réglementaires en ce qui concerne l'hygiène. »

Qu'il nous soit permis tout particulièrement d'insister sur la formelle interdiction d'envelopper le pied de linges et de chiffons.

Dans de nombreux régiments de l'armée allemande, le port de la chaussette est également proscrit.

En France, il y a quelques années, un commandant de corps d'armée insistant, dans une de ses instructions, sur les inconvénients du port de la chaussette en campagne, recommandait d'habituer les hommes à marcher le pied nu dans la chaussure.

Ces diverses mesures contribuent notablement à améliorer l'état et la condition sanitaire des troupes. Néanmoins, celles qu'on a été obligé de maintenir dans les camp[...]oïque industrieusement installés — autour de Hai-T[...] continuent à fournir un ample contingent à la doulour[...] statistique médicale; on a cité le chiffre de 15.000 ma[...]

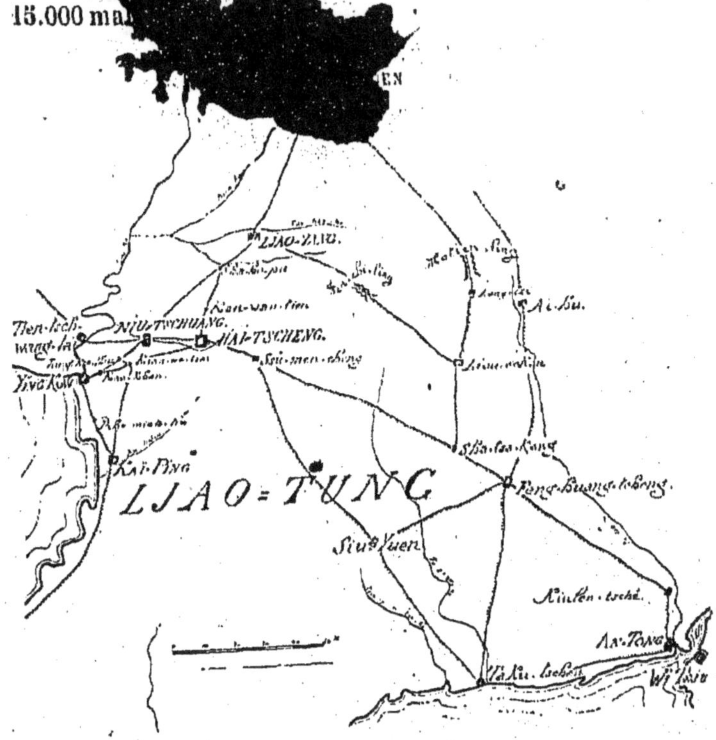

Naturellement, tous les folliculaires de la province, émus des pleurnicheries des mamans, ont protesté contre cet « abus de pouvoir » !

(1) Le docteur Ischigaro, directeur du service de santé, accuse « modestement » une mortalité de 4 p. 100 sur les blessés et de 3 p. 100 sur les malades.

A propos de statistique — mais alors du côté chinois — signalons, dans la *Gazette médicale* italienne, une très curieuse étude du Dr Dugald Christie sur la nature différente des blessures suivant qu'elles provien-

* * *

Cependant, dès les premiers jours de [illegible], les fréquentes reconnaissances entretenues pa[r le gé]néral Katsura signalent du côté des Ch[inois des m]ouvements de troupes qui donnent à com[prendre que] est l'inquiétude causée au généra[l Nozu par la gar]de la division détachée de la IIe ar[mée].

Le général Nogi vient [d'arriv]er à *Hiung-Io-Chang*, au contact avec les avant-postes chinois; la journée du 9 est employée à se remettre et à reconnaître la position de l'ennemi.

Celui-ci montre trois corps : la division Chu (environ 18 bataillons), au sud-ouest de Kaïping, près d'un petit village; en seconde ligne, plus proche de la ville, la position de résistance garnie au centre par la division Huaï (30 bataillons) ayant à sa droite la brigade Sung-Wu (8 bataillons) et à sa gauche la brigade Têng-Chou (également 8 bataillons).

Le 9 au soir, la division japonaise se met en marche, tournant avec une précautionneuse habileté l'avant-ligne chinoise; cette manœuvre, très bien ordonnée et exécutée avec une remarquable *discipline*, amène les Japonais en deux colonnes, un peu après 4 heures du matin, devant le centre et la gauche ennemis. Après s'être raccordé avec sa droite (colonel Oki), le général Nogi attaque et surprend — vers 6 heures du matin — le centre chinois; la divi-

---

nent de la balle du fusil Murata de 8^{mm} (Ping-Yang) ou de celle du Martini-Henry de 11^{mm}, 45 (seconde partie de la campagne; Niu-Tschuang).

Les constatations faites à Mukden par le Dr Dugald Christie ne concordent aucunement avec les précédentes déclarations de quelques chirurgiens (notamment en ce qui concerne la fracture des os) ni avec les communications faites en 1804 à l'Académie de médecine de Paris par le Dr Demosthen, de l'armée roumaine.

sion Huaï se replie en désordre sur Kaïping, entraînant dans sa déroute les deux ailes.

Alors se produit sur la gauche des Japonais une tout instinctive contre-attaque de la division Chu, secondée — près d'un petit temple voisin de la ville — par l'arrêt d'une partie de la brigade Sung-Wu. Le général Nogi hâte, en arrière de sa gauche, l'arrivée de ses deux bataillons de réserve ; il réussit seulement à rompre l'élan du retour offensif, mais sans pouvoir gagner du terrain. Heureusement cette phase critique n'est que de brève durée, car la colonne de droite, sans se laisser arrêter, a poussé sur Kaïping, débordant la ville et menaçant d'intercepter aux Chinois la ligne de retraite (9 heures).

L'ennemi, faisant encore très bonne contenance, se décide alors à reculer.

La perte des Japonais en cette affaire fut de 46 tués et de 263 blessés ; celle des Chinois — échappant à toute évaluation précise, — a dû être très considérable, peut-être un millier d'hommes.

* * *

Le vice-roi Liu, organisant à Niu-Tschuang l'armée de réserve, estime qu'il suffit de tenir en panne à Kaïping la division détachée de la IIᵉ armée. Tous les efforts doivent tendre à reprendre Haï-Tcheng à la Iʳᵉ armée (1), se complaisant à cette date dans une absolue passivité.

L'obstination des Célestes est telle que quatre échecs successifs les rebuteront à peine. Une première fois, le 17 janvier, 14.000 hommes tentent de surprendre à l'ouest de Haï-Tcheng les avant-postes de la brigade Tatsumi. Le général Oku a eu le temps de ramener son dispositif sur une position de résistance préparée de longue main et — au

___

(1) Situation — on en conviendra — qui singulièrement compromet la fantaisiste théorie du *Jiujutsu*, imaginée par M. *Lacfadio Hearn*.

moment où les Chinois vont l'aborder — de se jeter avec sa réserve sur leur flanc droit. L'ennemi est refoulé sur Kao-Khay avec une perte de 7 à 800 hommes ; les Japonais ont 21 tués dont deux officiers, et une trentaine de blessés.

Une seconde fois, le 22, le général Osaka (5ᵈ brigade), usant l'attaque de front, attend l'arrivée du 19ᵈ d'infanterie, envoyé par la 6ᵉ brigade, pour manœuvrer contre la gauche ennemie.

Le même jour, le général Seh attaquait également sous Kaïping les avant-postes de la brigade Nogi. Simple lutte d'artillerie.

Une troisième fois, le 16 février, engagement sérieux dont le détail nous intéressera davantage.

Une quatrième fois, enfin, le 24 février.

Nous emprunterons au *Times* la relation de son correspondant, qui a assisté à l'affaire du 16.

Haï-Tcheng, sur la rive droite de la rivière passant à Niu-Tschuang, se tasse dans une vaste plaine feutrée de neige, plaquée de nombreux villages et, de ci de là, de quelques mamelons isolés, sorte de belvédères atteignant un relief de 100 à 200 pieds.

Autour de la place — dans un rayon d'environ 1.500 mètres — au nord le piton de Hwan-Shi-Shan ; au nord-est celui de Swan-Ron-Shan, et au sud-ouest, de l'autre côté de la rivière, la hauteur de Ryan-Cha-Shan ; puis, plus éloigné encore — commandant tout le terrain — le mamelon de Tan-Wan-Shan. Toutes ces positions sont couronnées par les avant-postes japonais.

Les Chinois engagent à peu près 16.000 hommes. A l'aile gauche, le général Chan-Shung (3.000 hommes) amène ses deux pièces Krupp sur le Shi-To-Shan, à environ 2 kilomètres du Hwan-Shi-Shan. Le centre (5.000 hommes), sous le commandement de E-Kô-Tang-A, s'étire entre la rivière et le village de Tou-Chi-Yan-Tan. A l'aile droite, venus de Niu-

Tschuang, les 6.000 hommes du général Shi-Hwan-Tow. Une réserve de 2.000 hommes — mais qui ne sera pas engagée — est établie en arrière de la manche gauche du centre.

La principale attaque de l'ennemi a pour objectif Hwan-Shi-Shan ; y participent : la majeure partie des forces du général Chan-Shung et la manche gauche du centre. La droite japonaise — entre Swan-Ron-Shan et une batterie en face du village de Po-Ru-Pu — est aux ordres du général Oshima ; le général Osaka commande la gauche ramassée sur le Ryan-Cha-Shan. Le lieutenant général Katsura (commandant la 3º division) se tient de sa personne à l'angle nord-ouest de Haï-Tcheng.

L'action débute, vers 9 h. 1/2, par le feu de l'artillerie chinoise, feu sans la moindre efficacité et auquel les Japonais dédaignent de répondre ; pourtant, un peu après 10 h. 1/2, un certain mouvement étant observé au centre chinois, quelques obus y sont envoyés. Peu à peu, le tir de l'ennemi se rectifie ; c'est ainsi qu'à 11 h. 20 un projectile fait sauter un caisson sur le Hwan-Shi-Shan, blessant trois servants ; les Japonais ripostent alors avec plus d'entrain. C'est l'heure aussi à laquelle les Chinois font donner leur gauche, manifestant l'intention d'aborder le Swan-Ron-Shan ; l'infanterie japonaise, très parfaitement terrée sur les pentes et au pied du monticule, laisse l'ennemi arriver à moins de 600 mètres et le culbute par un feu des mieux nourris.

Cependant le centre chinois a profité pour se mouvoir de l'attaque ébauchée par la gauche ; il suffit à l'artillerie sur le Hwan-Shi-Shan de quelques projectiles pour ramener ce centre en arrière (midi).

Les batteries chinoises de Shi-To-Shan, de Ton-Chi-Yan-Tan et de Po-Ru-Pu entrent à leur tour en action pour préparer et favoriser une manière de retour offensif du centre. Le canon japonais entre Hwan-Shi-Shan et la rivière se démasque alors ; les pièces chinoises sont rapidement éteintes, puis l'infanterie, prise pour cible, est définitivement refoulée sur les hauteurs lointaines, dans la direction du village de Ta-Fu-Ton (3 heures).

Dans l'intervalle, — un peu après 2 heures — la gauche ennemie, contrainte une première fois d'abandonner Shi-To-Shan, avait essayé d'y rétablir ses pièces ; elles sont aussitôt réduites au silence.

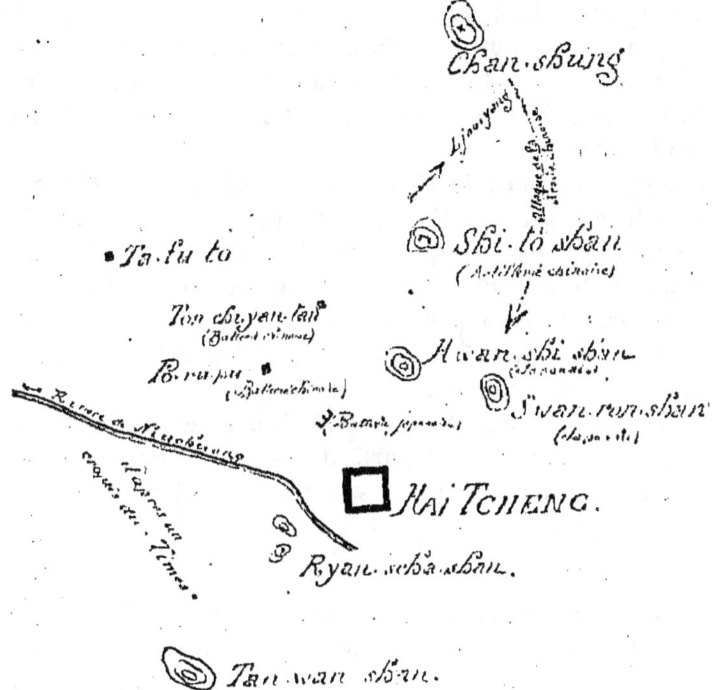

A la droite de l'attaque — de l'autre côté de la rivière — l'activité du général Shi-Hwan-Tow se borne, vers 10 heures du matin, à menacer la position de Tan-Wan-Shan ; vigoureusement reçu, il n'insiste pas et se retire dans la direction de Niu-Tschuang.

Au resumé, simple combat d'artillerie pour empêcher le déploiement de l'infanterie.

Les Japonais ont en cette journée 3 tués et 11 blessés ; les pertes des Chinois s'évaluent à 200 hommes.

Le 21, nouvelle démonstration à peu près dans les mêmes formes (12.000 hommes et 20 pièces en trois groupes).

Mais sur ces entrefaites le général Wu a amené de Shan-Haï-Kwan, prêtes au suprême et décisif effort, ses dernières réserves organisées, soit environ 20.000 hommes avec 20 pièces d'artillerie.

Le vice-roi Liu , qui n'a attendu que l'arrivée de ces renforts, va maintenant ordonner l'attaque générale des positions japonaises, à gauche contre Haï-Tcheng, à droite contre Kaïping.

Dans la matinée du 24 février, un corps de 7.000 Chinois assaille au nord de Kaïping les avant-postes de la brigade Nogi. Un peu plus tard, dans l'après-midi, la démonstration des jours précédents se renouvelle contre Haï-Tcheng ; cette fois pourtant les Japonais ne se bornent pas à repousser l'attaque à coups de canon : ils sortent de leurs retranchements et prennent la contre-offensive.

Le général Nodzu est du reste résolu, les circonstances le lui permettant, à se départir d'une trop longue inaction : il va prendre l'offensive stratégique, objectivant Niu-Tschuang (1).

Le 28, sous le couvert de la 6e brigade (3e division), portée la veille en flanc-garde à droite, la 1re armée quitte Haï-

----

(1) Bien que son commerce ait singulièrement décru, Niu-Tschuang est toujours, avec une population de 60.000 âmes, une cité importante. Arrosée, autrefois, par le Liao-Ho, elle est aujourd'hui perdue dans les terres, « sans fleuve, dit Reclus, qui passe au-dessous de ses ponts ; elle est entourée de roseaux et de plages salines, qui témoignent du retrait de la mer à une époque récente. »

Ying-Tsu (Ying-Kow), à 44 kilomètres de l'ancienne cité, lui sert d'avant-port ; la place ouverte au commerce est aussi dénommée Niu-Tschuang)-d'où assez fréquente confusion, dont l'origine se retrouve dans le traité de lord Elgin.

Tchéng : la 5e brigade (3e division) marche à droite, au nord de la rivière Haï-Tchou-Ho ; la gauche (sud) est tenue par la 5e division.

La 5e brigade seule est quelque peu engagée contre des forces chinoises se montrant, au nord, sur la route de Liao-Yang (10 tués et 80 blessés). Le 1er mars, pour dégager le flanc droit, la 6e brigade se porte au nord et arrive, — le soir même, — après une marche des plus fatigantes, en vue de Kan-Wan-Tien (18 kilomètres), occupé par l'arrière-garde ennemie. L'attaque est remise au lendemain matin ; mais, dans la nuit, les Chinois se sont dérobés. Ils sont suivis sur Sha-Ho-Pu, distant de 25 kilomètres.

Cependant, après avoir fait procéder — les 1er et 2 mars — à des reconnaissances sur son front, le général Nodzu s'approche à pas mesurés, dans l'après-midi du 3, de Niu-Tchuang, dont l'attaque est décidée pour le lendemain.

D'abord, dans la matinée, jonction de la 3e division venant du sud-ouest avec la 5e brigade de la 5e division se présentant au nord sur la route de Mukden; puis, vers 9 heures, déploiement des colonnes soutenant les batteries des deux divisions ; leur feu doit rendre la position intenable aux Chinois. De fait, un peu après 11 heures, un mouvement de recul ayant été sensible en arrière de Niu-Tchuang, l'infanterie s'engage et prend, presque sans la moindre difficulté, possession de l'enceinte.

Pourtant, en se sauvant sur Ying-Kow, le général Wu-Ta-Cheng a laissé dans la place une arrière-garde décidée à la plus opiniâtre résistance (1). Niu-Tchuang ne sera définitivement au pouvoir des Japonais qu'à 11 heures du soir, conquise pour ainsi dire rue par rue, maison par maison.

---

(1) Malgré l'acharnement de la lutte, la discipline des soldats japonais mérite les plus grands éloges : il n'y a eu ni pillage ni incendie. On rapporte également qu'un missionnaire anglais caché dans une maison a été l'objet de particulières attentions ; une sauvegarde lui fut donnée.

2.000 cadavres obstruaient les carrefours ; 600 prisonniers seulement, et encore presque tous blessés. Les Japonais eurent une perte de 206 hommes hors de combat.

*

Ce même jour, — au sud, — le général Sung s'était porté avec 10 à 12.000 hommes et 9 canons contre Kaïping ; il s'immobilise sur un front des plus étendus, la droite à *Laoyamiao*, le centre à *Tapingshan*, la gauche vers *Shichilao* ; les Japonais de leur côté, se maintenant sur la défensive, l'engagement se réduit à un insignifiant échange de coups de canon. Le général Mà, à l'aile gauche, se lasse tout le premier, découvrant le centre et la droite (généraux Li et Ching) ; le général Sung, de la sorte désorienté, ramène ses troupes sur la position de Pehmiatotzu.

Le lendemain, 5, le lieutenant général Yamagi dirige au nord de Kaïping la brigade Nogi, qui force droit sur Ying-Kow, les Chinois ne tenant à Pehmiatotzu que pour couvrir le passage sur la rive droite du Ljao-Ho. L'arrière-garde elle-même ne fait que traverser la ville sous la protection des ouvrages armés de grosses pièces gardant l'entrée de la rivière. Ces ouvrages, dans l'après-midi du 6, sont successivement bouleversés par l'artillerie japonaise, puis occupés par l'infanterie.

Le soir, le général Yamagi occupe Ying-Kow, assurant sans aucun retard la protection des résidents étrangers ; puis aussi des patrouilles sont envoyées sur la route de Niu-Tchuang pour prendre le contact avec la 1re armée. Pour sa part, le général Nodzu, déjà en liaison télégraphique avec la division Yamagi, avait pensé contribuer à l'attaque de Ying-Kow par l'envoi d'une des brigades de la 5e division.

Celle-ci, dans la journée du 6, ayant trouvé *Tung-Kia-*

Thun non occupé, s'est avancée jusqu'à *Kao-Khan*, où elle apprend le lendemain matin que Ying-Kow est au pouvoir de la IIᵉ armée.

Le général Nodzu court alors à Ying-Kow et l'immédiate continuation du mouvement offensif sur Tien-Tsch-Wang-Taï (Chenshotai) est ainsi réglée :

La 5ᵉ brigade (3ᵉ division) franchira le Ljao-Ho à environ 20 kilomètres en amont de Chenshotai, se rabattant ensuite sur l'objectif de manière à compromettre la ligne de retraite des Chinois.

La 6ᵉ brigade (3ᵉ division) — avec laquelle se trouve le lieutenant général Katsura — est maintenue en observation à *Sha-Ho-Phu*, surveillant les forces chinoises qui menacent de Gao-Yang.

Les deux brigades de la 5ᵉ division (dont l'une à Kao-Khan) attaqueront Chenshotaï par la rive gauche.

La 1ʳᵉ division, sur la rive droite du Ljao-Ho, abordera la position par le sud et le sud-ouest.

Deux bataillons de la 5ᵉ division et un régiment de la 1ʳᵉ division sont gardés à Niu-Tchuang et à Ying-Kow.

Le samedi 9, vers 7 heures du matin, les divisions attaquent simultanément ; après une violente canonnade, au moment où l'infanterie japonaise se démasque, le général Sung abandonne Chenshotai, qu'il incendie, pour se retirer au nord-ouest. Survient alors, le prenant à revers, la brigade de la division chargée du mouvement tournant. La retraite des Chinois dégénère en fuite désordonnée.

Les Japonais ont hors de combat une centaine d'hommes ; les pertes des Chinois s'évaluent à 2.000 hommes.

***

Cette victoire de Chenshotai, l'œuvre dernière de la campagne, confirmant l'efficace coopération des Iʳᵉ et IIᵉ armées, assure au maréchal Nodzu — l'empereur vient le jour même de lui conférer cette dignité — l'intégrale conquête de la presqu'île de Ljao-Toung, des rives du Yalu à la barrière du Ljao-Ho.

A Ying-Kow, déjà, s'entendent dans la rivière de sourds craquements, signes avant-coureurs de la rupture des glaces, débâcle qu'épie l'amiral Ito pour conduire les escadres au mouillage de *Thao-Hua* Island ; c'est en quelque sorte une main mise sur Schan-Haï-Kwan, débarcadère assigné à l'armée avec laquelle le prince Komatsu-A-Kihito (1) va être appelé à se saisir de Pékin.

Cette armée nombrera approximativement de 75.000 à 80.000 hommes, groupant les divisions que nous avons vues en Corée puis en Mandchourie, dans le Tuang-Toung et dans le Shan-Toung, déjà glorieuses des victoires de Ping-Yang, de Niu-Tchuang, de la prise de Port-Arthur et de la reddition de Weï-Haï-Weï.

Cependant la désolation de la cour de Pékin hâte le départ pour Hiroshima de Li-Hung-Chang, chargé de négocier la paix et de solliciter un armistice enrayant la reprise — si prochainement redoutée — de l'offensive japonaise.

Le 30 mars survient, définitive, la suspension des hostilités.

---

(1) Il faut signaler, à ce propos, le remaniement qui vient d'avoir lieu dans le personnel des ministres du Mikado. Le comte Yamagata a été nommé ministre de la guerre. Le comte Matsukata a été appelé aux finances, dont le titulaire, M. Watanabé, remplace au ministère des communications le comte Kouroda-Kiyotaka : ce dernier est un des chefs du clan satsuma; il a pris une part active aux guerres de la Restauration, contribué à réprimer la rébellion de 1867 et, comme ministre des communications, a travaillé avec conscience et succès au développement commercial et agricole de l'île de Yeso. C'est lui qui fut chargé de réclamer des excuses du gouvernement coréen lorsque celui-ci avait laissé commettre une insulte contre le pavillon japonais dans la baie de Kokoua. En devenant président du conseil privé, le comte Kouroda conserve un siège dans le cabinet et prend le portefeuille de l'agriculture.

***

Observations. — Si la guerre était simplement un art accessible à de vagues dissertations esthétiques, combien propice semblerait l'occasion offerte à de doctes aristarques pour savamment discourir des étranges et aussi intéressants épisodes, accumulés sur cet échiquier stratégique.

Mais la guerre — n'en déplaise au célèbre auteur des *Lettres sur la stratégie* — est soumise encore à de rares principes absolus, à quelques règles scientifiques et à bon nombre de préceptes conseillés par le bon sens ou formulés par le raisonnement.

Cette doctrine, quelque délicate que puisse être son application, offre tout au moins en théorie l'avantage de dévêtir les chimères et de pourchasser les décevantes hantises.

Or, dans le présent cas, l'analyse est inhabile à révéler la moindre empreinte trahissant l'action de la pensée militaire. Le hasard inconscient seul est intervenu, façonnant les épisodes, combinant les situations.

Alors, sur quels ais mal joints échafauder l'enseignement auquel ont l'apparence de se prêter certains de ces épisodes ?

Gardons-nous de la téméraire banalité du paralogisme, qu'il s'agisse :

De la disparate posture des groupes composant l'armée chinoise sur une de ces doubles bases en équerre que le plus autorisé de nos écrivains militaires affirme être particulièrement chères à la stratégie allemande ;

De l'application sophistique, avec intermèdes alternatifs et variés, de la théorie de la ligne intérieure, théorie sur laquelle, du reste, nous n'aurions pas à revenir ;

Des ébauches vaguement tracées de manœuvres enveloppantes, mal articulées et à beaucoup trop ample envergure.

Et encore, alors même que nous délaisserions les vastes arènes de la stratégie pour nous encadrer plus étroitement dans le quartier de la tactique, un autre ensemble de considérations — l'imprécision des détails — ne surgit-il pas à son tour pour limiter, pour étreindre l'effort de nos investigations?

Tout au plus nous sera-t-il loisible — groupant les faits — d'enquêter deux questions particulières, savoir :

1º De l'application des mesures propres à assurer la protection immédiate des colonnes (avant-gardes et flanc-gardes);

2º De l'utilisation des divers moyens de communication pour transmettre les renseignements et la correspondance.

Iº Nous retrouvons dans les pratiques constantes de la Iʳᵉ armée ces reconnaissances permanentes précédant de quelques kilomètres le prudent cheminement de l'avant-garde; les distances sont toutefois moins exagérées qu'à l'avant-garde de la division Yamagi; aussi n'avons-nous pas à regretter de fâcheuse compromission dans le genre de l'échauffourée de Sodaïko. Exceptionnellement, des voitures chargées de manteaux fourrés et de couvertures suivent cette pointe détachée, précédant les troupes au bivouac ou au cantonnement.

Les flanc-gardes — dont il a été fait un fréquent emploi motivé par la structure du sol et l'agressivité de l'ennemi — affectent usuellement un caractère *mixte.* Des postes fixes, alimentés par un détachement poussé au loin, occupent latéralement des points d'une particulière importance. Entre ces postes circulent de petites patrouilles fournies par l'avant-garde. Ainsi, heureuse combinaison des deux modes que le règlement sur le service des armées en campagne a omis de minutier, mais dont l'application distincte se retrouve fréquemment dans le détail des petites opérations. Exemples :

Flanc-gardes *fixes* employées par le général prince de Wurtemberg, pendant la marche de la VII° division de Banjaluka à Travnik (campagne des Austro-Hongrois en Bosnie et Herzégovine 1878) (1);

Flanc-gardes *mobiles* en Algérie d'un usage pour ainsi dire réglementaire, parce que les généraux du premier empire affectionnaient exclusivement ce procédé. Ces glorieux praticiens subissaient déjà — il faut bien oser en convenir — l'autoritaire suggestion du shéma. Pour préciser, pendant toute sa campagne dans le Tyrol (1809), Lefebvre n'a pas une seule fois varié sa forme routinière. Prenons entre autres la marche du 7 août sur la route de Brixen : flanc-garde de droite : colonel Maingarnaud avec le 1er régiment bavarois de la garde et un petit détachement de troupes françaises, par Stifles; flanc-garde de gauche, commandant Hatry avec le 2e régiment bavarois d'infanterie, par Wolfstein et Mauls; le gros — général Raglovich avec lequel se tient le maréchal — sur la grande route, à au moins deux portées de canon en arrière des flancgardes. Il en a été ainsi les jours précédents et il en sera de même les jours qui suivront; peu importe que le terrain soit ou non praticable (2). On se permet seulement de faire alterner les corps et de commander à tour de rôle les

---

(1) *Précis de quelques campagnes contemporaines,* I, page 31.

(2) Cet exemple a été choisi pour faire valoir combien le mode étant peu approprié au terrain d'une praticabilité extrêmement pénible. Ainsi, dans la flanc-garde de droite, le 2e bataillon conduit par le lieutenant-colonel comte Waldkirch, escalada le Stilfserjoch (4.700 pieds). Dans la flanc-garde de gauche, cinq hommes roulent au fond de précipices. Dans le cas particulier, un poste à Mauls, détaché de l'avantgarde, convenait d'autant mieux que ce hameau était compris dans le réseau des avant-postes et qu'on dut le faire occuper plus tard par les chasseurs réunis des 4e et 8e d'infanterie sous les ordres du major Haussmann.

officiers d'état-major ou les aides de camp appelés à marcher avec les détachements.

II° Enfin, pour clore ces observations, quelques lignes s'attribueront encore au *service des estafettes* et *courriers*, très complètement développé, tant sur les longues routes d'étapes que sur les branchements vers les fractions détachées, à la manière du *Melde-und-Ordonnanz-Dienst* du règlement allemand.

Il semble avoir été admis en principe que le service devait être confié, non à des porteurs isolés, mais à des patrouilles courant d'un relais à l'autre.

Ces relais sont diversement espacés. Dans la zone surveillée par la cavalerie chargée de la sûreté de première ligne ou occupée par les groupes de protection immédiate, les *estafettes* ont tout au plus à franchir une distance de 8 à 10 kilomètres.

Dans la zone de l'arrière, les *courriers* — à cheval, en voiture ou en traîneau — parcourent à moyenne allure une poste à peu près double.

Ce n'est que très exceptionnellement — à notre seule connaissance le 19 décembre, sous Haï-Tcheng — qu'il est fait emploi de cavaliers isolés, échelonnés de deux kilomètres en deux kilomètres, et se passant de main en main les avis de renseignements.

Le courrier (ou estafette) remet, à son arrivée au relais, un *bulletin de correspondance* qui tiendra lieu de reçu et servira également à un sommaire enregistrement sur le *registre* du poste. Cette précaution n'est pas superflue, car il est dans les choses possibles qu'une correspondance s'égare sans que, — bien entendu, — on sache comment : dans la nuit du 5 au 6 février 1864, les troupes prussiennes se disposent à passer la Schlei à Cappeln. Le maréchal Wrangel et le prince Frédéric-Charles résident au château de Carlsburg; un escadron du 4° régiment de cuirassiers fournit les relais. Dans la soirée, de nombreux avis signalent la retraite des Danois, ce qui permet de brusquer le mouvement ; une note écrite au crayon est aussitôt adressée au maréchal. Non seulement elle ne parvient pas à destination, mais bien plus, ne laisse aucune trace de son passage à travers les divers relais de la chaîne (1).

Il nous paraît oiseux d'insister ; les exemples abondent (2) sur le grave inconvénient de ne confier qu'à un seul porteur la transmission d'une importante communication ; par contre il ne sera peut-être pas sans intérêt — en manière de finale anecdote — de faire valoir par un épisode vécu, les avantages inappréciables de l'emploi d'une patrouille.

Le 7 décembre 1870, le lieutenant von Salis, du 1er escadron du régiment de hussards nº 11, est envoyé, avec un sous-officier et dix cavaliers, de Cravent vers Gaillon. Le chef de la patrouille apprend que non loin de Gaillon se rassemblent des mobiles et des francs-tireurs. Il désire s'en assurer en poussant plus loin sa reconnaissance, mais croit devoir aussi faire parvenir à son capitaine à Cravent (25 kilomètres) les renseignements déjà recueillis. Les hus-

---

(1) *Die Ereignisse im Kriege gegen Danemark beim I^e Kombinirten Armee-Korp. (Aus dem Tagebuch eines Augenzeugen enthommen) van G. L. van Meyerinck.*

(2) « A Brienne, un malheureux officier d'ordonnance expédié de Saint-Dizier à Arcis, se laisse prendre avec sa dépêche ; elle révéla à Blücher son danger..... » Mais, ... qui n'a lu les mémoires du comte de Ségur ?

Retraite du corps du général Vinoy. Le 3 septembre les avant-postes du 15e régiment de dragons signalent de très grand matin le départ de Novion-Porcien de la division Blanchard. Le général von Hoffmann, commandant la 12e division, doit aussitôt être prévenu ; le dragon envoyé en courrier arrive à Ecly, — où le général a passé la nuit, — alors qu'il en est déjà parti. Pendant que les Allemands poussent dans le vide sur Novion-Porcien, la division française échappe par Seraincourt et Fraillicourt.

En 1830, Diebitsch prépare pour le 26 février une importante affaire ; il escompte le concours de Schachowski. Mais le Cosaque porteur de l'ordre s'égare, échappe avec peine aux Polonais, finalement arrive trop tard.

Etc., etc.

sards Finkensiopen, Bünge et Bander s'offrent pour cette mission. Près de la Heunière, les trois cavaliers tombent dans une embuscade. Finkensiopen est tué, Bünge grièvement blessé et fait prisonnier; seul Bander parvient à s'échapper à pied et arrive à 1 h. 1/2 de la nuit à Cravent, précédant encore — de plus de deux heures — le retour du lieutenant de Salis (1).

---

(1) Article du capitaine *Junk* (Jahrbücher für die deutsche Armee und Marine), avec de très curieux et intéressants exemples à méditer par ceux qui tendent — oh! combien irrationnellement — à une abusive généralisation du vélocipède.

CHAPITRE IX

Les Pescadores et Formose.

Formose ; esquisse géographique ; population ; climatologie ; quelques
dates historiques. — Les Pescadores ; leur importance stratégique. —
Organisation imparfaite des moyens de défense à Formose ; révolte. —
Occupation de Makung, 23-24 mars. — Démonstration devant Hang-
Tchou, 24 mars. — Débarquement des Japonais à Kelung et à Tam-
sui ; opérations contre les rebelles ; prise de Anping et de Taï-Wan-
Fou (octobre).

Pendant que se discutent, à Shimonoseki, les conditions
définitives du traité de paix, les Japonais s'empressent —
dans la zone non neutralisée par l'armistice — à affirmer
leur mainmise sur les Pescadores et sur Formose. Ils savent d'ores et déjà que les puissances leur chicaneront le
profit des glorieuses campagnes sur le continent. Formose
tout au moins leur reviendra.

L'île, un des chaînons émergés de la longue arête volcanique qui commence au Kamtchatka pour se terminer à
l'archipel de la Sonde, appartient géographiquement au
groupe de l'empire du Soleil-Levant. Au point de vue politique, les Nippons avoisinent déjà leur future conquête
par la possession des îles Tschischima et Yayeyama (1).

Simplement — de par sa situation — une importance
commerciale des plus considérables s'attribue à Formose.

Le capitaine John Ingles, qui a été longtemps conseiller
naval au Japon, a écrit : « Formose is an ideal place for the

---

(1) Formose est aussi indispensable au Japon que l'Irlande l'est à la
Grande-Bretagne, que la Sicile à l'Italie, que Ceylan aux Indes. (*Siam
Free Press*, 12 mars 95.)

Japon to colonise. » Si l'avenir justifie cette appréciation
optimiste, l'île doit devenir la maîtresse station du Pacifique ; la prospérité de Hong-Kong peut être menacée.

Pour la Chine, — mais qu'importe, — gênant voisinage !
c'est, prétend la *Gazette de Saint-James* (19 avril 95), —
non, toutefois, sans une évidente exagération, — comme si
l'Angleterre était obligée d'accepter une installation de la
France en l'île de Wight.

La grande Loutcheou des anciens géographes occupe,
entre les 22° et 25° degrés de latitude nord, et les 118° et
120° degrés de longitude est, une étendue de près de 380
kilomètres de long sur 215 kilomètres dans sa plus grande
largeur.

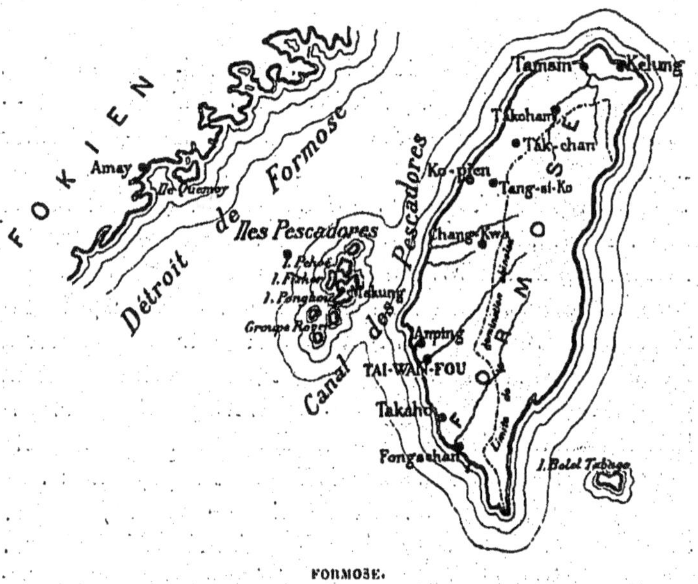

La dorsale — le Tà-Chan — tombe abruptement sur la
côte orientale ; ses ramifications sont enchevêtrées d'épaisses forêts, inviolable asile des dernières peuplades aborigènes ; sur le versant ouest, la plaine d'alluvion s'étale avec

ampleur, du pied des escarpements rougeâtres, marquant
la limite de pénétration de la domination chinoise, aux
dunes de sables cordant le littoral.

Cette plaine et les légers plateaux qui la dominent se
revêtent de luxuriantes plantations de thé, de canne à sucre, de riz et d'indigo. Les massifs boisés de l'intérieur,
dont la lisière seule est exploitée, fournissent en abondance
les bois les plus précieux. De nombreux gisements en cuivre, plomb et argent accusent la richesse du sous-sol ;
proche de Kelung, un bassin houiller, approximativement
d'une superficie de 120 k. c. (1).

La population de l'île est estimée à trois millions ; elle
est d'origine malaise. Les tribus qui reconnaissent l'autorité chinoise sont communément dénommées *Pepohwans* ;
les *Hakhas* sont plus encore intimement mêlés aux Célestes. Les peuplades aborigènes de l'intérieur vivent dans un
complet état de sauvagerie ; M. Alexandre Hosie serait
quelque peu porté à même les suspecter de canniba-
lisme.

Le climat de l'île est [régulièrement soumis à l'influence
des deux moussons..... C'est en hiver que tombe à Formose la plus grande quantité d'eau, surtout dans le nord
où les nuées formées sur le Pacifique sont arrêtées et con-
densées par les hautes montagnes de l'île. Le maximum
pluviométrique atteint 3 mètres à Kelung. Pendant l'hiver
1884-1885 qu'y a passé le corps expéditionnaire, le ciel fut
si constamment gris que le nombre des journées de soleil
n'atteignit pas une dizaine. Des nuages épais, rasant le sol,

----

(1) Ce charbon, très bitumineux et très menu, produit une chaleur
considérable et beaucoup de fumée ; il encrasse rapidement les appareils
de chauffe. La *Vipère* (déc. 84) dut renoncer à en faire usage. Ce com-
bustible, commode quand on voulait activer les feux pour revenir en
pression (Maurice Loir), aurait dû être transformé en aggloméré. L'a-
miral Courbet réclame, par lettre du 21 janvier 85, l'envoi d'une machine
à fabriquer des briquettes. (Capitaine Garnot, p. 70.)

se résolvaient en une pluie fine, semblable à un brouillard, mais si pénétrante qu'elle mouillait extraordinairement. On l'appelait « la pluie horizontale » tant elle semblait tomber lentement sur le sol par couches parallèles..... Du 26 janvier au 3 mars, pendant 37 jours, le soleil ne fit aucune apparition, et pendant toute cette période la pluie tomba avec une régularité désespérante, détrempant les chemins au point de les rendre impraticables et empêchant d'une manière absolue la reprise des opérations.

Ces pluies régulières cessent généralement au commencement de mai. Elles sont remplacées, pendant la saison chaude, par les violents typhons de la mousson du sud-ouest.

C'est à la fin de l'été, principalement en septembre, quand la température de l'eau marine est le plus élevée et l'air saturé de vapeurs, que la moindre rupture de l'équilibre dans l'atmosphère détermine la formation de ces tempêtes tournantes. Ces tourbillons aériens se développent presque toujours au-dessus du *Kuro-Sivo* (1), ravageant principalement la côte est et le nord de l'île. Leur violence est inouïe. En juin 1885, un coup de typhon enleva en quelques minutes les solides abris en bambous servant de logement à la garnison du fort du sud à Kelung (2).

Les causes qui commandent ces variations de climat influencent naturellement les conditions de salubrité.

Les forts du nord sont tristement réputés. Dans la région Kelung-Tamsui règne, à l'état endémique, une sorte de fièvre algide de forme typhoïde grave avec accidents cholériformes.

----

(1) Courant du Japon longeant la côte est; direction N.-E; vitesse moyenne 30 à 40 milles par jour.

(2) *L'Expédition française de Formose*, capitaine Garnot, pages 2 et 3.

A peine débarqué à Kelung (octobre 1884), le corps d'occupation est douloureusement atteint : le 9 novembre, l'effectif était réduit à 1.750 hommes avec 350 indisponibles ; le 23 décembre, il restait à peine un millier d'hommes en état de porter les armes (1).

Quelques années avant notre expédition, 1.500 hommes de troupes chinoises étaient débarqués à Kelung au mois de février. A la fin du mois de septembre, 300 avaient succombé à différentes maladies, mais surtout à une fièvre avec prostration (2).

Et combien calamiteuse fut aux Japonais leur campagne de 1874!

Les Portugais ont été les premiers à nous faire connaître Formose en 1590 ; ils furent suivis par les Espagnols, auxquels succédèrent les Hollandais en 1642. Un chef de pirates chinois, Koxinga, établit vers cette époque sa domination sur la côte ouest de l'île ; plus tard, en 1683, elle dut subir la conquête mandchoue et fut dès alors attribuée à la province de Fuh-Kien.

En 1874 (le 9 avril), un corps japonais sous les ordres du général Saigo débarquait à Formose pour châtier de trop nombreux actes de piraterie, la Chine s'étant reconnue hors d'état de procéder elle-même à cette répression. L'expédition ne fut pas précisément heureuse.

Dix ans après, l'amiral Courbet occupe Kelung et Tamsui. Le récit de ces opérations est à lire dans le beau livre de M. le capitaine Garnot auquel nous avons déjà fait d'abondants emprunts.

*_**

Sur la côte ouest de Formose, obstruant le canal large de 150 kilomètres, le groupe des Pescadores : une vingtaine

---

(1) Amiral Courbet au ministre de la marine, 23 décembre 1884.

(2) Dr Raoul, *Formosa la Belle*, cité par le capitaine Garnot, page 4.

d'îlots bas, essaimés de coraux et de bancs de sable. L'île
la plus grande, Peng-Hu, ne mesure que 13 kilomètres
de long sur 6 de large, mais enclave la baie de Makung,
port merveilleux pouvant abriter en eau profonde toutes
les flottes du monde.

Touchant au nord de Peng-Hu, l'île de Pe-Hu (Pehoë) et
proche à l'ouest, celle de Sissiu (île Fischer).

L'importance stratégique des Pescadores est considérable.

« Lâchez la Cochinchine, lâchez l'Anam, lâchez le
Tonkin — a crié l'amiral Courbet — mais gardez les Pes-
cadres. »

L'amiral Aube a également déclaré : « Les Pescadores
ne valent pas seulement contre la Chine pour assurer le
maintien de notre domination au Tonkin, mais encore
contre toute puissance ayant des intérêts commerciaux en
Extrême-Orient. C'est un superbe nid de corsaires. »

En peu de mots : position militaire de premier ordre ;
appartient à la catégorie des *Gibraltars* ; commande la
route des mers de Chine, toutes les lignes de navigation
empruntant le canal de Formose (1).

*
* *

Après la chute de Wei-Hai-Wei, l'escadre de l'amiral Ito,
devenue disponible, gagne le sud et ne tarde pas à se
montrer en vue de Kelung et de Tai-Wan-Fou.

Les Chinois n'ont rien voulu prévoir.

Formose est abandonnée à ses propres moyens : sur le
papier, environ 30.000 miliciens que Luh-Vinh-Phuoc, notre ancien adversaire au Tonkin, est chargé d'organiser.

---

(1) C'est précisément pour cette raison que dans le traité de paix le
Japon a dû reconnaître que le canal de Formose était hors de son contrôle et de ses appropriations exclusives.

Une de ses lettres au Tsang-Li-Yamen, publiée par le *North China Daily News*, nous renseigne très suffisamment sur la situation lamentable de l'île au moment de l'apparition des croisières japonaises.

« Il y a dix ans, — écrit-il, — je fus invité par l'empereur à venir en Chine pour recevoir la récompense de mes services pendant la guerre avec la France. De tous mes braves Pavillons Noirs on ne me laissa que 1.100 hommes. Depuis lors, les autorités provinciales du Kuang-Tuong, par mesure d'économie, renvoyèrent la plus grande partie des compagnies de ce régiment. Lorsque la guerre éclata avec le Japon, un édit impérial m'ordonna d'aller à Formose et d'y organiser la défense de l'île. N'ayant point de troupes, j'ai dû recruter un millier de *braves* de Swatow, que j'ai répartis en deux bataillons. Mais qu'étaient ces hommes ? Un ramassis de fainéants engagés par nécessité et absolument incapables de résister à l'ennemi. »

Luh-Vinh-Phuoc expose ensuite son plan de défense de Formose et poursuit ainsi :

« Pour exécuter ce plan, il me fallait faire venir auprès de moi les 7.000 vétérans et mes lieutenants que j'ai laissés au Tonkin. J'ai écrit à ce sujet et à plusieurs reprises au vice-roi de Foutchéou, puis au vice-roi de Canton et enfin au gouverneur de Formose. J'ai reçu invariablement cette réponse de tous les rois : « Nous verrons plus tard. » Rien n'a été fait (1). »

Ajoutons encore que par suite des menées politiques de Tcheng-Ki-Tong — opposé au parti de Li-Hung-Chang — une révolte contre l'autorité impériale éclate à Tai-Wan-Fou.

---

(1) Pourtant — mais toujours sur le papier — Nieh-Chu-Kuei, ancien taotaï à Shanghaï, avait dû être installé à Hang-Chow avec la qualité de commissaire général des renforts et ravitaillements à fournir à Formose. Deux taotaïs, Huang et Hsû, lui étaient adjoints.

La République même fut proclamée, comme en explique le manifeste ci-après, publié par un journal de Hong-Kong :

« Les Japonais ont offensé la Chine en voulant annexer Formose, et nos supplications, à nous, habitants de cette île, ont été adressées en vain au trône du Dragon. Les Japonais vont bientôt arriver : nous ne voulons pas devenir les esclaves des sauvages et des barbares. Les puissances étrangères, consultées, ont déclaré que le peuple de Formose devait tout d'abord proclamer son indépendance avant qu'elles pussent lui venir en aide.

» En conséquence, nous sommes décidés à mourir plutôt que de servir l'ennemi, et, à cet effet, nous avons résolu de faire de Formose une République. Toute l'administration sera dorénavant organisée et dirigée par des fonctionnaires élus directement par le peuple.

» Mais, comme il convient de mettre, dès maintenant, à notre tête, un chef qui puisse prendre toutes les résolutions nécessaires pour résister aux Japonais, nous avons décidé de choisir le gouverneur et commandant en chef actuel, S. Exc. Tang-King-Song, qui est digne de notre respect et de notre admiration (1). Un sceau officiel a été confectionné et sera remis solennellement par les notables et tout le peuple au Président de la République le 2ᵉ jour de la 5ᵉ lune (25 mai). »

⁎⁎⁎

Les opérations militaires débutent par la prise de possession de la baie de Makung : les entreprises contre Formose s'appuieront sur cette excellente base.

Les ouvrages de la baie, détruits par l'escadre de l'amiral Courbet les 29, 30 et 31 mars 1885, ont été à peu de chose

---

(1) Avait prudemment laissé faire le général Ku-Hung-Kuk, instigateur de la révolte.

près réfectionnés et rearmés de quelques grosses pièces (1).

Le procédé d'attaque sera également le même. Le samedi 23 mars, à la pointe du jour, douze bâtiments bombardent, du large, les forts et batteries armant les approches de Makung. Le feu cesse vers les cinq heures du soir, puis, dans la nuit, les compagnies de débarquement, sous les ordres du colonel Ishijima, gagnent le revers des positions tenues par les Chinois.

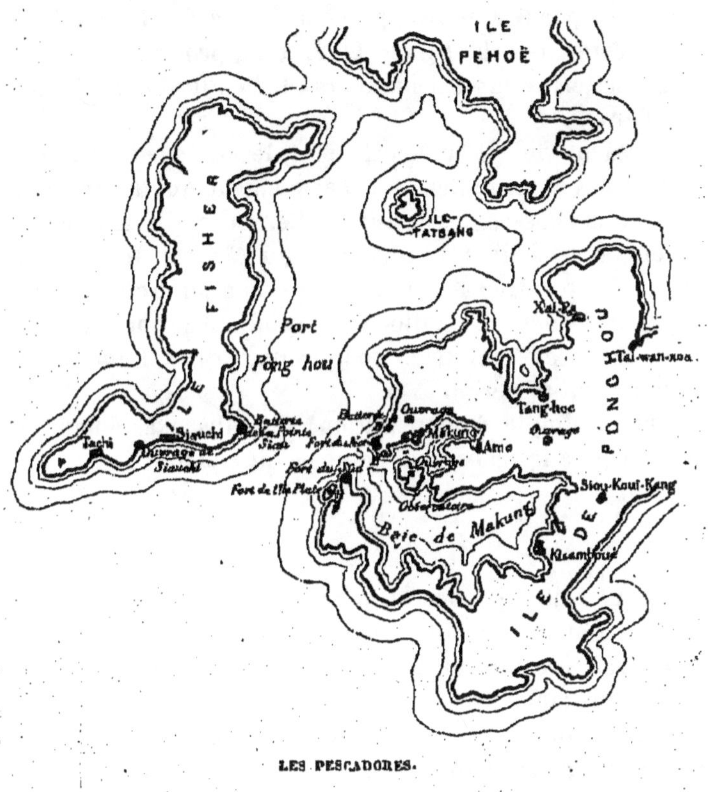

LES PESCADORES.

(1) *L'Escadre de l'amiral Courbet*, par Maurice Loir, et *Expédition de Formose*, par le capitaine Garnot.

L'ennemi, ainsi pris entre deux attaques, n'a plus qu'à déposer les armes; la garnison, comptant un millier d'hommes, se rend à discrétion.

Cette affaire coûte aux Japonais 17 hommes hors de combat (1).

*

Entre temps, le dimanche matin, 24 mars (1), une autre escadre japonaise était apparue au large de Hang-Tchou, sur la côte du Tsche-Kiang. La ville est protégée par quelques batteries sur les hauteurs et en l'île de Jui-Tchou (Yuchow).

Après un violent bombardement, les bâtiments envoient à terre des compagnies de débarquement qui occupent la ville et en chassent les derniers défenseurs. Il a semblé, — et le correspondant de Shanghaï du *Central News* a contribué à répandre cette opinion, — on a pu croire que les Japonais avaient l'intention de se saisir de ce port pour ensuite menacer Nanking et compromettre l'exploitation du grand canal impérial.

Mais... simple démonstration! ou plus exactement — pour mettre les choses au point — *intimidation*.

*

Ce qui a été dit dans un précédent paragraphe concernant la climatologie de Formose et l'insalubrité grande de la zone côtière suffirait à expliquer l'excessive lenteur des opérations japonaises.

Nous savons aussi que l'île insurgée est en quelque sorte en état de guerre nationale contre l'envahisseur.

Les premiers débarquements au nord de l'île s'effectuent

-----

(1) Rappelons que l'armistice ne datera que du 31 mars.

sans grands embarras. A Kelung et à Tamsui (1), résistance pour ainsi dire nulle. Les difficultés ne commencent réellement que dans la vallée de Toko-Han, alors que de légères colonnes sont envoyées pour dissiper les bandes de Hakhas. Ces entreprises — sans essentielle importance militaire — provoquent d'incessantes escarmouches dont quelques-unes désavantageuses aux Japonais. Telle la douloureuse surprise du bivouac de Sankakin dont se venge le vice-amiral Kabayama en ordonnant la destruction totale de Toko Han.

Le 25 août, Tai-Wan-Fou est occupé par l'avant-garde du général Yamani que rejoint, le lendemain, le gros de la 1re division de la garde.

Ainsi concentrées, les forces japonaises se portent le 28 à l'attaque de la position occupée, sur la rive gauche du Tai-To-Koï — entre Lo-Kiang et Chang-Hua, — par les 6 à 8.000 hommes dont dispose encore Luh-Vinh-Phuoc. A droite (ouest), le général Oyama est chargé d'une active et bruyante démonstration, laquelle permettra à la colonne de gauche, sous le général Yamani, de franchir le fleuve à gué, à environ 1.500 mètres en amont, pour prendre à revers les ouvrages de Hakkesan servant de point d'appui à la droite des Pavillons-Noirs.

Une réserve, à la disposition du général Kawamoura, prête à soutenir l'aile qui réclamera son assistance.

La colonne de gauche, sous la conduite du colonel Naïto, franchit le gué un peu après minuit, sans être en rien inquiétée par l'ennemi; par contre, les difficultés deviennent grandes pendant le cheminement — d'environ quatre kilomètres — pour gagner la position de Hakkesan. C'est seulement vers 5 h. 1/2 que l'attaque peut se prononcer.

---

(1) Tamsui, 100.000 habitants; Tai-Wan-Fou, 250.000 habitants; Toko-Han, 40.000 habitants.

Peu après, le général Kawamoura renforce son aile droite et la pousse au delà du fleuve, en dépit de sa largeur de près de 300 mètres et de la rapidité du courant.

Les pertes des Japonais sont insignifiantes; les Chinois, dont la résistance a été très tenace, laissent sur le terrain près de 600 tués et un nombre considérable de canons.

Après l'occupation de la capitale administrative de l'île et après la dispersion des bandes de Luh-Vinh-Phuoc, période de relative accalmie fort nécessaire au vainqueur pour réorganiser et renforcer ses troupes, cruellement éprouvées par la maladie et la fatigue d'une pénible colonne.

Les opérations ne sont reprises que dans les premiers jours d'octobre. objectivant, sur la côte ouest, Takao, Anping et Taï-Nan.

Présentement, le succès des Japonais se borne à l'occupation des principales villes du littoral et à la protection des postes de communication. La pacification complète de l'île réclamera encore — il est sage de le prévoir — un effort considérable et prolongé.

IV PARTIE

L'ACTION DIPLOMATIQUE

CHAPITRE X

Le traité de Shimonoseki.

Septembre 94 : offres de l'Angleterre, refus des Etats-Unis de s'associer à ces démarches. — Novembre : l'Angleterre et la Russie conseillent à la Chine de s'adresser directement au Japon ; la Chine réclame l'assistance du président Cleveland. — Echec de la mission de M. Detring. — Echec de la mission Tchang-Yi-Houan, Schao-Yu-Lien et Forster (janvier 95). — Ambassade de Li-Hung-Chang (mars) ; attentat de Koyama Rokunosiku ; suspension d'armes de trois semaines, ses conditions. — Coup d'œil d'ensemble sur la situation politique et militaire au commencement d'avril. — Le traité de paix du 17 avril ; ses clauses. — Echange des ratifications le 8 mai à Tché-Fou.

Comme il a déjà été noté en les divers chapitres de cette étude, l'action diplomatique — impuissante à prévenir le conflit — intervient à plusieurs reprises, au cours même de la lutte, manifestant, sinon de formelles intentions, tout au moins un complaisant bon vouloir.

Il ne semble pas superflu, avant de conduire le lecteur à la sanction finale, de grouper — en les résumant — ces partielles manifestations.

Dans le courant de septembre 1894, Li-Hung-Chang se serait montré disposé à accepter les propositions faites par les ministres d'Angleterre et de Russie en vue d'un armistice permettant d'entamer des négociations de paix. Le Japon, résolu à dater de Moukden ou de Pékin les termes du traité, refuse de prendre ces ouvertures en suffisante considération.

Néanmoins, le gouvernement britannique accentue son

officieuse insistance (1), cherchant à associer à ses efforts
la Russie et les Etats-Unis. D'après le *Herald* (dépêche de
Washington du 13 octobre), le ministre anglais à Tokio ser-
virait d'intermédiaire près du cabinet mikadonal, M.
O'Connor attendant à Pékin — pour la communiquer au
Tsung-Li-Yamen — la réponse du Japon. Fâcheusement,
le gouvernement des Etats-Unis se complaît dans une absolue réserve, prétextant qu'il est dans ses traditions politiques d'éviter toute action commune susceptible d'amener
des complications.

Des complications sont en effet à prévoir, car on sait déjà
dans les chancelleries quelles seront les essentielles conditions de paix que le Japon prétend imposer (télégramme
de Vienne au *Times*, 16 octobre).

Dans les premiers jours de novembre, nouvelles démarches de la Russie et de l'Angleterre pour, cette fois, conseiller à la Chine d'engager directement des négociations
avec le Japon. La cour de Pékin, ainsi assurée de l'assistance morale de ces deux puissances, demande alors au
président Cleveland de vouloir bien lui prêter ses bons
offices en qualité de médiateur (10 novembre).

En réponse à une note du ministre des Etats-Unis s'infor-
mant si la médiation de M. Cleveland serait agréable au
Japon, le cabinet de Tokio déclare hautement apprécier les
sentiments d'amitié qui guident le gouvernement de
Washington, mais considérer en outre — après les succès
de ses armées — que les propositions de paix doivent éma-
ner directement de la Chine (21 novembre) (2).

---

(1) L'Angleterre — ne l'oublions pas — vient de conclure, le 18 septembre, un traité de commerce avec le Japon. Le *Times* en publie le
texte le 13 octobre.

(2) Le document accréditant M. Detring lui avait été remis par le
vice-roi Li-Hung-Chang, mais avec officielle consécration du Tsung-Li-
Yamen; en voici le texte :

« Li, commissaire impérial, gouverneur général de la province du
Tche-li, surintendant du commerce des ports du Nord, membre du grand

M. Gresham, secrétaire d'Etat, autorise ainsi M. Denby, ministre à Pékin, à s'entendre avec son collègue M. Dunn à Tokio, à l'effet d'obtenir du comte Ito l'acceptation d'un négociateur chinois.

Très maladroitement le Tsung-Li-Yamen confie cette délicate mission à M. Detring, commissaire des douanes impériales à Tientsin ; l'agent bénéficiait à juste titre de la confiance du gouvernement impérial ; toutefois, sa qualité d'étranger au service de la Chine ne lui attribuait aucunement l'autorité voulue pour discuter des questions de l'importance de celles intéressant, à cette heure solennelle, les deux pays.

Ainsi on ne sera pas surpris que le comte Ito se soit refusé à recevoir M. Detring ; le « clerk » — pour nous servir du qualificatif usagé par les *Daily News* — dut se contenter d'une courte entrevue consentie à Kobé avec un des secrétaires du ministre.

---

secrétariat d'Etat, ministre honoraire de la guerre, tuteur de l'héritier présomptif, etc., etc., au comte Ito, président du conseil des ministres.

» La politique traditionnelle de la dynastie Ta-Tsing a toujours été de rester en paix avec toutes les nations. Malheureusement, à la suite d'un différend qui s'est élevé avec votre noble pays, l'état de guerre a succédé aux relations amicales. Considérant que par suite de ce regrettable état de choses les peuples ont déjà beaucoup souffert, il est proposé d'inviter les forces de terre et de mer de cesser temporairement les hostilités.

» Un rapport a été adressé au Trône pour soumettre respectueusement cette idée et faire certaines propositions ; S. M. l'empereur, après réception de ce rapport, m'a donné les ordres suivants :

« M. Detring remplit depuis longtemps des fonctions dans notre em-
» pire et a su nous inspirer grande confiance. Nous ordonnons à Li-
» Hung-Tchang de le mettre au courant de ce que nous avons décidé et
» de l'inviter à se rendre immédiatement au Japon afin, le cas échéant,
» d'arriver à un arrangement. M. Detring devra nous faire part, confi-
» dentiellement et par le télégraphe, de ses négociations, et ses commu-
» nications nous seront transmises rapidement par Li-Hung-Tchang. »

» Conformément aux ordres de Sa Majesté, M. Detring, fonctionnaire de première classe, a été invité à se rendre sans retard au Japon pour s'assurer des conditions auxquelles la paix pourrait être conclue. Il est chargé de remettre la présente dépêche à Votre Excellence, qui, j'espère, réservera un accueil favorable à notre proposition. »

* * *

Sur ces entrefaites, les Japonais sont maîtres de Port-Arthur.

Et d'autre part aussi, cependant que M. Dunn adresse à M. Denby les contre-propositions du Japon, s'opère à Pékin même une véritable révolution.

Dans la première semaine de décembre, le parti de la paix, si puissamment servi par l'impératrice douairière (1), a remporté un décisif succès. Le premier acte du prince Kung — appelé à la présidence du Tsung-Li-Yamen — est de réclamer le concours de Li-Hung-Chang qu'il place à la tête du Kûn-Ki ou grand conseil.

Puis aussitôt, toujours avec les bons offices des Etats-Unis, une nouvelle et impulsive direction est donnée aux négociations. Cette fois, deux hauts fonctionnaires chinois reçoivent l'ordre de se rendre à Tokio en qualité d'ambassadeurs extraordinaires chargés de traiter des conditions de paix. Ce sont : Tchang-Yi-Houan, ancien ministre aux Etats-Unis et en Espagne, vice-président du ministère des finances; Shao-Yu-Lien, ancien chargé d'affaires à Saint-Pétersbourg, ancien tao-tai de Shanghaï, en dernier lieu

---

(1) Le soixantième anniversaire de la naissance de l'impératrice douairière — impératrice de l'Ouest — a été l'occasion, le 12 novembre 1894, d'une réception où, pour la première fois, les membres du corps diplomatique ont été admis en présence de l'empereur Kouangsu.

L'empereur Chieng-Foung n'ayant pas eu d'enfant de son épouse légitime Tsen-An (Douce-Tranquillité) accorda à une concubine Tsen-Chi (Douce-Joie), de laquelle il avait eu un fils, le rang de seconde impératrice avec le titre d'impératrice de l'Ouest; en Chine l'Est étant considéré comme la place d'honneur, et l'Ouest indiquant le second rang.

L'impératrice Tsen-An est morte il y a une dizaine d'années, laissant l'impératrice Tsen-Chi seule régente et tutrice du jeune empereur. Physiquement — dit M. Bock, chargé d'affaires de Suède et de Norwège, — l'empereur paraît chétif et délicat; il a l'air d'un adolescent de 16 à 17 ans; visage très intelligent et sympathique, front superbe, de beaux yeux bruns très expressifs.

gouverneur de Formose, et présentement gouverneur de la province de Hou-Nan.

Sur la demande expresse qui lui a été faite (fin décembre) d'adjoindre à ces deux personnages un homme d'Etat à titre de conseiller privé, le président Cleveland désigne M. John Forster, ancien ministre des Etats-Unis à Saint-Pétersbourg et à Madrid, le successeur de M. Blaine au secrétariat pour les affaires étrangères à Washington.

Le départ des négociateurs, primitivement fixé au 6 janvier, est tout d'abord différé; puis, nouvel arrêt à Shanghaï, tant et si bien que la mission débarque à Kobé seulement le 30.

A cette date, la situation militaire ne se présente pas précisément défavorable à la Chine : Wei-Hai-Wei résiste — que passivement, peu importe — aux attaques de la IIIᵉ armée japonaise. En Mandchourie, une stagnation quelque peu inquiétante est imposée à la Iʳᵉ armée. Ainsi — en apparence tout au moins — le Tsung-Li-Yamen peut arguer des circonstances de l'heure pour commander à ses envoyés une attitude fort réservée, peut-être encore hautaine, certainement trop peu conciliante au gré du cabinet mikadonal.

En ce qui le concerne, celui-ci — après la mésaventure advenue au subordonné de sir Robert Hart — a explicitement déclaré n'être disposé à entamer des pourparlers qu'aux deux conditions suivantes : 1º les envoyés chinois seront munis de pleins pouvoirs absolument complets, y compris l'autorisation de signer un traité; 2º l'objet des négociations devra être, non pas une suspension d'armes ou telle ou telle question préliminaire, mais le fond même des choses et la conclusion de la paix.

Les lettres de créance remises aux plénipotentiaires chinois ne l'entendent pas ainsi (1). Il est fort aisé au comte

____

(1) « Nous vous nommons nos plénipotentiaires pour traiter cette affaire avec les plénipotentiaires du Japon.

Ito (1) et au comte Mutsu, ministre des affaires étrangères, dès la deuxième conférence, de constater que le Tsung-Li-Yamen n'actionne que des fantoches, certainement très désireux de se renseigner, par contre mal outillés pour faire aboutir les négociations. Tchang-Yi-Houan et Shao-Yu-Lien

---

» Vous aurez toutefois à nous télégraphier pour obtenir nos ordres, auxquels vous vous conformerez.

» Les membres de la mission sont placés sous votre contrôle.

» Acquittez-vous de votre mission fidèlement et diligeamment.

» Respectez cela. »

(1) Le comte Ito, âgé aujourd'hui de cinquante-quatre à cinquante-cinq ans, eut des débuts très accidentés. Très activement mêlé aux événements qui marquèrent le renversement du taïkoun au profit du pouvoir unique du mikado, il dut fuir du Japon en 1868.

Déguisé en matelot européen, il se réfugia à bord d'un navire anglais, et y resta caché pendant quelques jours. Mais le capitaine qui l'avait accueilli, prenant pour des perquisitions de la police japonaise, se refusa à lui donner plus longtemps asile et l'invita à quitter son bord. Ito lui fit vainement observer que l'envoyer à terre, c'était l'envoyer à la mort; que bien loin de le dissimuler aux regards de la police, le costume sous lequel il faisait une si étrange figure le dénoncerait sûrement. Le capitaine ne se rendant pas à ses prières, il saisit alors un sabre japonais, et, en appuyant le tranchant sur son nombril, il s'écria : « Je n'ai pas peur de la mort; ce que je redoute, c'est la honte qui s'attachera à cette mort, parce qu'on dira que pour y échapper j'ai jeté dans la boue le costume de ma nation, que j'ai abjuré jusqu'à la face de mes pères en coupant mes cheveux !

» Pour éviter cette mort honteuse, je n'ai qu'à me tuer moi-même et m'ouvrir le ventre ! »

Il allait procéder à cette opération, pratiquée au Japon « pour laver son honneur », quand le capitaine ému l'arrêta et consentit à le garder.

Débarqué à Londres, Ito travailla dans les usines, dans les fabriques, apprenant l'anglais, s'instruisant en compagnie de quelques compatriotes, réfugiés comme lui.

En 1873, il rentra au Japon complètement pacifié, où il réussit vite à se faire place auprès des hommes nouveaux, arrivés au pouvoir. En 1881, il fut choisi par l'empereur du Japon pour le représenter aux obsèques du tsar Alexandre II.

De 1881 à 1883, il résida en Europe, tantôt en Allemagne, tantôt en Angleterre, tantôt en France.

Premier ministre du Japon, il y est aujourd'hui une façon de chancelier que ses partisans se plaisent à comparer à Bismarck depuis la guerre contre la Chine, qu'il a su amener et mener si habilement.

sont sitôt invités à se retirer à Nagasaki (4 février) (1) ; le 12, la cour de Pékin les rappelle.

En un mot, le cabinet du mikado rompt les négociations parce que le gouvernement chinois, malgré ses assurances positives, n'a pas muni ses envoyés de pleins pouvoirs et qu'on peut en conclure que la Chine ne désire pas sérieusement la paix.

La raison donnée est d'une si judicieuse plausibilité qu'il semble d'exagérée superfétation d'invoquer *des dessous*. Pourtant M. Brandt (2), dans sa célèbre brochure, croit pouvoir en prétexter ; il conteste au Japon la sincérité de ses intentions. Le cabinet conservateur, aux prises avec des difficultés de politique intérieure, craint qu'une paix accordant à l'armée prompte et pleine satisfaction n'augmente considérablement l'influence du parti radical. L'essentiel, pour le moment, est d'user et d'affaiblir cette faction prenant appui sur l'armée et le samouraï.

Trois semaines plus tard, au plus grand préjudice de la Chine, la situation s'est notablement modifiée.

Tous les obstacles ont été balayés, toutes les portes ont été forcées ; la capitale de l'empire est à la merci du vainqueur si on lui laisse tenter le dernier et décisif effort auquel ostensiblement il se dispose.

En ce grave péril la cour daigne oublier ses torts envers Li-Hung-Chang. C'est lui qui sera envoyé à Shimonoseki muni des pouvoirs les plus étendus. Il est autorisé à proposer, outre une indemnité garantie par une occupation provisoire, la cession des îles Lui-Tchang (Loo-Choo), du groupe Madjigo (Magico-Sima), des îles Batan et Babuyan ;

---

(1) A cette même date, la Diète japonaise adoptait à l'unanimité une résolution accordant au gouvernement tous les moyens qu'il jugerait utiles pour atteindre le but de la guerre, non encore réalisé, et assurer la gloire du pays.

(2) *Die Zukunft Ostasiens* (Stuttgard, Verlag von Strecker und Moser, 1895) pages 30 et 31.

enfin, l'abandon de Formose. Il doit s'opposer à tout prix à l'implantation japonaise dans la presqu'île de Liao-Toung; ce n'est qu'à la dernière extrémité qu'il pourra consentir à la formation d'un Etat-tampon entre la Chine et la Corée indépendante, et encore sous la réserve que ce territoire neutralisé soit placé sous la garantie de la Russie, de l'Angleterre et de la France.

Après avoir été reçu — le 27 février — en audience par l'empereur Kouangsu, après avoir visité les diverses légations, Li-Hung-Chang quitte Tientsin (1) pour Shimonoseki, où il est reçu le 18 mars par M. Inouye, sous-secrétaire aux affaires étrangères.

L'immédiate préoccupation du vice-roi est d'obtenir un prompt armistice; mais les prétentions du vainqueur sont tellement exorbitantes — il exige la remise de Shan-Hai-Kwan et des forts de Takou — que cette question préalable doit être écartée : on négocie sans suspendre les hostilités.

Alors survient un déplorable incident servant fort profitablement les intérêts de la Chine.

Le samedi 23 mars, vers 2 heures de l'après-midi, Li-Hung-Chang revenant en jiaricksska d'une conférence, un fanatique du nom de Koyama Rokunosuki tire sur le vieillard un coup de pistolet. La balle, du calibre de 32, pénètre de 3 centimètres dans la joue un peu au-dessous de l'œil gauche.

Le mikado, très ému de cet odieux attentat, envoie aussitôt de Hiroshima, par steamer spécial, son aide de camp le colonel Nakamura faire agréer à l'auguste victime ses sympathiques regrets et ses condoléances; les docteurs Sato et Ishigaro assistent le Dr Scriba, médecin de la léga-

---

(1) Li-Hung-Chang est assisté des taotais Lo-Foung-Lo, Wu-Tung-Tou, de MM. Forster et Pethic, vice-consul des Etats-Unis; sa suite comporte une quarantaine de personnes.

tion d'Allemagne, mandé de Tokio pour procéder à l'extraction de la balle.

Mieux encore. Dans son indignation, à laquelle s'associe le gouvernement tout entier (1), S. M. Mutsuhito tient à donner à l'ambassadeur chinois une preuve signalée de son bon vouloir : il intime à ses plénipotentiaires l'ordre de concéder à la Chine une suspension d'armes de trois semaines.

Les Japonais, décidément, n'ont plus rien à envier aux Européens ! Ils ont appris d'eux l'art de faire la guerre, et comme eux, envers l'ennemi ils savent se montrer nobles et généreux !! (2)

Ainsi la parole attribuée au vice-roi du Petchili « Bénie soit ma blessure si elle doit servir mon pays » n'aura pas été vaine. Li-Hung-Chang traduira à l'intention du fanatique dont le crime a eu un résultat si inattendu le *felix culpa* de saint Augustin ; il osera presque détourner de son sens, pour l'approprier à son cas personnel, « le trop fameux *toast à la petite balle* » de Félix Pyat.

Quoi qu'il en soit, ce coup de pistolet misérable aura plus de retentissement que les centaines de milliers de coups de canon tirés par les pièces géantes des belligérants depuis l'ouverture des hostilités.

L'armistice consenti le samedi 30 mars pour une durée de trois semaines — jusqu'au 20 avril — stipule les clauses ci-après :

---

(1) Message en date du 25, contresigné par les ministres. La Diète avant de se séparer adopte une motion de regret pour la tentative d'assassinat dont a été victime le négociateur chinois.

(2) L'agression contre Li-Hung-Chang rappelle assez fidèlement celle commise à Madrid par le général retraité Fuentès sur la personne de l'ambassadeur marocain. L'Espagne — on s'en souvient — s'empressa d'accorder à Sidi-Brisah toutes les concessions qu'il était venu solliciter.

Koyama Rokunosuki, âgé de 21 ans, chétif détraqué, appartient à la classe des *soshis*, la grande classe des mécontents et des incompris ; il fut condamné à la prison à perpétuité.

-- La suspension d'armes est déclarée seulement pour les provinces de Shan-Toung (Wei-Hai-Wei), de Petchili et de Sching-King (Mandchourie méridionale et presqu'île de Liao-Toung). Les mers du Sud — nommément l'île de Formose — en sont exclues.

L'armistice cessera de plein droit si, avant son expiration, les négociations en vue de la paix définitive sont rompues.

Les armées belligérantes pourront modifier les dispositions de leurs différents corps, mais sans en augmenter les effectifs.

Les transports de troupe ou de matériel de guerre sont prohibés, au risque d'être capturés.

***

Qu'il nous soit permis en cet instant d'accalmie de repasser d'un crayon léger l'esquisse déjà tracée montrant la répartition et l'emploi des forces sur l'échiquier stratégique.

Dans les mers du Sud, la prise de Makung a livré les Pescadores à l'escadre de l'amiral Ito (24 mars). Dès lors, une vigoureuse impulsion pourra actionner les opérations contre Formose.

Au nord, les Japonais organisent solidement l'occupation des territoires envahis. Le général Sakumu a quitté le commandement de la 2e division, à la tête de laquelle il s'est signalé sous Wei-Hai-Wei, pour assumer avec le titre de vice-roi le gouvernement du territoire de Liao-Toung. Ont été désignés pour le seconder : en qualité de chef d'état-major, le général Fukuhava, qui a si méritoirement porté le lourd emploi de directeur des services de l'arrière de la IIe armée ; en qualité de chef de l'administration civile, le général Ibaraki, précédemment préfet à Kinchow.

Le maréchal Nodzu est toujours à Hai-Tcheng, ayant vis-à-vis, à Shan-Haï-Kwan, Liu-Kun-Yi relevant du vice-roi Wang-Wen-Shao en résidence à Tientsin.

Le commandant en chef des forces japonaises, le comte Komatsu, attend pour quitter Hiroshima la date du 10 avril.

En Corée, lamentable anarchie. Un profond mécontentement y a été produit par les réformes politiques et sociales imposées au Roi Fantôme et solennellement proclamées le 8 janvier 1895. Le comte Inouye — le successeur du comte Otori — écrase de son omnipotence la famélique souveraineté et gouverne par l'entremise des deux ministres Pak et Sonon, absous du crime de 1884 (1).

Enfin, pour charger encore les fonds obscurs de ce sombre tableau, Li-Shun-You, proche parent du taï-won-kun, mais instrument du parti de la reine, trame un complot contre la vie du roi.

*
* *

Profitons aussi du répit que nous laisse la pénible discussion des articles du traité de paix (2) pour dépouiller un amas de journaux japonais et chercher à nous rendre compte des aspirations de l'opinion publique, des revendications nationales.

Il est tout d'abord à observer que l'immense majorité du pays proteste avec véhémence contre l'arrêt imposé à ses armées victorieuses; la paix devait être signée à Pékin.

Les organes de la presse, discutant les conditions à imposer au vaincu, déclarent unanimement que le traité doit stipuler les clauses ci-après :

1º Acquisitions territoriales. Elles sont désirables, affir-

---

(1) V. *Le Complot de 1884*, 1ʳᵉ partie.

(2) Pendant la maladie de Li-Hung-Chang, les négociations sont conduites par son neveu et fils adoptif. Ce jeune diplomate a fait partie de ses études à Paris et a ensuite été secrétaire d'ambassade à Londres et Berlin.

ment les uns, pour fournir des terres de colonisation à l'excédent de population et pour y déverser le courant émigratoire qui présentement se dirige, sans profit pour la Mère-Patrie, vers l'Australasie et les Indes. On pourra objecter que le Nippon n'est nullement à malaise dans les limites actuelles ; qu'il reste encore à peupler et à coloniser, avant d'entamer le continent, le vaste territoire à peu près inabité de Yéso. Mais, peu importe !

Ces domaines — insistent d'autres polémistes — doivent procurer à la défense nationale un complément utile et d'indispensables garanties.

Ces déclarations, dépourvues de tout artifice hypocrite, sont légitimement conclues. Les succès des armées japonaises ont créé en Extrême-Orient une situation nouvelle que le vainqueur doit être à même de sûrement *exploiter*. Il ne le peut qu'à la condition de garnisonner et d'armer des boulevards extérieurs ;

2° Indemnité de guerre. Autant pour couvrir les frais de la campagne — approximativement 1.500 millions de francs (1) — que pour doter l'œuvre d'extension militaire à laquelle le pays est fatalement condamné ;

3° Conventions économiques au profit à peu près exclusif du Japon.

****

Li-Hung-Chang rétabli, ayant pu dès le 10 avril prendre part aux conférences, les préliminaires du traité de paix sont signés le 17 avril à 10 heures du matin.

---

(1) Savoir : premier crédit de 150 millions de yen consenti en session extraordinaire d'octobre 1894, desquels 26 millions prélevés sur les excédents de revenus et 124 millions en trois emprunts successifs de 30, 50 et 44 millions ;

Second crédit de 100 millions de yen accordé par la Diète en février 1895. Il n'y a eu ni discussion ni vote, mais unanime acclamation dans un superbe élan de patriotisme, aux cris de « Teikoku Banzaï ! Teikoku Banzaï ! »

La teneur en est :

1° Payement d'une indemnité de 200 millions de taëls, soit 825 millions de francs. Le versement en devra être assuré dans un délai de sept ans, au compte d'intérêt de 5 p. 100 pour toutes les sommes restant dues, à partir de la troisième année. Wei-Hai-Wei demeure pour garantie au Japon ; les charges de l'occupation incombent à la Chine ;

2° Reconnaissance de l'indépendance de la Corée ;

3° Cession de Formose, des Pescadores et de la presqu'île de Liao-Tong (avec Port-Arthur) jusqu'au quarantième parallèle ;

4° Faculté accordée aux étrangers d'importer en Chine — les droits d'entrée n'excédant pas 2 p. 100 — des machines et certaines catégories de marchandises ; autorisation d'établir des usines et des fabriques sur le territoire du Céleste-Empire. Privilèges relatifs à la construction de chemins de fer après entente avec les autorités chinoises ;

5° Ouverture au commerce étranger, en plus des ports à traité préexistants, d'autres villes à désigner ultérieurement : Ching-King, Ou-Tchou-Fou, Sou-Tchou-Fou, Hang-Tchou-Fou, etc., etc.

Accessibilité aux steamers et voiliers de toutes les nations :

du grand fleuve Yang-Tsé-Kiang, jusqu'à Ching-King-Fou ;

du Sieng-Kiang, par la voie du lac Toung-Ting, jusqu'à Siang-Tan-Tien (1).

du Tchou-Kiang (rivière de Canton) jusqu'à Ou-Tchou-Fou ;

---

(1) Le Yang-Tsé-Kiang, la rivière Sieng-Kiang et le lac Toung-Ting sont navigables pendant 7 à 8 mois. Les pluies estivales et la fonte des neiges de l'Himalaya provoquent d'immenses inondations. En hiver, baisse considérable des eaux. Le lac Poyang et le grand canal entre Tientsin et Hang-Tchou, via Sou-Tchou, coupant le Yang-Tsé-Kiang à Ching-Kiang, sont influencés par les mêmes causes.

du Woosung (rivière de Shanghaï) et du canal de Woo
sung, jusqu'à Sou-Tcheou au nord et Hang-Tchou-Fou au
sud.

Exécution des travaux nécessaires à la suppression de
la barre du Woosung ; entretien du chenal de façon à
maintenir, en toute saison, les profondeurs d'eau indispensables au passage des forts navires ;

6° Bénéfice de l'exterritorialité accordé aux citoyens
japonais résidant en Chine ; les sujets chinois établis au
Japon sont soumis à la juridiction des tribunaux locaux ;

7° Remise des prisonniers japonais et amnistie à tous
ceux qui ont été compromis par suite de l'assistance prêtée aux autorités ou aux armées japonaises.

Ce même 17 avril, la mission chinoise quittait le Japon
pour Tientsin.

Le mikado adressait alors à son peuple la proclamation
suivante :

« C'est par la paix que la prospérité nationale doit se
développer. Malheureusement, la rupture de nos relations
avec la Chine nous a obligés à faire une guerre qui, après
une période de dix mois, est terminée.

» Durant cette période, les ministres, agissant de concert
avec l'armée, la marine et les Chambres de la Diète, ont
fait tout ce qui était en leur pouvoir pour atteindre, conformément à nos instructions, les résultats vers lesquels
nous tendions.

» Notre ardent désir est de pouvoir, forts de notre loyauté,
de notre sincérité et du concours de nos sujets, rétablir la
paix, et de cette manière arriver à notre but qui est le développement de la prospérité nationale.

» Maintenant que les négociations sont terminées, qu'un
armistice a été conclu, la cessation définitive des hostilités est très proche.

» Les conditions de paix fixées par nos ministres d'Etat
nous donnent complète satisfaction.

» La paix et la gloire étant ainsi assurées, le moment est opportun pour déclarer à tous nos bons et loyaux sujets la ligne de conduite qu'il convient de suivre à l'avenir. Nous nous réjouissons que nos récentes victoires aient rehaussé la gloire de l'empire. Nous savons en même temps que le chemin que doit parcourir l'empire dans la voie de la civilisation est encore long.

» Nous espérons en conséquence que, d'un commun accord avec nos loyaux sujets, nous ne nous laisserons pas guider par des sentiments d'un amour-propre excessif et que nous dirigerons nos efforts, dans un esprit humble et modeste, vers le perfectionnement de nos défenses militaires, sans tomber dans l'extrême.

» En un mot, notre désir est que le gouvernement et le peuple travaillent ensemble dans un but commun et que nos sujets de toutes classes travaillent, chacun dans sa sphère, à jeter les fondements d'une prospérité durable.

» Par la présente proclamation, nous portons à la connaissance de tous que nous nous opposerons résolument à toutes manifestations de ceux qui, enorgueillis de nos récentes victoires, commettraient des offenses à l'égard d'autres États et porteraient ainsi préjudice à nos relations avec les puissances amies du Japon, et surtout avec la Chine.

» Après l'échange des ratifications du traité de paix l'amitié doit renaître entre les anciens ennemis, et l'on doit faire des efforts pour augmenter les relations de bon voisinage.

» Que nos sujets respectent les désirs qui viennent d'être exprimés ci-dessus.

» Tel est notre bon plaisir. »

Quelques jours plus tard (22 avril), la communication officielle ci-après était faite à Yokohama aux correspondants des journaux étrangers :

« Les termes du traité de paix entre la Chine et le Japon,

tels qu'ils ont été énoncés de divers côtés, ont pu créer des malentendus en Europe.

» On a insinué que le Japon s'était assuré la perception d'un droit de 2 0/0 *ad valorem* sur les importations chinoises, au lieu d'un droit spécifique.

» Les conditions commerciales obtenues actuellement par le Japon, en dehors de celles dont bénéficient les puissances qui ont des traités avec la Chine, comprennent le droit de navigation sur le Yang-Tsé-Kiang jusqu'à Theng-Kiang, le même droit sur les rivières qui donnent accès à Sou-Tchéou et à Hang-Tchéou, la faculté d'importer en Chine et en franchise des machines et certaines catégories de marchandises, et enfin le droit d'établir des fabriques sur le territoire du Céleste-Empire.

» Ces conditions ne seront nullement réservées exclusivement au Japon. Elles seront naturellement étendues à toutes les nations européennes en vertu de la clause de la nation la plus favorisée.

» En un mot, le Japon a obtenu des privilèges non pour en jouir exclusivement, mais pour les partager avec les puissances européennes.

» En conséquence, le Japon espère que le traité de paix avec la Chine sera généralement approuvé par les puissances.

» Des malentendus ont été causés par l'ignorance qu'a le public des clauses des traités des puissances avec la Chine.

» Quant au bruit d'une alliance offensive et défensive du Japon et de la Chine, il est absolument dénué de fondement. »

Enfin, le 8 mai, à Tche-Fou, échange des ratifications.

CHAPITRE XI

La rescision du traité de Shimonoseki.

Premier groupement des puissances pour réclamer la rescision du traité; la question de l'équilibre asiatique; le péril jaune; l'Angleterre s'isole; l'Allemagne s'associe aux protestations de la Russie et de la France. — Raisons qui semblent motiver l'attitude de l'Angleterre; les intérêts anglais en Extrême-Orient. — La Russie; ses exigences; la baie de Kiao-Tcheou. — La France; intervention ou abstention; un article de M. de Cassagnac; déclaration de M. Hanotaux, ministre des affaires étrangères. — L'Allemagne; intervention ou abstention; la protection des intérêts commerciaux prime toute autre considération. — L'Espagne; la « politica filipina ». — Le Japon cède à la pression des puissances; une nouvelle interprétation du droit international.

Dès le mois d'octobre 1894, le cabinet de Londres, voyant grandir le succès des armées japonaises, avait pris l'initiative de démarches à Paris, Saint-Pétersbourg et Berlin pour favoriser la formation d'une entente à quatre en vue — sinon d'arrêter la guerre — du moins de sauvegarder *le statu quo* territorial en Chine et de préserver la dynastie mandchoue d'un irrémédiable désastre.

La France et la Russie souscrivent à ces ouvertures et se mettent d'accord sur certains points généraux. C'est ainsi qu'est entendue, dès janvier 1895, la préalable opposition de la Russie à toute acquisition de territoire par le Japon dans la Chine septentrionale (*Nouveau Temps*, 3 février).

L'Allemagne, par contre, faisait la sourde oreille à l'appel du Foreign-Office. L'empereur Guillaume, alors et depuis, accusait un enthousiasme immodéré pour les exploits des Japonais. Il était allé — nous nous en souvenons — jusqu'à conférencer en face du tableau noir, et la craie à

la main, avec l'arrière-pensée tendantieuse d'arracher au
Reichstag de nouveaux crédits en faveur de sa marine. Naturellement le mot d'ordre avait été suivi et à Berlin par le
monde officiel et à l'étranger par les agents diplomatiques.
Pourtant, plus tard, le gouvernement allemand, ayant eu
connaissance de la pression exercée par le parti militaire
au Japon, conseilla dans les premiers jours de mars, au
cabinet mikadonal, une modération dans ses conditions
propre à ne pas motiver l'intervention des puissances
européennes. « Comme il semblait découler des conditions
de paix annoncées — écrit la *Gazette de Cologne* — que le
Japon était peu disposé à suivre le conseil amical du gouvernement allemand, les premiers pas vers une entente
avec les puissances furent faits le 23 mars. »

Ainsi, au moment de prendre position en face du traité
du 17 avril, l'Allemagne, se départissant de son attitude
expectante, déclare franchement son adhésion à l'action de
la France et de la Russie; de la France et de la Russie seulement, car l'accord primitif a en effet perdu la coopération de l'Angleterre, à laquelle il convient, à la onzième
heure, d'observer une absolue neutralité.

Scrutons d'une plume légère — oh! combien discrètement! — les raisons que les puissances formulent pour
motiver leur respective attitude :

D'un côté, l'Angleterre en apparence indifférente.

D'autre part, la Russie, la France et l'Allemagne réclamant la rescision du traité de Shimonaseki sous le prétexte
que vient de surgir une question de l'*équilibre asiatique*
avec le fantômal effroi du *péril jaune* (1).

Sans doute, M. Le Myre de Vilers (2) a puissamment

---

(1) *Péril*, tel est le terme consacré et non pas simple menace — que
problématique encore — d'une invasion de forme prolétarienne.

(2) Voici le propos que lui attribue un interviewer:
« Le Japon songe à *jouer un rôle dans la politique universelle*.
De là sa déclaration de guerre à la Chine. *Grisé par le succès* il

contribué à matérialiser l'apparition évoquée par Flaubert ;
néanmoins, du côté japonais, des aspirations par trop im-
prudemment formulées inquiètent l'opinion publique et
fournissent des thèses à la controverse. Dans cet ordre d'i-
dées à reproduire le passage fort explicite d'une étude des
plus remarquées, publiée dans la livraison de mai de la
Revue de Paris (L'Europe et le Japon) :

« Par ses victoires, le Japon a conquis une place respec-
tée dans le conseil des nations. Ce n'est plus le pays perdu
dans l'océan Pacifique et dont on parlait dédaigneusement.
La Chine, ce colosse que les Européens ont combattu sans
jamais l'abattre, s'agenouille devant le petit Japon ! Elle im-
plore sa clémence ! Combien nous sommes heureux de vivre
à une époque où tant de gloire rayonne sur notre patrie !

» Mais la victoire ne sera complète qu'à la condition de
produire toutes ses conséquences. Il ne faut pas qu'on
puisse la comparer à ces arbres dont la floraison égaie nos
jardins et qui n'ont pas de fruits. On a dit que le Japon
devrait se borner à exiger le paiement d'une indemnité de
guerre et la cession des territoires conquis, puis abandonner la Chine à ses destinées.

» Des pirates, des aventuriers procéderaient ainsi ; mais
notre pays a trop le sentiment de l'honneur et de sa haute
mission en Asie pour se contenter de vulgaires avantages
pécuniaires et d'un agrandissement de son domaine. Il
veut, à la vérité, être très largement indemnisé de ses sa-

---

veut aller trop loin et il cherche à en imposer à cette vieille Europe
à laquelle il doit tout, mais contre laquelle sa haine, jusqu'ici tempérée
par la *crainte*, déborde.

» Comme je vous le disais tout à l'heure, c'est le premier *pas fait
par les Asiatiques dans une ligue gigantesque* contre l'Europe, si celle-
ci n'y met bon ordre, ce qu'il importe avant tout.

» Je suis persuadé, en effet, que, si la Chine accepte si facilement les
conditions qui lui sont imposées par le Japon, c'est que des compensa-
tions lui sont faites par ailleurs, préliminaires d'une action commune
et *à venir contre nous, et qu'il faut retarder*. »

crifices ; mais ce n'est là qu'un petit côté de la question.

» Un empire, le plus ancien qu'il y ait au monde, est à relever ; son histoire éclatante embrasse des milliers d'années ; son territoire immense se mesure par myriades de
lieues. Il s'agit d'en reconstruire pour l'éternité les larges
fondations.

» Cette tâche difficile est digne de nous. De quelles forces
ne disposerons-nous pas, tandis que nous la mènerons à
bonne fin ! La Chine possède des ressources incalculables,
une population active, industrieuse, innombrable. Que
lui a-t-il manqué jusqu'à ce jour ? Une organisation en
rapport avec les nécessités de l'heure présente, une direction s'inspirant des méthodes modernes. Le Japon lui donnera et, au besoin, saura lui imposer ce qui lui fait défaut.

» Alors notre développement économique ne connaîtra
plus de bornes. Nos savants, nos administrateurs verront
s'élargir devant eux une carrière sans limites ; ces vastes
contrées, ouvertes par notre vaillance à la civilisation, seront sillonnées de voies de communication, et dans tous les
centres s'élèveront des établissements industriels.

» En même temps s'accroîtront en nous les vertus guerrières ; notre armée, notre marine ne seront pas moins redoutables que notre puissance industrielle et commerciale.
Nous ne craindrons plus les étrangers ; ce sont eux au
contraire qui subiront nos conditions ou qui reculeront.

» Notre avantage sur eux est de posséder deux civilisations : la leur dont nous nous servons pour les vaincre, et
la nôtre qu'ils n'ont pas pénétrée et qu'ils ne prendront
pas.

» L'union des populations d'Asie, avec le Japon à sa tête,
sera invincible. De quels obstacles n'aura pas raison cette
masse de 500 millions d'individus organisée avec science
et méthode ! »

Il n'est pas douteux que le Japon, dès l'avant-veille, a fait connaître à Londres les conditions commerciales du traité de paix, de manière à faire comprendre qu'il n'avait recherché aucun avantage commercial exclusif, s'efforçant, au contraire d'étendre la sphère des intérêts économiques de l'Europe.

Suprême habileté qui peut avoir contribué à écarter l'Angleterre de l'entente des puissances et à la confiner avec plus de résolution dans son *attitude insulaire*. « Savoir se borner à une satisfaction commerciale », ainsi se formule la vieille tradition anglaise fidèlement observée au Foreign-Office.

Le *Westminster* en fait l'aveu dans des termes d'un cynisme significatif :

« Le Japon, dit-il, a ouvert une brèche en Chine. L'Angleterre n'a qu'à y entrer après le Japon et à prendre sa part du butin. Si les affaires britanniques sont menées comme elles doivent l'être, cette part sera vraisemblablement celle du lion. (1) »

Quoi qu'il en soit, au moment où se soude l'entente des trois puissances la situation est des plus embarrassantes pour le cabinet qui paraît avoir eu la vision d'un intérêt supérieur pour l'Angleterre à ne pas s'isoler dans son égoïsme, à ne pas se séparer de l'action des puissances directrices.

On surprend manifestement une irrésolution à laquelle lord Kimberley coupe court en déclarant que l'Angleterre n'a pas à s'occuper des affaires sino-japonaises parce que celles-ci ne la regardent pas.

Après l'officieux *Daily News*, le *Times* (8 avril) donne sobrement, à son tour, la formule du commentaire :

---

(2) Lisons *chacal*.

La même opinion avait déjà été formulée dans la *Pall Mal Gazette* par le R. K. Douglas, qui résida longtemps en Chine.

British interests, so far as we can see, are not in any way threatened by this stipulation, while by other parts of the agreement they may be possibly advanced. We have no title to meddle in these negotiations unless British interests are injured or imperilled.

Ce langage, écrit l'*Indépendance belge*, 26 avril, est fait pour étonner, s'il n'abuse personne. Dès les débuts de la guerre actuelle, le gouvernement anglais a pris, au contraire, un intérêt marqué aux problèmes qu'elle soulevait.

On se rappelle encore les démarches que lord Rosebery a faites en vue d'une intervention collective des puissances européennes pour arrêter le Japon dans ses progrès si rapides. Aujourd'hui que le moment paraît infiniment mieux choisi pour s'interposer entre la Chine et le Japon, — la lutte militaire étant terminée, — on assiste à un changement de front complet. La raison en est difficile à trouver, mais, à défaut de motifs plausibles, tout concourt à former en Europe une opinion peu favorable à l'Angleterre. On ne manquera pas de dire que tant qu'elle s'est sentie seule, menacée dans sa prépondérance maritime, elle a cherché à rallier à ses vues les autres nations occidentales ; mais que dès l'instant où ses rivales ont été plus atteintes qu'elle-même par les conséquences des victoires japonaises, elle a pris philosophiquement son parti de sa diminution incontestable d'influence. Ce raisonnement s'applique en premier lieu à la Russie, contre laquelle le Japon jouerait éventuellement le rôle que la diplomatie anglaise assignait autrefois à la Chine, savoir : arrêter l'expansion russe vers l'océan Pacifique.

La *raison* du soudain changement de front dans l'attitude de l'Angleterre est si malaisée à définir qu'on a été jusqu'à soupçonner l'existence d'une secrète entente anglo-japonaise.

Le *New-York-Herald* à ce sujet se faisait télégraphier de Londres :

« Une entente amicale existe entre le mikado et le gouvernement de lord Rosebery, mais ce n'est pas tout : s'il y a quelque réalité dans les avis qui me viennent de cercles diplomatiques, cette alliance secrète est triple, car les Etats-Unis s'y sont joints. Il y a des semaines que les diplomates japonais, avec une étonnante adresse, préparaient la situation en face de laquelle se trouvent aujourd'hui les puissances.

« Aujourd'hui les représentants du Japon et de l'Angleterre font de concert tous leurs efforts pour induire les Etats-Unis à coopérer à la protection du Japon contre toute intervention étrangère. Une telle attitude ne serait nullement préjudiciable à la politique américaine, mais c'est là, de la part de la Grande-Bretagne, assumer un rôle bien étrange.

« Il est significatif, à cet égard, que plusieurs journaux anglais conseillent au gouvernement britannique de se rapprocher des Etats-Unis pour faire équilibre aux puissances continentales et que le *Times* a publié une lettre en faveur de l'alliance anglo-américaine en Extrême-Orient, due à la plume du député conservateur sir Henri Howorth, auteur d'une « Histoire des Mongols » et de plusieurs autres ouvrages scientifiques sur l'ancienne Asie. »

Cette information sensationnelle est aussitôt démentie par le sous-secrétaire d'Etat aux affaires étrangères, sir Edward Grey, répondant, à la Chambre des Communes, à une interpellation de sir Richard Temple :

« Il n'existe aucune entente entre le Japon et l'Angleterre pour le partage des privilèges commerciaux obtenus par la première puissance en Chine ou ailleurs ; mais l'article 24 du traité anglo-chinois du 26 juin 1858 porte qu'en aucun cas les Anglais ne payeront, pour des marchandises importées ou exportées, des droits plus élevés que ceux auxquels les autres puissances seront soumises. Il les confirme dans tous les privilèges, immunités ou avantages

conférés par les traités antérieurs, et il stipule expressé-
ment que le gouvernement de la reine participera, sur un
pied de libre égalité, à tous les privilèges, immunités ou
avantages qui ont été ou qui seront conférés par l'empereur
de Chine au gouvernement ou aux sujets d'une autre puissance étrangère quelconque. »

La question de savoir si véritablement les intérêts commerciaux de l'Angleterre ne seront pas inquiétés par la situation acquise au Japon en Extrême-Orient est de celles
— comme bien on pense — se prêtant le plus gratuitement
à la polémique.

Nous nous bornerons, toutefois, à reproduire une seule
opinion, celle de M. von Brandt, cet ancien diplomate allemand dont l'autorité a déjà été invoquée :

« Maintenant, dit-il, on vend à Singapore des articles japonais moitié moins chers que les similaires de fabrication
anglaise : soieries, parapluies, épingles, mouchoirs, tricots,
pendules, papeterie, fils de fer, savon, cotons manufacturés,
bonneterie, etc., etc. La houille de provenance japonaise
se vend 13 shellings à Singapore, tandis que la houille anglaise atteint 20 shellings. Dans le Lancashire, 67 fabriques
de cotonnades ont fait, en 1894, des déficits de 10 millions
de francs; en 1891, 21 fabriques similaires du Japon, dans
le district d'Osaka-Hiogo, distribuaient un dividende de
17 0/0. Le salaire des ouvriers est d'environ 41 centimes
par jour, celui des ouvrières de 21 centimes. La situation
est la même pour le sucre et la métallurgie... Ce sera en
grande partie le commerce européen qui paiera les frais de
la dernière campagne.

» Dès maintenant la lutte industrielle et commerciale va
commencer, âpre, acharnée, entre l'Occident et l'Extrême-
Orient.

» Si l'on n'agit promptement, énergiquement, cette lutte
est de nature à ruiner l'industrie européenne, qui verrait
ses débouchés complètement fermés.

» Mais, encore une fois, ce n'est pas la Chine qui est à craindre. Malgré sa défaite, elle est fermement convaincue de sa supériorité. Il faut lui laisser cette douce illusion.

» L'ennemi, le seul, c'est le Japon, qui n'a pas dit son dernier mot au point de vue du perfectionnement de sa puissance militaire et maritime et qui, par nature, est essentiellement agressif. »

D'autre part encore les documents statistiques publiés à Washington nous renseignent fort exactement sur l'importance des intérêts anglais — et autres par la même occasion — engagés en Chine.

Nous relevons ainsi :

1882.

Angleterre ...　298 maisons de commerce avec 2.500 résidents.

Allemagne.... 1.864 vapeurs, 882.000 tonnes; 56 maisons de commerce avec 470 résidents.

Japon........ 250 bâtiments, 194.000 tonnes; 12 maisons de commerce avec 470 résidents.

1892.

Angleterre ... 18.000 vapeurs, 18 millions de tonnes; 354 maisons de commerce avec 4.163 résidents; importance des transactions, 372 millions de taëls.

Allemagne.... 2.520 vapeurs, 2 millions de tonnes; 81 maisons de commerce avec 770 résidents; importance des transactions, 35 millions 1/2 de taëls.

Japon........ 604 bâtiments, 520.000 tonnes; 42 maisons du commerce avec 1.017 résidents; importance des transactions, 9 millions de taëls.

France....... 172 vapeurs, 250.000 tonnes; 35 maisons de commerce; importance des transactions, 14 millions de taëls.

A simplement regarder ces chiffres il ressort, en prenant pour terme de comparaison le tonnage des marchandises importées et exportées, qu'il revient à l'Angleterre à peu près 69 pour cent. Mais, à procéder à un examen moins superficiel, la situation se modifie du tout au tout; ainsi le relevé comparatif des *mouvements* aux deux époques 1882 et 1892 fait valoir une accentuation :

seulement de 25 0/0 au profit de l'Angleterre;

déjà...... de 35 0/0 au bénéfice de l'Allemagne;
et........ de 200 0/0 à l'avantage du Japon.
Il n'est pas besoin d'autres commentaires.

* * *

Comme le constatait très honnêtement le *Morning-Post*
(18 avril), la Russie est la seule puissance dont la *situation
politique* soit affectée par le traité de Shimonaseki.

Aussi, dès la première heure, les organes officieux adop-
tent un langage comminatoire pour déclarer que la Russie
doit formellement s'opposer à toute implantation japonaise
sur le continent. L'annexion de la presqu'île de Liao-Toung
équivaut à une mainmise sur la Corée, menace la plaine
de Pékin et la Mandchourie; cette position n'est évidemment
acquise que dans le dessein de poursuivre la conquête de
la Chine. Après ce prologue, les *Novosti* voient déjà les im-
pulsifs Japonais bordant les rives du fleuve Amour ! !

Déjà trois fois — par les traités d'Aïgoun, de Tientsin,
et de Pékin — la Russie avait eu l'heureuse fortune de profiter de la situation embarrassée dans laquelle se trouva la
Chine pour se faire céder d'importants quartiers.

N'ayant pas su, ou n'ayant pas pu, tirer de semblables
avantages de la guerre sino-japonaise, la Russie mettra au
moins tout en œuvre pour interdire aux Japonais — à ses
compétiteurs de demain — d'être les bénéficiaires d'une
heureuse aventure.

Il ne peut subsister aucun doute sur l'association de ces
sentiments; il suffit de savoir interpréter les journaux
russes pour recueillir — que ce soit sous forme de naïve
allusion ou sous celle d'impudente affirmation — l'aveu
fort explicite que tout serait accommodable si une compensation était offerte à la Russie.

Les plus modérés se contenteraient d'un havre sur le Pacifique affranchi de glaces, par exemple Port-Lazareff sur
la côte orientale de la Corée (*Grajdanine*).

D'autres prétendent imposer à la Corée le protectorat russe (*Nouveau Temps* de Pétersbourg).

Enfin les moins dépourvus de vergogne — tels le *Swiet* — exigent la frontière naturelle (?), savoir : la portion de la Mandchourie sise à l'est des montagnes du Ching-Tschang et de la rivière Soungara, et, toujours, cette partie de la Corée avec Port-Lazareff.

Au besoin même la Russie doit pouvoir par la force appuyer ses exigences. Le *Swiet* décompte avec complaisance, pour conclure à la possibilité d'occuper l'île de Yesso, les 21 bâtiments (1) de guerre armés de 360 canons assemblés dans les eaux japonaises et les 20.000 hommes stationnés dans la région de l'Oussouri.

Il ne sera heureusement pas nécessaire de recourir au brutal argument.

Bien plus, la reconnaissance de la Chine vaudra à la Russie certains avantages avoués sans négliger ceux qui peuvent lui être acquis — dans un avenir plus ou moins prochain — par le traité secret que l'on croit exister entre les deux pays.

La Chine a accordé à la Russie le droit d'établir un hivernage et un dépôt de charbon dans la baie de Kiao-Tchéou, sur la côte méridionale de la péninsule de Shantoung. La baie — malgré une entrée assez malaisée — est des plus avantageuses. Elle communiquait anciennement avec deux fleuves, le Kian-Lai-Nani-Ho et le Kian-Lai-Pei; c'est par un canal qui, de la baie de Kiao-Tchéou traversait le Shantoung jusqu'au golfe de Petchili, que l'on expédiait jadis le riz du tribut. On évitait ainsi de doubler le promontoire de Shantoung, parages où la mer est souvent mauvaise. Aujourd'hui, il ne serait peut-être pas impraticable de désen-

---

(1) Flotte du vice-amiral Tyrtof formée de l'escadre du Pacifique et de l'escadre de la Méditerranée; comprend plusieurs des meilleurs cuirassés russes, tels que le *Pamiat-Azowa*, le *Tsar-Nicolas*, l'*Amiral-Nachimof*, etc., etc.

sabler ces anciennes voies fluviales et de les rendre navigables pour des bâtiments d'un faible tonnage — des torpilleurs par exemple —. On appréciera, sans plus insister, toute l'importance militaire de ce havre de Kiao-Tchéou (1).

La Chine, de plus, concède à son exigeant protecteur le privilège de jeter un rameau du Transsibérien à travers la Mandchourie; l'embranchement partira probablement de Nertchinsk pour aboutir par Mergen, Tsitsikhar et Moukden au golfe de Liao-Toung.

****

En France, deux courants se manifestent dans les milieux qui ont la prétention d'entraîner l'opinion publique :

Intervenir ;

S'abstenir.

Ceux qui poussent au donquichottisme sont — il faut en convenir — de beaucoup les plus nombreux.

« Il faut intervenir — écrit M. de Lanessan dans une lettre libre que publie le *Rappel* — d'abord parce qu'il serait dangereux pour le monde entier que la Chine, avec ses quatre cents millions d'habitants, se mît résolument à l'œuvre de rénovation militaire dans laquelle Li-Hung-Chang a échoué jusqu'à ce jour; ensuite, parce qu'il y aurait également danger à laisser se constituer dans l'Extrême-Orient une puissance maritime aussi importante que pourrait devenir le Japon.

»Et, puisque la Russie prend toutes ses précautions contre l'envahissement possible de la Mandchourie, puisque l'An-

---

(1) La presse anglaise, à cette occasion, ne mesure plus son acerbité. Le speaker va même, dans son chauvinisme exaspéré, jusqu'à considérer comme *casus belli* la tentative de la Russie pour se procurer des avantages particuliers. Un membre radical de la Chambre, M. Walter Forster, déclare, dans un discours à ses électeurs, qu'il n'a pas souvenance d'un état de choses plus menaçant pour la Grande-Bretagne que celui qui existe à l'heure actuelle.

gleterre semble disposée à encourager les visées du Japon sur les îles méridionales, à la condition qu'elle puisse elle-même s'emparer des îles septentrionales, prenons résolument parti, et, d'accord avec la Russie, essayons de sauvegarder, dans la mesure du possible, l'intégrité territoriale de l'Empire du Milieu. »

» Et, pour appuyer cette opinion, M. de Lanessan donne des raisons excellentes : « Ayant déjà pour voisins les Japonais occupant Formose, le péril pour nous serait encore plus grand si la Chine pouvait nous accuser de complicité tacite ou effective dans cette spoliation. Nous serions alors, en Indo-Chine, entourés d'ennemis ou de rivaux de toutes parts : le Siam et la Chine sur le continent, le Japon et l'Angleterre dans les îles de la Chine. »

Puis ces considérations d'ordre plus général, dont on ne saurait nier la haute portée politique :

« Même dans le cas où cette éventualité ne se produirait pas, nous avons intérêt à nous prononcer contre toutes les tentatives de spoliation dont la Chine pourrait être l'objet.

» Par la déplorable habitude que nous avons de ne savoir jamais et de montrer encore moins avec qui nous sommes, nous avons déjà laissé l'Angleterre prendre à Pékin, pendant ces dernières années, une influence qui nous revenait tout naturellement.

» L'Allemagne, elle-même, y a pris autorité par l'emprunt que les financiers de Berlin ont consenti à la Chine, non sans quelque gros gage, je suppose.

» Ceux-là savent que la colonisation brutale, la conquête et l'annexion, ne sont pas les seuls moyens dont disposent les nations puissantes et riches pour répandre leur influence dans le monde.

» La protection et l'assistance données à un plus faible que soi sont aussi des moyens excellents quand on sait en user à propos. Or, je prétends que notre intérêt est d'accord avec nos principes politiques pour nous conseiller de prendre une attitude aussi bienveillante que possible à l'égard de la Chine, en faisant tous nos efforts afin d'arrêter les progrès du Japon. »

« Il faut intervenir, écrit M. François Deloncle dans le *Matin* (30 avril), parce que, grâce à l'existence de notre empire indo-chinois, nous sommes en état de marquer quatre directions :

« La première, c'est que nous n'admettons pas de voir les Chinois, peu au courant de leur défaite, et se flattant même, en beaucoup de places de l'intérieur, d'avoir battu les Japonais et les Européens réunis, s'exciter sur de pareilles imaginations pour descendre en plus fortes invasions sur notre Tonkin et notre Laos du Haut-Mékong;

» La seconde, c'est que nous n'admettons pas davantage de voir les Chinois, déjà intolérables sur nos frontières comme bandes de pirates ou compagnies de volontaires, s'organiser en armées régulières sous le commandement d'instructeurs japonais ou européens non moins ardents que les mandarins actuels du Kouang-Si, du Yunnan et du Setchuan, à les diriger principalement contre nos territoires;

» La troisième, c'est que nous ne saurions admettre, sans prendre des gages, de voir les Japonais s'installer aux Pescadores, c'est-à-dire sur des îlots que nous n'avons pas évacués, pour qu'ils deviennent un jour une menace contre notre établissement même en Indo-Chine;

» La quatrième, enfin, c'est que nous ne saurions tolérer, en faveur du Japon, aucun monopole, aucun privilège commercial ou industriel dans cet empire chinois, dont nous avons, autant que d'autres, le droit de rechercher la clientèle, surtout depuis le jour où la possession du Haut-Mékong et du Fleuve-Rouge peut faire pénétrer nos marchands dans les centres les plus peuplés et les plus intéressants de la Chine méridionale. »

Il faut intervenir, affirment d'autres — et l'*Echo de Paris* expose avec candeur ses conceptions stratégiques. — parce

que la présence des Japonais à Port-Arthur obligerait la
Russie à immobiliser en Extrême-Orient des forces considérables ; ainsi, affaiblissement de sa situation en Europe,
ce qui n'est pas précisément dans l'intérêt de la France.

Ce dernier et délié argument n'était pas à omettre, car il
justifie, en partie, le discrédit dans lequel on peut tenir
l'amas d'élucubrations qui, à cette date, encombrent nos
feuilles publiques.

D'autre part aussi, il nous sera bien permis de ne pas être
tout à fait d'accord avec l'éminent écrivain faisant au
Matin le service de la politique étrangère ; nous ne croyons
pas la Chine capable d'une rénovation. M. Brandt le déclare
très explicitement : « La Chine est inapte à comprendre la
leçon qui vient de lui être infligée et à en profiter. Elle
se sépare à ce point de vue complètement du Japon, avec
lequel son seul point de contact commun est un orgueil
immense et une haine profonde des étrangers » (1).

L'ancien diplomate allemand ne définit pas les causes
de cette déchéance lamentable ; il nous obligera ainsi à les
formuler.

------

(1) M. Elisée Reclus (leçon de clôture à l'université libre de Bruxelles) expose une théorie diamétralement opposée. « La Chine victorieuse
se serait maintenue dans le culte des ancêtres et dans le fétichisme
des littératures anciennes ; c'était la continuation de la décrépitude.
La défaite va les mobiliser, va les contraindre à tourner le dos au
passé pour reprendre la marche en avant. Peu à peu, tous leurs ports,
toutes leurs villes seront ouverts au commerce extérieur ; la science
les pénétrera de toutes parts : c'est la grande muraille qui tombe.

« Le bénéficiaire de cette guerre sera donc le vaincu. Finalement, c'est
au profit des Chinois que les Japonais se sont instruit, pendant vingt-
cinq ans, qu'ils ont enrégimenté leurs jeunes hommes, qu'ils ont dépensé leur sang et leur or. Bientôt on verra quelle formidable puissance économique sera cet Empire du Milieu, composé des populations
les plus assidues à la besogne, les plus patientes, les plus ingénieuses
de la terre, quand, à ces qualités, se joindra la science. »

Il est tout au moins..... plaisant de recueillir ces contradictions. Le
philosophe — gouailleusement sceptique — est peut-être seul capable de
se former une opinion.

Un état d'âme particulier à la race, dont l'application peut ressortir aussi bien de la physiologie que d'un long atavisme, caractérise une absence totale de patriotisme.

Le professeur R. K. Douglas (*Pall Mall Gazette*) considère l'Empire du Fils du Ciel comme un énorme assemblage d'atomes sans aucun principe intérieur de cohésion. A son avis — et, naguère encore, Huxley confirmait cette théorie — les Chinois appartiennent à une branche peu développée de la race mongole (1), se confinant dans la plus impuissante stagnation. Par habitude et par tradition, ce sont des hommes d'étude méprisant la profession des armes, à leurs yeux dévolue à des gens sans culture; et de fait, dans les romans chinois, les héros ne sont pas ceux qui acquièrent de la gloire sur les champs de bataille, mais les lettrés obtenant les premières places dans les examens (2).

D'autre part aussi, en une étude très fouillée donnée à la *Revue scientifique*, M. Léopold de Saussure concluait à l'incapacité de renouvellement de la Chine par suite de la conception de la vie sociale et politique de ce peuple.

Combien médiocres apparaissent donc, dépouillés de leur oiseuse phraséologie, les arguments prônés par le clan des interventionnistes (3) !

---

(1) Les Japonais tout au moins ne sont pas de purs Mongols; ils s'attribuent une origine malaise. Le fondateur de l'empire, Zin-Mou-Tenô, n'est pas autre chose qu'un chef de pirates malais jeté par le kourosiwo sur la côte du Japon. C'est dans la province de Hiouga que, suivant la tradition, ces pirates abordèrent, et c'est là, à Takachiho, que se trouve le tombeau du premier souverai du Japon. Loin de s'allier aux autochthones de race mongolique, ils les refoulent et les épuisent peu à peu.

(2) On ne fait pas un clou avec du bon fer, ni un soldat avec un honnête homme (proverbe chinois).

(3) Cette intervention pourrait au besoin être soutenue par une respectable escadre aux ordres du contre-amiral de Beaumont: le *Bayard*, le *Duguay-Trouin*, le *Forfait*, le *Beautemps-Beaupré*, l'*Inconstant* (aviso), la *Comète* et le *Lion* (canonnières).

L'*Alger* et l'*Isly* sont de plus mis à la disposition du contre-amiral. Ces neuf bâtiments armés de 168 canons et montés par 2.110 hommes.

Dans la ligne opposée — oh que peu influente ! — la charge est battue par M. Paul de Cassagnac dont l'article « Pour la Chine » dans *l'Autorité* du 26 avril, mérite — non pas à simple titre documentaire — d'être intégralement reproduit.

« Nous ne sommes pas sans inquiétude au sujet de l'attitude que l'on prête à la France, en Extrême-Orient.

» On entend dire, en effet, de toutes parts, et sans qu'un seul démenti vienne apporter une rectification, que nous nous sommes mis d'accord avec l'Allemagne et la Russie, pour intervenir dans la question sino-japonaise.

» Nous n'avons que trop de raisons, hélas ! pour suspecter l'habileté et surtout la fierté de notre politique étrangère, et le cas actuel nous paraît particulièrement suspect.

» S'en aller là-bas avec la Russie, c'est déjà peut-être un peu imprudent.

» La Russie a, en Extrême-Orient, des intérêts qui ne sont pas les nôtres et n'ont même rien de commun avec eux.

» Mais y aller bras dessus, bras dessous, avec l'Allemagne, à la bonne franquette, comme si rien dans le passé, rien dans l'avenir, ne nous divisait, c'est assez extraordinaire et très ahurissant.

» D'autant que c'est surtout l'Allemagne qui pousse à cette action commune, affirmant hautement que l'Europe ne saurait accepter les conditions de la paix imposée par le Japon à la Chine, et demandant qu'on ne se borne pas à menacer, mais qu'on agisse énergiquement, si le Japon refuse de se soumettre.

» Il y a dans tout cela quelque chose de louche et d'obscur.

» Et, franchement, nous ne voyons pas trop ce que la France irait faire dans cette galère.

» D'ailleurs, cette politique de la France jure avec le bon sens et avec les faits.

» Pourquoi l'intervention de la Russie, de l'Allemagne et de la France ?

» Pour défendre et garantir l'intégrité du territoire chinois et empêcher toute annexion de la part du Japon.

» C'est parfait... mais n'avons-nous pas été les premiers, nous, à entamer l'intégrité du territoire chinois en nous emparant de la Cochinchine et du Tonkin ?

» Dans ces conditions, nous ne voyons pas bien clairement pourquoi nous interdirions aux Japonais de faire ce que nous avons fait nous-mêmes, ni comment nous les obligerions à respecter une intégrité du territoire chinois que nous avons été les premiers à violer ?

» Tout cela n'est pas clair.

» D'autant que, si nous avons des difficultés en Extrême-Orient, c'est à la Chine que nous les devons.

» C'est l'infiltration chinoise, se produisant à travers nos frontières, grâce à la complicité des gouverneurs chinois, qui nous crée toutes les difficultés de l'occupation tonkinoise.

» Les bandes de pirates sont, la plupart du temps, composées de Chinois. Leurs armes, elles les trouvent en Chine. Leur refuge, quand elles sont poursuivies par nos colonnes, c'est la Chine.

» Et voici que nous intervenons, d'accord avec l'Allemagne et avec la Russie, pour protéger la Chine, notre ennemie naturelle, pour empêcher qu'on ne l'affaiblisse, cette Chine qui s'est toujours moquée de nous, qui est cause de la mort de cinquante mille soldats français, successivement dévorés par le Tonkin, et la perte de cinq cents millions que nous coûte cette conquête jamais parachevée !

» Et c'est contre le Japon que nous nous tournons, pour faire plaisir à la Russie et à l'Allemagne, alors que le Japon fut toujours notre ami, qu'il a fait son éducation militaire chez nous, qu'il a emprunté une partie de notre législation, que sa sympathie à l'égard de la France s'est toujours vivement manifestée !

» Franchement, elle a de la chance, cette Chine, ce pays de l'éternelle duplicité, où les étrangers sont traités d'une si méprisante façon, où l'on égorge quotidiennement nos missionnaires catholiques ; car voici trois puissances européennes, et non pas des plus médiocres, qui partent en campagne pour empêcher l'exécution du traité de Simonosaki, en ce qui concerne les cessions territoriales consenties par la Chine au Japon.

» Nous n'avons pas été aussi heureux en 1871.

» Et personne, en Europe, n'a eu pour l'Alsace-Lorraine, qu'on nous enlevait, la sollicitude que nous allons témoigner, en faveur de la Chine, à la presqu'île du Liao-Toung.

» Si encore nous avions un intérêt direct dans l'affaire !

» Si on nous rendait Formose et les Pescadores que nous avions prises et qu'il nous a fallu restituer !

» Mais rien de tout cela ne justifie notre entrée en scène dans une querelle qui ne nous regarde pas.

» La Chine ne nous a même pas promis de garantir les frontières de l'Indo-Chine contre la quotidienne invasion de ses malandrins réguliers et irréguliers.

» Nous intervenons à la remorque de la Russie et de l'Allemagne.

» On nous traîne là-bas par le licol.

» Être l'amie, l'alliée de la Russie, c'est bien.

» Mais nous commençons à devenir sa vassale !

» C'est elle qui nous mène à Kiel.

» Et, maintenant, elle nous conduit au Japon, et dans quelle drôle de société : avec l'Allemagne !

» C'est peut-être trop.

» D'autant que l'empereur Guillaume se sert de nous avec un sans-façon adorable.

» La *Gazette de la Croix* reconnaît que l'initiative de cette nouvelle triple-alliance a été prise par l'Allemagne, et elle

ajoute : « Pour ce qui concerne l'Allemagne, la première
» grande action sur le terrain de la politique étrangère du
» règne de Guillaume II ne doit pas aboutir à une reculade. »

». Et c'est nous, nous, qui allons aider Guillaume à ne
pas reculer !

» Nous avouons humblement ne pas comprendre grand'
chose au rôle bizarre que le gouvernement de la République
est en train d'imposer à la France.

» Et nous souhaitons que ce ne soit pas un rôle de dupe
et de jobard, comme d'habitude.

» Ce qu'on peut perdre dans cette aventure, nous le
voyons.

» C'est d'abord le remplacement de l'influence française,
au Japon, par l'influence anglaise, car l'Angleterre paraît
vouloir garder sa liberté et agir isolément.

» Mais ce que nous avons à gagner, en dehors du métier
gratuit et coûteux de convoyeur des Russes et des Allemands, nous échappe absolument.

» Il faut souhaiter qu'à la prochaine rentrée du Parlement
on veuille bien prier le gouvernement de nous renseigner
à ce sujet. »

Le cabinet dont les résolutions ont été arrêtées dès la
première heure, s'est abstenu de toute intervention dans le
débat ; c'est seulement le 31 mai que, répondant au Sénat
à une question de M. de l'Angle-Beaumanoir, M. Hanotaux, ministre des affaires étrangères, fait la déclaration
suivante, dont le texte est à retenir *in extenso* :

» Messieurs, sur la question de l'honorable M. de l'Angle-
Beaumanoir visant la politique extérieure, personne ne
s'étonnera, sans doute, que le président du conseil m'ait
confié le soin de m'expliquer devant le Sénat, au nom du
gouvernement.

» On nous demande si notre politique étrangère n'a pas subi, dans ces derniers temps des modifications profondes, si nous ne lui avons pas donné une orientation nouvelle. Je réponds tout de suite qu'il n'en est rien : j'affirme que notre politique n'a point les tendances qu'on lui prête ; je n'accepte pas les reproches que l'on nous adresse, et que nous avons si souvent entendu formuler par les mêmes adversaires, contre les patriotes éprouvés qui nous ont précédés dans la charge des affaires extérieures de la République française.

» J'affirme que, bien au contraire, dans les circonstances récentes auxquelles il a été fait allusion, notre politique est restée fidèle à une direction générale parfaitement déterminée et consacrée d'ailleurs par l'assentiment du Parlement et du pays. (Très bien ! très bien !)

» On nous demande quelles sont les raisons qui nous ont amené à suivre, en vue du règlement du conflit sino-japonais, la voie que nous avons prise ; on nous adresse même, à ce sujet, des critiques assez vives. Le Sénat m'excusera assurément de ne pas entrer dans un débat de détails, de ne pas répondre point par point à ces critiques parmi lesquelles je pourrais relever plus d'une allégation incomplète ou erronée.

» Mais je n'éprouve aucun embarras à déclarer que le gouvernement, en faisant auprès du Japon une démarche amicale dans laquelle il s'est trouvé associé à d'autres puissances européennes, s'est inspiré, au premier chef, des intérêts de notre pays. (Très bien ! très bien !)

» La situation que nous occupons en Extrême-Orient, tant par suite du développement de nos possessions d'Indo-Chine qu'en raison du protectorat que nous exerçons sur les missions catholiques, nous impose une vigilance spéciale pour tout ce qui menace l'existence du vaste empire chinois.

» Si cet empire venait à se démembrer ou même à subir des troubles profonds, nous ressentirions assurément les

premiers contre-coups du désordre et de l'anarchie que
de tels événements provoqueraient dans cette partie du
monde.

» Il était donc de notre intérêt, comme voisins de la Chine
et comme partisans d'une paix durable, de voir se créer, la
guerre une fois finie, un état de choses qui ne portât pas atteinte au maintien et à l'indépendance du Céleste-Empire.

» Or, on pouvait appréhender qu'une occupation permanente, menaçant le cœur même de la Chine, n'amenât rapidement une dislocation ou une décomposition dont nous
devions redouter les effets.

» Cette vue n'a pas été seulement la nôtre, Messieurs,
elle a été partagée par d'autres puissances ayant également
une importante situation à sauvegarder en Extrême-Orient :

» La Russie est, comme nous, voisine de la Chine ; elle
a, comme nous, le plus sérieux intérêt à ce que rien ne
soit changé au *statu quo* continental de cet empire. Sur ce
point, comme sur d'autres, les intérêts de la Russie et de
la France sont communs et se sont trouvés liés aussi bien
par la nature des choses que par les relations établies entre les deux pays et par la volonté concertée de leurs
gouvernements.

» Les intérêts de l'Allemagne, quoique n'ayant pas un
caractère territorial, ont paru à son gouvernement être
d'une nature analogue. L'action de sa diplomatie s'est donc
combinée avec celle des deux autres puissances.

» Pour des motifs non moins sérieux, l'Espagne s'est
jointe à ce concert.

» Messieurs, l'action commune à laquelle les puissances
se sont ainsi déterminées a été bornée, en fait, à un
échange de vues avec le Japon : et cette nation, justement
fière de ses victoires, s'est rangée, avec un esprit de sagesse
auquel je tiens à rendre hommage, aux conseils amicaux
qui lui étaient donnés. Le résultat de cette action commune
a été de sauvegarder l'existence et l'indépendance de la

Chine; et le premier accord ainsi intervenu nous autorise à espérer une issue favorable des pourparlers qui restent encore engagés. (Très bien ! très bien!)

» Permettez-moi, Messieurs, d'ajouter aux explications que je viens de vous donner sur notre attitude dans le conflit sino-japonais l'indication d'un autre fait qui aurait pu, ce me semble, éveiller également l'attention de l'honorable M. de l'Angle-Beaumanoir, quand il s'est inquiété de la direction générale de notre politique extérieure.

» Au moment même où une action commune des puissances européennes intervenait en Extrême-Orient, une autre action également combinée se produisait, plus près de nous, à Constantinople, à propos, comme vous le savez, des affaires d'Arménie.

» Ici, nouveau groupement : c'est la Russie, c'est la France et c'est l'Angleterre qui s'appliquent à résoudre, d'accord avec la Sublime-Porte, une question également délicate. Comme je viens de le dire, Messieurs, le groupement — ici — est différent. Et pourtant qui songerait à se plaindre qu'il se soit produit? Qui s'étonne de voir la France et la Russie, agissant, ici encore, de concert, faire concourir leurs efforts avec ceux de l'Angleterre pour le bien de la paix ? (Très bien ! très bien!)

» Ainsi, Messieurs, dans des cas spéciaux, les puissances peuvent rechercher, en commun, les résultats pacifiques, sans perdre de vue les intérêts généraux de leurs politiques nationales respectives.

» J'ajoute que ce sont là, pour nous, les conditions mêmes de toute politique qui ne se résignera pas à voir la France abdiquer le rôle auquel elle a droit dans le règlement des affaires du monde. (Très bien ! très bien !)

» M. de l'Angle-Beaumanoir a touché, au cours de son exposé, un autre point sur lequel le gouvernement désire s'expliquer également devant le Parlement et devant le pays : il s'agit de la participation de la France à la cérémonie d'inauguration du canal Baltique. Sommes-nous encore, ici, en présence d'un fait qui marque une orientation nouvelle? Les raisons qui ont dicté notre décision ont-elles une portée politique qui soit en contradiction avec ce qui s'est fait jusqu'à ce jour?

» Non, Messieurs, tel n'est pas le caractère de l'invitation qui nous a été adressé; tel n'est pas celui de notre acceptation. Sur ce point, nous tenons à ne laisser subsister aucun doute. D'ailleurs, nous avons fait connaître trop nettement, dès le début, nos sentiments à cet égard, pour que j'hésite à renouveler publiquement cette déclaration.

» A un acte de politesse internationale, qui s'adressait à toutes les puissances maritimes, nous avons, comme toutes les autres puissances, répondu par un acte de politesse internationale. C'est à ces termes précis que nous avons limité une participation qui n'a et ne peut avoir un autre caractère. (Très bien ! très bien !)

» En pleine paix, les relations des peuples doivent être régies par un sentiment digne et simple des convenances internationales. Ce sont évidemment des considérations analogues qui ont déterminé les gouvernements antérieurs alors qu'il se sont décidés à prendre part au congrès de Berlin en 1878, aux conférences du Congo en 1885, à envoyer une délégation militaire aux obsèques de l'empereur Guillaume Ier en 1888, et une délégation politique et ouvrière au congrès de 1890.

» Et, quoique certaines inquiétudes se soient aussi manifestées au moment où ces décisions ont été prises, personne n'a pu dire depuis, personne ne pourra dire demain, que rien ait été modifié, par ces faits particuliers, dans les sentiments ni dans l'autorité morale d'une nation qui reste invinciblement fidèle à ses souvenirs et confiante dans ses destinées. (Très bien ! très bien ! et applaudissements.)

» Je crois, Messieurs, que cet exposé sincère suffit à répondre aux appréhensions dont l'honorable M. de l'Angle-Beaumanoir s'est fait l'écho dans cette enceinte, et j'espère que le Sénat voudra bien se contenter de ces brèves explications. (Applaudissements répétés sur un grand nombre de bancs.)

» M. le marquis de l'Angle-Beaumanoir. — Le sage se contente de peu.

» M. le président du conseil. — Soyez sage. » (On rit.)

Plus généreuse, moins âpre au profit que d'autres, la France n'a pas encore présenté à la Chine la note à acquitter.

On avait parlé — combien insidieusement — de la cession de l'île de Haïnan alors qu'il était question aussi de l'établissement des Anglais aux îles Chu-San et de l'installation de l'Allemagne en la baie d'Amoy.

Pour l'heure, notre seul monde commercial, faisant acte d'énergie, de virilité et de prévoyance, a songé à profiter des transformations profondes que l'issue du conflit sino-japonais ménage aux échanges internationaux. Applaudissons à l'initiative prise par la chambre de commerce de Lyon se hâtant d'envoyer en Chine une mission capable de préparer et d'ouvrir à l'industrie régionale des marchés nouveaux.

Et à cette même occasion, il nous appartiendra d'insister sur le profit considérable que pourrait valoir aisément l'exploitation des provinces du Yunnan, du Kwang-Si et du Kwang-Tung, limitrophes du Tonkin; il nous revient d'en être les exclusifs pourvoyeurs.

*
* *

En Allemagne — absolument comme en France — l'opinion est divisée en deux camps, d'une manière bien tranchée.

La presse au service de l'opposition proteste contre le principe de l'intervention.

Les organes gouvernementaux — soit officieux comme
la *Gazette de l'Allemagne du Nord*, conservateurs comme la
Gazette de la Croix, ou nationaux-libéraux, telle la *Gazette
nationale*, — approuvent la politique d'action et déplorent
que le Reichstag fasse le jeu des ennemis de l'Allemagne
par une interpellation sur les affaires pendantes, en
Extrême-Orient.

Procédons, comme il a déjà été fait précédemment, à
une impersonnelle enquête, par quelques extraits des principaux journaux.

Tout d'abord dans le clan de l'opposition.

La *Vossische-Zeitung*, très ferme dans sa polémique, qualifie de « lourde faute » l'intervention de l'Allemagne et
espère que le Japon ne se laissera pas intimider par « l'entente factice des puissances. » Elle se demande ce qui va
survenir « si le Japon ne se rend pas aux exigences de la
curieuse triple-alliance, surtout si l'Angleterre et les Etats-
Unis se placent à côté du Japon. Ces deux pays peuvent
facilement suivre une politique pareille dans l'intérêt de
leur commerce et alors l'Allemagne se trouvera aux prises
avec des difficultés qu'elle aura provoquées ».

Le *Lokalanzeiger* exploite l'étonnement général produit
par le revirement de la politique allemande en Extrême-
Orient; cette évolution ne peut être expliquée que par le
désir de l'Allemagne de se rapprocher de la Russie.

La *Gazette libérale,* tribune de M. Richter, cherche à prou-
ver que l'action de l'Allemagne est contraire au programme
tracé par le baron Marschall, à propos de la guerre de
Chine, lors de la discussion budgétaire sur les nouveaux
croiseurs.

Dans le groupe compact des officieux, en tête la *Gazette de la Croix* exprimant, à la première heure, ses
craintes que le gouvernement ne s'abstienne d'intervenir.

Ce jeu — un peu comme dans la farce du député Bébé —
motivera une réplique de la *Gazette de l'Allemagne du Nord*

à laquelle échoit la mission de faire connaître et d'expliquer les intentions du gouvernement :

« L'Allemagne, tout en observant une stricte neutralité pendant la guerre sino-japonaise et en refusant de prendre part à une intervention prématurée, n'a pas eu l'intention de suivre une politique d'abstention, mais a toujours envisagé d'une façon sérieuse les dangers qui peuvent résulter pour l'Europe, au point de vue politique et économique, du nouvel état de choses qui existe dans l'Extrême-Orient.

» La part de l'empire allemand dans l'ensemble des intérêts que l'Europe a dans l'Extrême-Orient est tellement considérable que le gouvernement allemand se rendrait coupable d'une grave négligence s'il n'était pas résolu à faire valoir d'une façon complète cette part d'intérêts. »

La *Kolnische Volkszeitung* (28 avril), dans un article supérieurement documenté (1), expose et minutie « la part *considérable* de l'empire allemand dans l'ensemble des intérêts que l'Europe a en Extrême-Orient ; nous devons nous résigner à résumer la notice beaucoup trop étendue — cinq colonnes et demie — pour être reproduite en son entier.

a) Les sentimentales sympathies dans lesquelles se complaît la *Berliner Nat. Ztg.* sont certainement motivées ; il est vrai que les Japonais se sont inféodés à la culture et à la science de l'Allemagne. « Fâcheusement ils ne se sont pas contentés de cette culture et de cette science, ils se sont de plus approprié les procédés de l'industrie allemande et sont devenus pour nous de redoutables concurrents. »

b) On est généralement porté à accepter comme cause du *casus belli* entre le Japon et la Chine la question de l'indépendance de la Corée ; en réalité, il s'est agi pour le

---

(1) *Deutschland und Japan in China.* — Ernst von Hesse-Wartegg.

Japon de s'élever en Extrême-Orient, au double point de vue politique et industriel, au rang d'une grande puissance, et ce au préjudice des Etats européens, au plus sensible dommage de leur extension commerciale.

Cette guerre était préparée de longue date ; son échéance a été déterminée par le Japon d'après des convenances de politique intérieure — dans lesquelles il serait inutile et trop long de s'engager, — d'après des considérations de politique extérieure qu'il est aisé de pénétrer ; il convenait, en un mot, de se hâter avant l'achèvement du transsibérien permettant à la Russie de prendre une attitude effective dans le conflit.

c) Bon nombre de politiciens allemands prétendent que, les intérêts du Japon se trouvant en flagrante rivalité avec ceux de la Russie en Extrême-Orient, il était de sage et prudente diplomatie de consolider la situation du Japon pour s'en faire un allié éventuel (1). Cet argument est — il faut en convenir — d'une certaine valeur. Néanmoins, la protection de l'industrie allemande contre le péril dont elle est menacée par les Japonais prime toute autre considération.

d) Le développement et la prospérité de l'industrie allemande réclament de nouveaux débouchés et un incessant achalandage. Le Chine est, pour nous, un de ces marchés ; nos transactions commerciales se chiffrent déjà annuellement à 162 millions de francs, alors que nos relations avec le Japon s'élèvent à peine au sixième de la somme.

Pourtant, ce n'est pas la Chine d'aujourd'hui, mais bien celle de l'avenir que nous avons la prétention intéressée d'ouvrir — et si possible de réserver — à notre exportation.

---

(1) Notons en passant le formidable canard d'une alliance germano-japonaise lancé, croyons-nous, par le *Schanghaï-Mercury.*

Admettons donc — puisque telle est l'officielle version — que l'Allemagne est intervenue, de concert avec la Russie et avec la France, dans le règlement du conflit sino-japonais, en l'unique souci de ses intérêts commerciaux.

Constatons simplement l'heureuse, néanmoins étrange, coïncidence qui a permis à l'Allemagne de concilier ses vues particulières en Extrême-Orient avec les exigences, combien plus significatives et étendues, de sa politique européenne.

*
* *

M. Hanotaux, dans son discours au Sénat, nous a déjà prévenus de l'intention de l'Espagne de joindre ses protestations à celles de la Russie, de la France et de l'Allemagne.

Cette intervention est justifiée par certaines préoccupations de politique coloniale, saisies par la *Epoca* sous la très explicite dénomination de *politica filipina*.

L'Espagne est en effet légitimement inquiète d'une concurrence commerciale déjà active, et surtout d'une expansion menaçant l'intégrité de sa domination sur l'ensemble de l'archipel : la *Paragua, Jolo* et *Basilan*, sans même parler de Mindanao, non tout entière encore réduite à l'obéissance.

M. von Brandt admet lui aussi la possibilité de ces compromettantes éventualités.

Pour l'heure, l'essentiel était de très exactement déterminer les îlots dépendant de Formose et ceux à admettre dans l'archipel. Une convention intervenue en août définit ligne de démarcation le parallèle passant par le milieu du canal de Bashée. Tous les îlots au nord de ce tracé reviennent au Japon ; au sud, terres d'Espagne.

Mais cela ne peut suffire ; il faudra tôt ou tard — dès que les circonstances le permettront — accorder satisfaction aux pressantes et sages propositions du général Blanco en vue de relever l'effectif des troupes métropolitaines et de sérieusement organiser une station navale à Subig (île de Luzon).

***

Nous savons maintenant sur quelles bases repose et se consolide l'*accord* associant dans une commune entreprise la Russie, la France et l'Allemagne ; ses effets ne tardent pas à se manifester.

Le 23 avril, les ministres des trois puissances remettaient à Tokio une note, en des termes identiques :

« L'occupation définitive de la péninsule de Liao-Tung avec Port-Arthur serait une menace constante contre Pékin et l'indépendance réelle de la Corée ; elle entretiendrait un foyer permanent d'hostilité en Extrême-Orient. Dans l'intérêt de la paix et du Japon lui-même, il est à désirer qu'un pareil état de choses n'existe pas.

» Ces observations sont présentées au gouvernement japonais d'une façon tout amicale et n'impliquent aucunement, de la part de la France, de l'Allemagne et de la Russie, une intention comminatoire. »

Très sagement, fort dignement, le Japon cède à cette *pression* des puissances et en donne notification les 8, 9 et 10 mai.

Peu après se négocient avec la Chine les conditions du rachat de la presqu'île de Liao-Tung. C'est seulement le 19 octobre que se concluent les dernières stipulations fixant à 30 millions de taëls le montant de la compensation pécuniaire. L'évacuation doit être effectuée dans un délai de trois mois après payement intégral de l'indemnité, c'est-à-dire fin janvier 1896.

La *pression* que le Japon a eue à subir date — il faut avoir la franchise d'en convenir — une ère nouvelle dans l'application, jusqu'alors admise, *du droit international.*

Au fameux congrès de Vienne, les nations contractantes avaient eu à subir les charges et les dommages d'une longue suite de guerres.

Ni en 1859, ni en 1866, ne se manifeste l'intervention d'un État pouvant se prétendre intéressé au maintien du *statu quo*.

L'Europe demeure égoïste et impassible témoin des spoliations de 1864 et de 1871.

En 1878, si les puissances surviennent pour déchirer le traité de San-Stefano, c'est que cet acte modifie profondément des traités antérieurs revêtus, pour garantie, de leurs sept signatures.

Or, — et c'est là l'absolue différence entre le traité de San-Stefano et celui de Shimonoseki — l'arrangement imposé par le Japon à la Chine ne lèse les *droits formels* d'aucune des puissances de l'Europe. Cette interprétation inusitée — quelque peu brutale — du droit international, doit forcément altérer notre moderne conception de la diplomatie et motiver le retour à l'époque périmée des *ligues* ou des *conventions secrètes* de *garantie*.

L'Espagne, récemment, éprouvait une décevante contrariété, fatale conséquence de son isolement. N'étant pas soutenue par des amitiés capables d'en imposer à des fanfaronnades, elle s'est vue empêchée de régler — comme il revenait et à ses glorieux efforts et à la dignité de ses armes — la question toujours pendante de Mélila.

Le Japon, à son tour, vient de subir les mêmes amertumes pour ne pas avoir eu la prévoyance de se ménager d'utiles assistances ouvertement avouées ou discrètement reléguées dans les coulisses pour surgir à l'heure opportune.

Les conditions grandioses des conflits, en la présente actualité, imposent à la nation toute entière — à la nation armée — des sacrifices tellement absolus qu'aucun peuple ne peut se résigner à ces épreuves sans la certitude garantie que son épuisement ne sera pas exploité par des tiers.

Au gladiateur ainsi engagé dans la lutte, sans arrière-pensée, cette garantie ne peut être assurée que par des *témoins* résolus à intervenir efficacement et sans retard.

Les *alliances* tiendront alors, en politique, un rôle identique à celui qui incombe en tactique aux *réserves générales*. L'achèvement de la victoire sera leur œuvre féconde.

CHAPITRE XII

Conclusions.

Les conclusions d'ensemble à déduire de l'étude de la guerre sino-japonaise peuvent se résumer en quelques mots.

La situation nouvelle créée en Extrême-Orient par le traité de Simonoseki obligeait l'Europe à adopter l'un ou l'autre de ces deux règlements :

1° Démembrer l'empire chinois en soutenant les tendances séparatistes qui s'y peuvent manifester (Yacoub-Kan en Dzoungan, révolte des Taï-Pings, etc.), de manière à transformer le groupement unitaire en un agglomérat de petits états que chaque puissance intéressée pourrait ensuite et peu à peu attirer dans sa zone d'influence;

2° Etayer l'édifice chancelant et délabré; garantir à la moribonde dynastie mandchoue une précaire existence en lui administrant quelques-uns de ces artificieux orviétans ordonnancés par M. Oscar Münsterberg, dans sa brochure *Die Reform Chinas* (1).

Les puissances ont cru devoir choisir la dernière de ces deux solutions, refusant ainsi au Japon le droit *d'exploitation* du vaincu, exploitation que pourtant le professeur Gumplowicz définit *l'objectivité même de la lutte.*

Il est hors de doute que le Japon est devenu un facteur important dans le système de la politique internationale —

____

(1) Berlin, Verlag von Hermann Walter.

européenne et asiatique — et qu'il va falloir compter avec ce facteur.

L'Empire du Soleil-Levant donnera-t-il complète et généreuse quittance même à ceux qui lui ont ravi le prix de la victoire?

L'Ame japonaise (*Yamato damashi*) ne saurait consentir à une si complaisante abdication; elle demeure humiliée, mais non abattue, épiant l'heure — prochaine déjà — des revanches compensatrices.

Et c'est aussi dans l'hypnose de rougeoyantes apothéoses que s'immobilise la pensée du philosophe recherchant les lois naturelles qui président à l'évolution des phénomènes sociaux.

FIN

TABLE DES MATIÈRES

Ire PARTIE

CHAPITRE Ier

LE PAYS. — LE PEUPLE

Esquisse géographique. — Ethnographie. — Religion. — Le Hiao. —
Constitution du groupe familial. — Bases de l'organisation sociale. —
Condition de la femme. — Castes et classes. — Séoul; villes princi-
pales; ports. — Divisions administratives. — Situation économique.
— Le roi Li-Houl. — L'armée. — Les missions françaises en Corée;
interventions de la France............................. *Page* 5

CHAPITRE II

LA SITUATION POLITIQUE

Le Japon doit à la Corée sa première civilisation. — Droits historiques
de la Chine. — Pages détachées des anciennes annales. — Origine et
formation des partis politiques en Corée. — Le traité de Kokwa,
de 1876, avec le Japon. — Li-Hung-Chang; son action prépondérante
dans les affaires coréennes. — Emeutes et conjurations; la conspiration
de Kim-Ok-Kium. — La convention de Tientsin; le condominium sino-
japonais de 1883. — Yuen-Chi-Kai et le complot de 1886. — Assassina
de Kim-Ok-Kium. — Insurrection des Hio-Tang. — Le roi de Corée
réclame l'assistance de la Chine. — Débarquement des Japonais à
Tchemulpo... *Page* 19

IIe PARTIE

CHAPITRE III

LES FORCES CHINOISES

Difficultés de se renseigner sur la puissance militaire de la Chine:
a) les troupes mandchoues ou armées des Huit-Etendards; *b*) les troupes chinoises: les Lon-Ying ou armée de l'Etendard-Vert; les Liang,
communément dits « Yong ou Braves ». — Organisation de ces troupes, leur aptitude. — Evaluation numérique, rendement approximatif. — La marine chinoise. — Défense des côtes. — Les forces agissantes; leur répartition sur le théâtre des opérations; l'escadre. *Page* 35

CHAPITRE IV

LES FORCES JAPONAISES

Armée de terre: recrutement; commandement, divisions territoriales; infanterie, cavalerie, artillerie, génie, train, gendarmerie, milices; tenue et armement. Les officiers, écoles militaires, missions françaises et allemandes. — L'armée de mer: les bâtiments, les équipages, écoles et établissements de la marine. — La défense des côtes. — La situation économique. — Les masses agissantes: les trois armées de l'escadre... *Page* 59

IIIe PARTIE

CHAPITRE V

LES OPÉRATIONS DE LA PREMIÈRE ARMÉE JAPONAISE

Rupture diplomatique. — L'incident du *Kowshung*, 25 juillet. — Le combat de Sékang (So-Won), 29 juillet; observations. — La bataille de Ping-Yang, 16 septembre; observations. — La bataille navale de Hai-Yang ou du Yalu, 17 septembre; observations. — La bataille de Kiu-Lien-Cheng, 25 octobre; la pénétration en Mandchourie et l'occupation de Fen-Huang-Cheng; observations........................ *Page* 81

CHAPITRE VI

PORT-ARTHUR — LES OPÉRATIONS DE LA IIe ARMÉE JAPONAISE

Formation de la IIe armée. — La presqu'île de Kuang-Toung. — Débarquement à Kwaen-Kao; combat et prise de Chin-Chow-Chiang (6 novembre); occupation de Ta-Lien-Wan (7 novembre). — Marche en trois colonnes sur Port-Arthur; engagement du 18; les journées des 20, 21 et 22 novembre; observations. — Tentative des Chinois pour inquiéter les communications de la IIe armée; combat de Chin-Chow-Chiang (21 novembre). — L'avant-garde de la première division marche sur Niu-Tchuang pour effectuer sa jonction avec la Ire armée; occupation de Fou-Kou-Sion et de Kai-Ping. — Intervention diplomatique. — Hivernage... *Page* 141

CHAPITRE VII

WEI-HAI-WEI — LES OPÉRATIONS DE LA IIIe ARMÉE JAPONAISE

Choix de l'objectif assigné à la IIIe armée. — Description de Wei-Hai-Wei; les voies d'accès. — Composition et transport de la IIIe armée; la flotte de l'amiral Ito. — Démonstrations; débarquement; marche d'approche (20 au 28 janvier). — Occupation des forts; combats des 30 et 31 janvier, 1er et 2 février. — Bombardement des forts, des îles; attaque des torpilleurs japonais (4-5 et 5-6 février); évasion des torpilleurs chinois (7 février); mutinerie de la flotte de l'amiral Ting.

— Capitulation; prise de possession de la rade par les Japonais, le 17 février. — Observations; statistique des pertes; théorie de l'action combinée des forces de terre et de mer; du rôle des torpilleurs, de l'éperon; une confirmation des procédés d'école de Grebenscht-chikow.. *Page* 177

CHAPITRE VIII

EN MANDCHOURIE — LES OPÉRATIONS COMBINÉES DES Ire ET IIe ARMÉES

Esquisse géographique. — Retraite excentrique de l'armée chinoise sur Mukden et Niu-Tchuang; évaluation des forces chinoises. — Déploiement de la Ire armée; échec du détachement du général Tatsumi; arrêt du général Osaka. — Première observation relative aux positions de flanc. — Deuxième observation relative au service des renseignements. — Le général Nodzu remplace le maréchal Yamagata; reprise du mouvement; prise de Hai-Tcheng. — Retour offensif des Chinois sur tout le front. — Les quatre attaques des Chinois contre Hai-Tcheng; affaire du 24 février 1895. — Approche de la division Yamugi; occupation de Kaiping; attaque des Chinois. — Définitive reprise de l'offensive japonaise, marche sur Niu-Tchuang; combat du 4 mars; combats de Kaiping (4 et 5 mars); combat et occupation de Ying-Tsu; jonction des Ire et IIe armées. — Combat de Chenshotal (9 mars). — Armistice. — Groupement de toutes les forces japonaises en prévision d'une campagne dans le Petchili. — Observation relative aux avant-gardes et aux flanc-gardes. — Observation relative au service des estafettes et des courriers...................... *Page* 215

CHAPITRE IX

LES PESCADORES ET FORMOSE

Formose: esquisse géographique; population; climatologie; quelques dates historiques. — Les Pescadores: leur importance stratégique. — Organisation imparfaite des moyens de défense à Formose; révolte. — Occupation de Makung (23, 24 mars). — Démonstration devant Hang-Tehou (24 mars). — Débarquement des Japonais à Kélung et à Tamsui; opérations contre les rebelles; prise de Anping et de Taï-Wan-Fou (octobre).. *Page* 261

IVe PARTIE

CHAPITRE X

LE TRAITÉ DE SHIMONOSEKI

Septembre 1894: offres de l'Angleterre; refus des Etats-Unis de s'associer à ces démarches. — Novembre: l'Angleterre et la Russie conseillent à la Chine de s'adresser directement au Japon; la Chine réclame l'assistance du président Cleveland. — Echec de la mission de M. Detring. — Echec de la mission Tchang-Yi-Houang, Schno-Yu-Lien et Forster (janvier 1895). — Ambassade de Li-Hung-Chang (mars); attentat de Koyama Rokunosuki. — Suspension d'armes de trois semaines; les conditions. — Coup d'œil d'ensemble sur la situation politique et militaire au commencement d'avril. — Le traité de paix du 17 avril; ses clauses. — Echange des ratifications le 8 mai à Tché-Fou.. *Page* 275

CHAPITRE XI

LA RESCISION DU TRAITÉ DE SHIMONOSEKI

Premier groupement des puissances pour réclamer la rescision du traité; la question de l'équilibre asiatique; le péril jaune; l'Angleterre s'isole; l'Allemagne s'associe aux protestations de la Russie et de la France. — Raisons qui semblent motiver l'attitude de l'Angleterre; les intérêts anglais en Extrême-Orient. — La Russie, ses exigences; la baie de Kiao-Tchéou. — La France; intervention ou abstention; un article de M. de Cassagnac; déclaration de M. Hanotaux, ministre des affaires étrangères. — L'Allemagne: intervention ou abstention; la protection des intérêts commerciaux prime toute autre considération: — L'Espagne: la « politica filipina ». — Le Japon cède à la pression des puissances; une nouvelle interprétation du droit international. *Page* 291

CHAPITRE XII.

CONCLUSIONS................... *Page* 323

CARTES ET CROQUIS

Pages.

Carte de Corée.. 82
Combat de Seikwan... 91
Bataille de Ping-Yang... 100
Bataille navale de Hayang ou du Yalu... 115
    d°   d°   118
    d°   d°   119
    d°   d°   120
    d°   d°   121
Presqu'île de Kuang-Tung... 143
Tchin-Chow-Kiang et Tai-Lieu-Wan... 148
Port Arthur.. 154
    d°   157
Wei-Haï-Wei.. 183
Presqu'île de Shan-Tung.. 190
Presqu'île de Liao-Tung.. 206
Haï-Tcheng 211
Formose.. 262
Les Pescadores... 269

Paris et Limoges. — Imprimerie militaire Henri CHARLES-LAVAUZELLE.